本书为教育部人文社会科学研究青年基金项目"出口企业的异质性变迁与中国出口竞争力研究"（编号：13YJC790070）的阶段性成果，同时得到国家社会科学基金青年项目"'一带一路'背景下出口企业异质性与产业升级研究"（编号：15CGJ022）的资助

Firm Multiple

Heterogeneity and

Export

Competitiveness of

Chinese

Manufacturing

Industries

企业多重异质性与
中国制造业出口竞争力研究

李军　著

暨南大学出版社
JINAN UNIVERSITY PRESS

中国·广州

图书在版编目（CIP）数据

　企业多重异质性与中国制造业出口竞争力研究/李军著 . —广州：暨南大学出版社，2016.6
　ISBN 978 - 7 - 5668 - 1860 - 7

　Ⅰ.①企… 　Ⅱ.①李… 　Ⅲ.①制造工业—出口贸易—国际竞争力—研究—中国 　Ⅳ.①F426.4

中国版本图书馆 CIP 数据核字（2016）第 119124 号

企业多重异质性与中国制造业出口竞争力研究
QIYE DUOCHONG YIZHIXING YU ZHONGGUO ZHIZAOYE CHUKOU
JINGZHENGLI YANJIU
著　者：李　军
···

出 版 人：徐义雄
责任编辑：潘雅琴　梁嘉韵
责任校对：黄志波
责任印制：汤慧君　王雅琪

出版发行：暨南大学出版社（510630）
电　　话：总编室（8620）85221601
　　　　　营销部（8620）85225284　85228291　85228292（邮购）
传　　真：（8620）85221583（办公室）　85223774（营销部）
网　　址：http：//www.jnupress.com　http：//press.jnu.edu.cn
排　　版：广州良弓广告有限公司
印　　刷：广东省农垦总局印刷厂
开　　本：787mm×960mm　1/16
印　　张：13.625
字　　数：230 千
版　　次：2016 年 6 月第 1 版
印　　次：2016 年 6 月第 1 次
定　　价：35.00 元

（暨大版图书如有印装质量问题，请与出版社总编室联系调换）

目　录

1

绪　论

1.1　研究背景和意义

1.1.1　选题背景

随着改革开放的深入，中国经济与世界经济越来越紧密地联系在一起。自 1978 年以来，中国对外贸易高速发展，已经由改革开放初的贸易小国转变为世界贸易大国；同时，30 多年来的国际贸易增长推动了中国经济增长。据统计，1978 年至 2010 年，中国对外贸易总量从 206.4 亿美元增长到 29 728 亿美元，成为世界第二大贸易国。与此同时，中国经济总量也从 1978 年的 3 624.1 亿元人民币增长到 2010 年的 397 983 亿元人民币（中华人民共和国国家统计局，2011），成为世界第二大经济体，并保持了年均 9% 的增长率。随着全球产业的国际转移深化，以及中国大力引进外资政策的推动，大量制造业随之转移到中国，它们推动了中国制造业的生产效率提升和技术进步，带来了中国经济和出口贸易迅速增长（江小涓，2002；江小涓、李蕊，2002；詹晓宁、葛顺奇，2002；王红领、李稻葵、冯俊新，2006；张杰等，2009；易靖韬，2009；易靖韬、傅佳莎，2011；钱学锋、王菊蓉，2011；赵伟等，2011；邱斌等，2012），行业生产率和中国制造业的国际竞争力也随之提升，与之相关的制成品贸易也于 1990 年转为贸易顺差，并逐渐成为中国出口贸易的主力军。

由于中国制造业的出口企业是在承接国际产业转移的过程中发展起来的，它们遭遇了国内"潮涌现象"和国际市场竞争的双重洗礼，于是在其发展壮大的过程中迅速产生了严重分化，其企业层面异质性被不断放大。因此，忽视其企业层面异质性则难以理解中国制造业内部复杂的进出口贸易行为。具体来讲，在国际产业转移的过程中，由于发展中国家的产业在世界产业链中处于链条内部的较低位置，其经济发展常常是沿着现有的各种资本和技术密集程度不同的产业台阶，由低向高不断升级，因而国际产业转移输入国的企业常常对哪一个产业是新的、有前景的产业出现"英雄所见略同"（林毅夫，2007a；林毅夫，2007b）。于是，在作为国际产业转移输出国的发达国家偶然出现一次的"潮涌现象"，在处于快速发展阶段的作为国际产业转移输入国的发展中国家就很可能会像波浪一样，一波接着一波地出现（林毅夫，2007a）。同时，在诸如地方官员晋升锦标赛、地方政府部门利益推动等诸多因素（张军，1998；周其仁，2005；郭庆旺、贾俊雪，2006；周黎安，2004、2007）的强化下，这种"潮涌现象"在中国越演越烈，大量企业的涌入，使得企业竞争迅速由少量企业引入转向激烈竞争，甚至过度竞争；而相关行业也成为影响国际市场价格的贸易大国的行业。在这种背景下，特别是随着贸易自由化和经济全球化的深化发展，各个企业，而不是某个产业，越来越成为国际市场竞争的主体，有的兴旺，有的衰败，有的艰难维生……

这些企业层面的差异是如此之大，学者们越来越相信源于大卫·李嘉图和赫克歇尔—俄林理论的传统的基于资源要素禀赋的国际贸易理论和以克鲁格曼等人为代表提出的基于规模经济、技术溢出等的新贸易理论难以解释这种企业层面的差异，不得不寻求新的理论出路。传统国际贸易理论认为，资源要素禀赋差异是比较优势的来源，国际贸易的参与各方按照比较优势分工则能增进社会福利，达到帕累托改进。传统贸易理论较好地解释了产业间贸易，但它忽视了产业内企业层面的差异，对产业内贸易、产业内仅有部分企业参与出口等重要事实都缺乏解释力。进一步地，新贸易理论认为，对规模经济性、异质性产品的追求导致了产业内贸易（Krugman，1981）。但是，新贸易理论所强调的依旧是解释国家和国家之间的分工，因此其研究都假定，同一产业内企业之间在技术获取上是对称的，即企业之间具有相似的生产率水平与出口贸易水平，自然地，这里所指的规模经济和产品异质性也是指一个国家特定产业具有的规模经济水平，所生产的特定的差异性产品。在这里，国际贸易学者在观察到一国产业内企业层面存在巨大差异的事实的情况下，比如美国最主要的汽车制造商（通用、福特等）之间存在着巨大的技术水平、创新、品牌、生产率、市场地位等差异，出于种种原因，依旧将这种差异粗略地概括为各个国家相关产业在（追求）规模经济和异质产品的差异。然而，随着研究的深入，学者们发现，一国同一产业内的出口企业之间与非出口企业之间，技术水平、创新、生产率、市场地位等企业层面的差异是如此之大，以至于忽略了企业层面的因素，从而难以解释为什么有的企业出口，有的不出口，出口企业有的盈利，有的亏损……在此背景下，循着伯纳德和詹森（Bernard and Jensen，1995）的开创性研究，特别是梅里兹的经典研究（Meltiz，2003）将企业生产率与出口行为建立起联系，近年来一批学者开始注重企业层面的因素与国际贸易的关系。相关理论研究和实证研究证实：企业的异质性与企业的出口决策存在着密切的关系，生产率更高的企业将选择进入国际市场，并获取更多盈利（Bernard and Jensen，1999；Aw et al.，2000；Clerides et al.，1998；Meltiz，2003；Eaton et al.，2004；Arnold and Hussinger，2005；Cassiman et al.，2010）。这种从微观角度强调企业异质性的贸易理论被称为"新新贸易理论"（New-New Trade Theory）。

1.1.2　理论意义

（1）新新贸易理论的中国化。

自伯纳德和詹森（Bernard and Jensen，1995）的开创性研究以来，强调企业异质性的新新贸易理论在西方学术界得到了较大的发展，已经初步形成了其基本理论框架和基础性研究模型，其中梅里兹（Meltiz，2003）模型是一重大基石①。不过，由于企业异质性贸易理论还是一个新生理论，其研究对象（范围）、研究框架、理论模型和研究方法都还处于新生阶段，虽然在企业生产率与出口的关系（Meltiz，2003）研究方面取得了较大进展，但对于企业异质性的众多方面的研究都还有待深入。现有研究大多认为，企业异质性（Firm Heterogeneity）是指企业在规模、建立年份、资本密集度、所有权、人力资本、组织方式、技术选择等方面特征的差异，综合体现为企业的生产率差异（黄静波，2008）。于是，现有研究大多将企业异质性简化为生产率差异，或者简化为技术选择差异（实质还是强调生产率差异）。这种单一异质性的思想忽略了企业异质性的其他重要方面，以及这些异质性相互之间的内在联系，武断地否定了多重异质性的价值。具体地讲，比如在无出口补贴的背景下，假定企业生产率差异外生和出口存在一个固定成本，则可以发现较高生产率的企业选择出口，而较低生产率的企业选择不出口（Meltiz，2003）。但是，当这一模型置于大多数中国出口产业情境的时候，特别是改革开放初期，无出口补贴的假设必须改变，对应地，出口与生产率、技术选择、出口学习效应、大国出口和定价对国际市场的影响等原模型已假定不变的关系则需要重新考虑，而简单的静态分析可能缺乏对现实的解释力。因此，本书借助大规模（190多万样本）的微观企业层面统计数据［中国工业企业数据库（1998—2007年）］，

---

① 李春顶（2015）在文献综述中提出，新新贸易理论包括两类不同方向上的研究：一类以梅里兹（2003）为代表，主要探索异质企业的贸易、投资等国际化路径行为选择，又被称为异质企业贸易（Heterogeneous-Firms Trade，简称HFT）理论（Baldwin and Okubo，2005、2006）；另一类以安特拉（Antras，2003）为代表，主要探索异质企业的外包、一体化等全球生产组织行为选择，又被称为企业内生边界理论（Endogenous Boundary Theory of the Firm）。

综合分析和重新归纳中国出口企业异质性的重要方面，结合中国情境慎重设定模型的前提条件，回归中国出口企业多重异质性与出口的动态变迁现实，指出影响出口贸易的企业异质性不是单一异质性，而是多重异质性；出口企业的关键性异质性并非一直是生产率差异，而是多重异质性变迁，从而发展中国情境下的新新贸易理论。

（2）发展"潮涌现象"理论。

学术界最早关注到"潮涌现象"理论价值的是曾担任世界银行副行长的北京大学教授林毅夫先生。2007年，时为北京大学教授的林毅夫先生（2007a）在《经济研究》上撰文指出，在国际产业转移的过程中，由于发展中国家的产业在世界产业链中处于链条内部的较低位置，其经济发展常常是沿着现有的各种资本和技术密集程度不同的产业台阶，由低向高不断升级，因而国际产业转移输入国的企业常常对哪一个产业是新的、有前景的产业出现"英雄所见略同"（林毅夫，2007a；林毅夫，2007b），从而出现严重的"潮涌现象"。

在后续研究中，林毅夫等学者通过"行业中企业数目不确定"阐明了"潮涌现象"与产能过剩的形成机制（林毅夫等，2010），并指出由于中国与发达国家所处的产业发展阶段不同，在作为国际产业转移输出国的发达国家鲜见的潮涌现象在一个以市场经济为主且处于快速发展阶段的国际产业转移输入国可能经常出现（林毅夫，2007a）。

正是因为投资"潮涌现象"在发展中国家，特别是中国，是经常会出现的现象，因此，林毅夫（2007a）提出理论上应该重视这一现象，并呼唤发展中国家宏观经济理论的新革命。然而，新理论的建立和推广需要较长的时间，目前不少紧密相关的研究、社会舆论都依然忽视了投资"潮涌现象"对中国实际的影响，地方政府的决策者更是常常对其视而不见。比如，中国在产业升级投资上的"潮涌现象"自2003年以来一直十分明显（林毅夫，2007a；林毅夫，2007c），虽然中央政府曾在一段时间里采取了一系列干预措施，但不少省市的地方政府①仍将全面推进产业升级作为其政策目标，社会舆论也一味强调产业升级的好处。在近来的金融危机冲击下，这种趋势更为明显，似乎中国所有企业都升级到各产业全球价值链的

---

① 考虑地方政府以当地而非全国利益为目标，假设其他企业都位于产业价值链低端，而仅有该地区的企业实现产业升级，当然是有利可图的。但这一假设实质上依旧是忽视了投资"潮涌现象"的存在。

多产业，出口企业和非出口企业、出口企业之间的异质性非常大，以至于一些企业在国际市场具有强大的竞争力，而一些企业生存艰难。而新新贸易理论的分析框架包含了企业层面的异质性，为理解国际贸易中同一产业内不同企业的国际竞争力差异提供了可供借鉴的研究框架。本书通过梳理新新贸易理论、国际产业转移理论、"潮涌现象"理论和全球价值链理论，整合形成出口企业多重异质性变迁与出口企业竞争力和绩效的综合分析框架，这有助于明确大国企业国际竞争力的现实影响因素，为出口企业提供借鉴。

（2）提出中国出口企业转型和产业升级的对策和政策建议。

本书的分析框架不仅对大国企业国际竞争力具有较强的解释力，而且注意到了在国际产业转移过程中，中国相关产业"潮涌现象"频发的现实背景，兼顾了对其产业结构的影响，以及对国际市场的影响。因此，基于此分析框架提出的中国企业产业转型和产业升级的对策和政策建议将更具有可行性，可以供我国正在广泛开展的产业转型和产业升级参考。

1.2　文献综述

本书是在中国情境下对新新贸易理论的发展和实证检验。本书主要综述新新贸易理论的主要进展，并在此基础上提出本书的研究思路、研究方法和创新点。

传统贸易理论从产业和国家角度讨论比较优势，认为不同国家的比较优势在于其生产不同产品会存在劳动生产率或成本上的差异，因而各国应分工生产各自具有比较优势，即劳动生产率相对较高或成本相对较低的产品（陈丽丽，2008；樊瑛，2007、2008a、2008b）。此时，国际贸易将可以使双方都获得利益，从而增加社会福利。

在传统国际贸易理论中，研究者都假设企业是同质的（Homogeneous）。这一简化的假设虽然有利于理论和实证研究的开展，但近来受到了越来越多的实证证据的挑战：出口企业与非出口企业在企业规模、企业生产率等重要方面都存在显著差异；换言之，企业是异质的（Heterogeneous）而非同质的，而且企业异质性对于理解国际贸易的动因至关重要。自伯纳德和詹森（Bernard and Jensen，1995）的开创性研究以来，一些研究者创新性地以异质企业作为国际贸易理论的研究单位，假设企业是异质的而非同质的，认为企业异质性是企业出口行为、对外投资行为以及国际化生产组织行为的内在原因，从而初步发展形成了新新贸易理论（New-New Trade Theory）。

新新贸易理论的概念最早由柏得温等人于 2004 年提出（Baldwin and Nicoud，2004；Baldwin and Forslid，2004），梅里兹（2003）、安特拉（2003）和伯纳德等（Bernard et al.，2003）等发表的顶级期刊论文是最早的代表性文献（李春顶，2015）。因为这一理论流派聚集于企业层面差异与国际贸易的关系，并由此揭示企业异质性与行业生产率、出口增长的关系，因此，新新贸易理论将有助于揭示国际贸易理论的微观基础（李军、刘海云，2015）。

目前，新新贸易理论的研究进展主要集中在以下四个方面：

（1）获得了新新贸易理论必要性和合理性较为坚实的的证据。

从 20 世纪 90 年代中期以来，学者们对美国、德国、西班牙、法国、加拿大、摩洛哥、墨西哥、哥伦比亚、中国台湾等国家或地区的企业进行了大量的实证检验，这些研究的一个总的结论是：各个国家或地区都只有很小一部分企业从事出口，不仅如此，出口企业一般比非出口企业规模更大、生产率更高。这些普遍存在的企业层面的差异被称为企业异质性（Bernard et al.，2007）。

目前，已有大量研究证实，不仅企业异质性普遍存在，而且在国际贸易的理论和实证研究中强调企业异质性是非常重要的。比如赫尔普曼等（Helpman、Malitz and Yeaple，2004）研究了大量的美国出口企业，发现出口企业比非出口企业的劳动生产率更高，高出 39%；而伊顿等（Eaton、Kortum and Kramarz，2004）的实证检验则证实法国制造企业在 20 世纪 80 年代中期仅有 17.4% 的企业参与出口，其出口量仅占其生产量的 21.6%（陈丽丽，2008；樊瑛，2008a、2008b；黄静波，2008；赵君丽、吴建环，2008）。由此可见，新新贸易理论有着坚实的现实基础。

（2）明确了新新贸易理论的研究问题。

新新贸易理论的相关研究在模型选取、贸易与生产率关系的作用机制等方面存在一定差异，比如和梅里兹（2003）不同，伯纳德等（Bernard et al.，2003）则是以多恩布什等（Dornbush、Fisher and Samuelson，1977）的连续型李嘉图模型为基础的，但是其主要研究思想是统一的（陈丽丽，2008；黄静波，2008），其研究问题也因此得以明确。总的来讲，新新贸易理论主要研究企业异质性对国际贸易（特别是是否出口）的影响，进一步探讨企业异质性如何通过国际贸易影响企业生产率的增长、行业生产率的增长和社会福利的变化（Bernard et al.，2007）。

（3）建立了基本的理论模型，并获得了国际学术界广泛的跟进。

目前，新新贸易理论的经典模型主要是指比如和梅里兹（2003）和伯纳德等（2003）。前者以荷普曼（Hopenhayn，1992）一般均衡框架下的垄断竞争动态产业模型为基础，通过引入企业生产率差异扩展了克鲁格曼（1980）的贸易模型；后者则以伯特兰德（Bertrand）竞争模型而非垄断竞争的市场结构为基础，引入了企业异质性、不完全竞争、国家要素禀赋和产业要素密集度等方面的因素，并假设存在可变贸易成本，从而推出只有生产率较高的企业才出口。这两篇经典文献发表以来得到了国际学术界广泛的跟进，Google学术搜索显示，截至2015年底，前者的引用量约9 000次，而后者也超过2 500次。后续的跟进文献进一步引出并探讨了新的理论问题，比如企业生产率异质性与出口贸易究竟是哪个是因哪个是果（即"出口中学习"还是"学习出口"问题）、其他企业异质性（如技术创新、区位因素等）、企业异质性与竞争（如Chen、Imbs and Scott，2009）、企业异质性与产业—国家层面因素的互动关系（Bernard et al.，2007）等。

（4）国内学者的关注及其研究成果。

值得关注的是，部分国内学者迅速跟进了新新贸易理论的研究。陈丽丽（2008）、樊瑛（2007、2008a、2008b）、洪联英和罗能生（2008）等从不同角度介绍了新新贸易理论的理论脉络、经典模型和最新进展；黄静波（2008）探讨了技术创新和企业生产率异质性与外贸发展方式转变的理论关系。不仅如此，国内学者已经就中国数据对新新贸易理论展开了实证检验。比如，钱学锋（2008）和钱学锋、熊平（2010）基于企业异质性研究了中国出口增长的二元边际问题；刘志彪和张杰（2009）用江苏省342家本土制造企业的调查数据实证检验了产品供应链、企业区位、企业规模、企业规模成长率、技术创新、资本密集度和人力资本等异质性是否企业出口决定的影响因素；而易靖韬（2009）则通过计量模型和浙江省2001—2003年企业面板数据检验了市场进入成本是否显著存在。结果发现，市场进入成本显著存在，因而生产率高、规模大的企业更容易出口，同时，产业特定的技术溢出和区位优势都能够提高企业的出口意愿。张杰、李勇和刘志彪（2009）则利用1999—2003年中国本土制造企业的数据检验了"出口中学习"或"学习出口"问题。

实际上，这些研究不仅仅代表了国内学者对新新贸易理论的关注，也表明在中国背景下，企业异质性与出口竞争力的关系与欧美发达国家的情况有所不同。比如，刘志彪和张杰（2009）发现技术创新、资本密集度、人力资本和企业规模因素对大、中、小规模的本土制造企业出口的影响存在显著的不同，但这些因素并不是影响小规模本土制造业出口的决定性因素。而李春顶、尹翔硕（2009）和李春顶等（2010）利用中国工业企业数据库所做的实证研究发现西方文献普遍支持的"出口企业生产率高于非出口企业"这一结论在中国很多行业并不成立，存在"出口—生产率悖论"。进一步地，国内学者采用了不同的数据、不同的计量方法、不同的生产率计算方法、不同的数据分类等检验了"出口—生产率悖论"的存在性和证据（Lu et al.，2010；马述忠，2010；Dai et al.，2011；汤二子、刘海洋，2011a；范剑勇、冯猛，2013；聂文星、朱丽霞，2013；汤二子、孙振，2012；李建萍、张乃丽，2014；孙少勤等，2014；Yang and He，2014；李春顶，2015）。这表明，在中国背景下研究和发展新新贸易理论不仅仅需要借鉴国际学术界的理论成果，也需要特别注意中国背景下——"潮涌现象"是不可忽略的影响因素——企业异质性的变迁及其特殊性；同时，这也表明在中国背景下开展企业异质性与出口企业竞争力的系统研究不仅仅是对西方理论的检验，更是构建融入了中国因素的新新贸易理论的理论尝试，这也正是本书的意义所在。

1.3　研究思路、研究方法与创新点

1.3.1　研究思路

本书在系统分析新新贸易理论的提出背景、理论脉络和模型建构的基础上，结合国际产业转移理论、"潮涌现象"理论和全球价值链理论，明确了新新贸易理论模型成立的前提假设，从而揭示在中国情境下发展新新贸易理论的可行方向。然后，本研究结合反映中国情境现实的理论进展，特别是"潮涌现象"理论和国际产业输入国与输出国的差异，结合中国改革开放的历史进程、中国出口贸易发展的历史变迁，放松了新新贸易理论的一些不适宜假设，从而发展了中国出口企业异质性模型，提出中国出口企业异质性不是生产率单一异质性，而是多重异质性；中国出口企业异质性并非静止不变的，而是随着中国情境变迁而动态变迁，多重异质性的变

迁引起中国出口竞争力变迁。在理论研究基础上，本书首先对生产率单一异质性在中国情境下是否适宜展开实证检验，从而验证是"出口—生产率异质性"抑或"出口—生产率悖论"（李春顶等，2010；李春顶等，2015）。最后，本书将对多重异质性变迁与出口企业竞争力、企业绩效的关系展开实证检验，从而得出基本结论，并研究其理论和政策含义。

1.3.2　研究方法

本书将运用计量经济学和国际贸易学的研究方法，从微观企业层面对企业异质性与出口贸易关系展开系统、全面研究。本书以定量分析为主，围绕出口企业多重异质性的识别与检验，验证生产率单一异质性与企业多重异质性的有效性，进一步检验多重异质性与出口行为、出口竞争力的关系。本研究主要采用了以下分析方法：

（1）理论分析与实证检验相结合。本书第三、四、五章系统地探讨了中国情境下企业生产率单一异质性的理论悖论、多重异质性的理论含义和多重异质性变迁与出口企业竞争力、企业绩效的机制，并利用中国工业企业数据库（1998—2007 年）对这些理论研究进行了系统的实证检验。

（2）大样本定量分析与典型案例研究相结合。在本书的主体检验中，大样本定量分析是主要手段，因为本书使用了非常有利的数据来源——中国工业企业数据库（1998—2007 年）。另外，在考察多重异质性变迁的时候，这一数据库 10 年的历史变迁太短，本书根据需要采用了澄海玩具产业集群这一典型案例作为主要检验手段，而以大样本统计为辅。大样本定量分析与典型案例研究相结合提高了本书结论的可靠性。

1.3.3　理论贡献和创新

（1）新新贸易理论中国化：发展中国情境下的企业异质性国际贸易模型。

梅里兹（Melitz，2003）和伯纳德等（Bernard et al.，2003）开创的基于企业异质性的新新贸易理论虽然在西方学术界得到了较大的发展，初步形成了其基本理论框架和基础性研究模型。但是，中国改革开放以来的企业参与国际市场的行为（包括出口、FDI 等）与西方发达国家的情况存在着较大的差异，有的方面甚至是质的差异。因此，在借鉴其研究模型时，需要对其进行本土化改造，重新考虑其前提假设在中国情境下的适用性，否则新新贸易理论的解释力可能还不如传统贸易理论和新贸易理论。笔者注意到中国长期的出口导向型贸易政策（如出口补贴、出口退税、外资企业税收减免等）、发展中国家"潮涌现象"的产业结构和市场竞争（如大量小企业的集群式激烈竞争、几家大型企业准寡头竞争格局）、中国企业参与国际市场的不同策略（如代工、自建营销渠道等方式）对模型设定的影响，从而探索中国情境下的企业异质性国际贸易模型。例如，考虑到出口退税，梅里兹（2003）模型不能在中国简单套用，否则将毫无价值。在对中国情境的现实含义和理论意义进行充分的研究后，本书将提出中国出口企业多重异质性的概念来代替生产率单一异质性，从而发展适宜国际产业转移输入国大国情境的新新贸易理论。

（2）发展企业多重异质性动态变迁与出口行为的理论与实证关系。

梅里兹（2003）模型较好地描述了贸易自由化程度较高条件下的企业异质性与出口行为的关系，并认为企业生产率单一异质性是企业是否出口、出口收益的内在原因。然而，自中国改革开放以来，不仅贸易自由化程度发生了剧烈的变化，在"潮涌现象"的强化下，中国企业面对的国际市场的特性也发生了剧烈变化，中国出口企业的情境条件发生了明显的动态变迁，使得其企业多重异质性与出口行为的关系也随之发生动态演变。本书将借助理论分析、案例研究和分阶段实证检验，发展多重异质性变迁与出口行为的理论与实证关系，从而提升新新贸易理论在动态情境下的解释力。

（3）对企业异质性与出口行为的分行业进行系统的比较研究。

本书将采用最新、最权威的企业层面数据，如中国工业企业数据库（1998—2007 年）进行实证检验。中国工业企业数据库来源于国家统计局每年对销售额在 500 万元以上的大中型制造型企业进行的统计整理，至今共收录了中国 31 万多家企业（仅 1998—2007 年制造业企业样本数就超过190 万），占中国工业总产值的 95% 左右，涵盖中国工业制造业 40 多个大类、90 多个中类、600 多个小类，是研究企业层面异质性与出口行为最全面、准确的资料。不过，在出口贸易研究中，学者们对该数据库的了解还不够，该数据库也没有得到充分的应用。本书将采用此数据库对企业异质性与出口行为展开系统研究。不仅如此，注意到中国制造业 30 个细分行业（行业代码 13－43，其中没有 38）在企业异质性与出口行为之间存在较大的差异，本书充分尊重现实情况，对细分行业进行了系统性的比较研究，从而进一步在不同产业情境下深化了新新贸易理论。

1.4   研究内容与结构安排

1.4.1   研究内容

本书第一章介绍了研究理论和现实背景、理论意义和实践意义，对新新贸易理论的发展动态进行了分析，在此基础上提出本书的研究思路、研究方法及主要创新点。第二章介绍了本书的主要理论基础涉及新新贸易理论、国际产业转移理论、潮涌现象理论、全球价值链理论和产业升级研究。第三章主要就西方新新贸易理论的基础模型梅里兹（2003）展开讨论，研究了企业生产率单一异质性的前提假设和适用条件，探讨了中国情境下生产率差异与出口行为之间的关系，提出中国情境存在"出口—生产率悖论"，并就此展开实证检验。第四章在第三章的基础上，结合中国情境的理论研究发展了企业异质性的内涵，推导出中国出口企业异质性模型，提出多重异质性，并阐述了其理论含义，最后对其进行实证检验。第五章指出由于中国出口贸易情境一直在发生动态变迁，使得中国出口企业多重异质性变迁，其与出口竞争力的关系也在动态变化。在此基础上，本书对多重异质性变迁与出口企业竞争力、企业绩效进行了实证检验。第六章是结论和启示部分，归纳了本书的主要研究结论，阐述了其基本的政策含义，并就存在的问题和未来的研究方向做了初步的探讨。

1.4.2   结构框架图

本书研究内容的结构框架如图 1 - 1 所示：

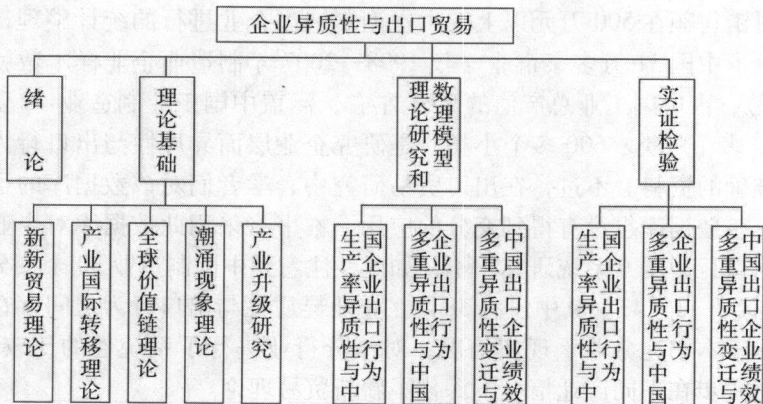

图 1 - 1   结构框架图

理论基础

2.1　新新贸易理论

2.1.1　基于异质企业的新新贸易理论的提出

传统贸易理论从产业和国家角度讨论比较优势，认为不同国家的比较优势在于其生产不同产品会存在劳动生产率或成本上的差异，因而各国应分工生产各自具有比较优势，即劳动生产率相对较高或成本相对较低的产品（陈丽丽，2008；樊瑛，2007、2008a、2008b；李春顶，2015）。此时，国际贸易将可以使双方都获得利益，从而增加社会福利。

在传统贸易理论中，研究者都假设企业是同质的（Homogeneous）。这一简化的假设虽然有利于理论和实证研究的开展，但近来受到了越来越多的实证证据的挑战：出口企业与非出口企业在企业规模、企业生产率等重要方面都存在显著差异；换言之，企业是异质的（Heterogeneous）而非同质的，而且企业异质性对于理解国际贸易的动因至关重要。自伯纳德和詹森（Bernard and Jensen，1995）的开创性研究以来，一些研究者创新性地以异质企业作为国际贸易理论的研究单位，假设企业是异质的而非同质的，认为企业异质性是企业出口行为、对外投资行为以及国际化生产组织行为的内在原因，从而初步发展形成了新新贸易理论（New-New Trade Theory）。这一理论流派涌现了一系列相互衔接和支撑、不断发展深入的代表性文献（如 Melitz，2003；Bernard、Jensen、Eaton and Kortum，2003；Helpman、Yeaple and Melitz，2004；Antras and Helpman，2004；Yeaple，2005；Bernard et al.，2007；Helpman et al.，2010；Egger and Kreickemeier，2012；Holmes and Stevens，2012；Oldenski，2012）。因为这一理论流派聚集于企业层面差异与国际贸易的关系，并由此揭示企业异质性与行业生产率、出口增长的关系。因此，新新贸易理论将有助于揭示国际贸易理论的微观基础。

从 20 世纪 90 年代中期以来，学者们对美国、德国、西班牙、法国、加拿大、摩洛哥、墨西哥、哥伦比亚、中国台湾等国家或地区的企业进行了大量的实证检验，这些研究的一个总的结论是：各个国家或地区都只有很小一部分企业从事出口，不仅如此，出口企业一般比非出口企业规模更大、生产率更高。这些普遍存在的企业层面的差异被称为企业异质性

（Bernard et al.，2007）。

总的来看，学者们所强调的企业异质性包括企业在规模、建立年份、资本密集度、所有权、人力资本、组织方式、技术选择等方面特征的差异，综合体现为企业的生产率差异（黄静波，2008）。

目前，已有大量研究证实，不仅企业异质性普遍存在，而且在国际贸易的理论和实证研究中强调企业异质性是非常重要的。比如赫尔普曼等（Helpman，Malitz and Yeaple，2004）研究了大量的美国出口企业，发现出口企业比非出口企业的劳动生产率更高，高出 39%；而伊顿等（Eaton、Kortum and Kramarz，2004）的实证检验则证实法国制造企业在 20 世纪 80 年代中期仅有 17.4% 的企业参与出口，其出口量仅占其生产量的 21.6%。伯纳德等基于 2000 年美国 550 万家企业的实证研究发现，出口企业只占全部企业的 4%，而排名前 10% 的少数出口企业却占有美国出口总额的 96%，而且这些出口企业的生产率高于非出口企业（Bernard et al.，2007）。由此可见，新新贸易理论有着坚实的现实基础。

新新贸易理论的相关研究在模型选取、贸易与生产率关系的作用机制等方面存在一定差异，比如和梅里兹（2003）不同，伯纳德等则是以多恩布什等（1977）的连续型李嘉图模型为基础的。不过，这些研究的主要思想是统一的，都强调了企业异质性对国际贸易（特别是是否出口）的影响，认为国际贸易能导致行业内的资源从生产率低的企业流向生产率高的企业，从而实现资源优化配置，即贸易的资源重置效应（陈丽丽，2008；黄静波，2008）。总之，新新贸易理论是强调企业异质性不可忽视，同时兼顾国家层面—产业层面—企业层面因素动态互动演化的新兴贸易理论。

具体而言，由于新新贸易理论强调企业异质性，所以它与传统贸易理论、新贸易理论都存在着较大的区别，主要表现在研究范畴、研究内容和研究单位（研究对象）等方面。

从研究范畴来看，新新贸易理论之前的国际贸易理论没有企业层面的研究，自然也缺乏对企业异质性的关注。传统贸易理论主要研究产业间贸易，新古典贸易理论则在规模报酬不变的假设下展开研究，其一般均衡模型只是限定了企业所在产业部门的规模，并不关注企业规模异质性，或者说企业规模异质性没有影响；新贸易理论主要研究假设存在规模报酬递增，而市场处于不完全竞争的状态，经典的赫尔普曼—克鲁格曼（Helpman-Krugman）差别产品模型虽然对企业规模作出了限定，但为了分析简化起见，依旧忽略了企业异质性，而选择了典型企业（樊瑛，2007、

2008a、2008b；林季红，2008；陈小红、李明阳，2010；季剑军，2010）。20世纪90年代以来的大量实证研究发现，考虑企业间的差异（即企业异质性）对于理解国际贸易至关重要，同一产业部门内部企业之间的差异常常比不同产业部门之间的差异更加显著。事实上，现实经济中各个行业仅有部分企业出口，而非全部企业出口，不仅如此，出口企业与非出口企业在生产率、规模、技术创新或其他重要方面都存在差异，换言之，企业异质而非企业同质更为接近国际贸易中的企业现实。因此，新新贸易理论聚焦于企业异质性，从企业异质性（微观企业层面）来解释微观企业层面的贸易和投资现象，从而阐明产业和国家竞争优势的来源。

就研究内容而言，企业边界问题是新新贸易理论新引入国际贸易理论的研究问题。随着经济全球化，国际化经营成为越来越多企业的现实选择，一些企业遵循着跨国公司国际化的传统路径，先本土市场而后国际市场，一些企业则探索出生而国际化的新路，完全是国际化创业（杨学儒等，2008；李军、杨学儒，2011）。因此，国际化经营的企业如何在不同国家进行价值链分配，是通过FDI在企业边界内进口中间投入品，还是以外包形式从其他企业采购中间投入品，新新贸易理论将企业边界问题作为国际贸易理论的重要研究内容，并通过整合契约理论和产业组织理论（樊瑛，2007），从而增进了对于企业全球化生产的理解。

在研究单位（研究对象）方面，新新贸易理论之前的传统贸易理论和新贸易理论都将"产业"作为研究单位，而新新贸易理论则将分析变量进一步细化到企业层面，研究企业层面的变量，如企业生产率、企业规模、建立年份、资本密集度、所有权、人力资本、组织方式、技术选择（黄静波，2008）等异质性因素。这些异质性因素可以解释新新贸易理论两个主要理论视角的研究问题，分别为以梅里兹（2003）等经典文献提出的异质企业贸易模型为基础，研究为什么有的企业会从事出口贸易而有的企业则不从事出口贸易；或者以企业内生边界模型（以安特拉为代表的学者提出）为基础，研究什么决定了企业选择以出口方式还是FDI方式进入海外市场（樊瑛，2007）。本书主要借鉴以梅里兹为代表的学者提出的异质企业贸易模型的理论思考，这也是目前关于新新贸易理论最主要的研究方向。

2.1.2　企业异质性与出口行为

（1）经典异质企业贸易模型：梅里兹（2003）模型。

2003 年，马克·梅里兹在 *Econometrica* 上发表的论文所提出的异质企业动态产业模型，是公认的新新贸易理论最经典的理论分析框架。该模型引入了一个垄断竞争的动态产业一般均衡框架，并将企业生产率差异纳入模型中（樊瑛，2007、2008a、2008b；陈丽丽，2008；黄静波，2008；林季红，2008；陈小红、李明阳，2010；季剑军，2010；朱廷珺、李宏兵，2010；张公嵬、梁琦，2010；李春顶，2015）。该模型假设企业在了解生产率状况之后才会作出是否出口的决定，从而推导出了以下结论：国际贸易能够引发生产率较高的企业进入出口市场，而生产率较低的企业只能继续为本土市场生产甚至退出市场；国际贸易的存在进一步使得资源重新配置，流向生产率较高的企业（又被称为资源重置效应）（樊瑛，2007、2008a、2008b；陈丽丽，2008；林季红，2008；陈小红、李明阳，2010；季剑军，2010；朱廷珺、李宏兵，2010；张公嵬、梁琦，2010；邱斌等，2012；李春顶，2015）。

梅里兹（2003）通过引入企业异质性，在传统的不变替代弹性（CES）偏好的垄断竞争模型中得出了一系列新的研究结果。比如，一个产业部门的贸易开放将会提高工资和其他要素价格，这将使得生产率最低的企业被迫退出市场，而生产率较高的企业将能够承担其海外营销的固定成本并开始出口，生产率居于中游的企业将继续为本土市场生产；总的分配将有利于那些生产率较高的企业，从而最终使得整个产业的生产率因为国际贸易而得到了提升（樊瑛，2007、2008a、2008b；陈丽丽，2008；黄静波，2008；林季红，2008；陈小红、李明阳，2010；季剑军，2010；朱廷珺、李宏兵，2010；张公嵬、梁琦，2010）。梅里兹的系列研究揭示了产业的总体生产率由于资源的重新配置而获得了提高，这种类型的福利改进是以前的贸易理论没有解释过的贸易利得，一些研究将由此带来的资源重新配置称为资源重置效应（樊瑛，2007、2008a、2008b；陈丽丽，2008；黄静波，2008；林季红，2008；陈小红、李明阳，2010；季剑军，2010；朱廷珺、李宏兵，2010；张公嵬、梁琦，2010）。

（2）出口行为与生产率。

梅里兹（2003）异质企业贸易模型直接说明的是哪些企业出口，哪些企业不出口，出口企业和不出口企业生产率是否具有差异，即是否存在出口—生产率异质性。由于重新配置效应的存在，异质企业贸易模型实际上也表明，当更多的企业进入出口市场时，重新配置效应会提高整个产业的平均生产率水平。因此，尽管梅里兹模型建立在微观结构上，却有助于从宏观层面上理解出口行为与生产率、宏观经济增长的关系（樊瑛，2007、2008a、2008b；陈丽丽，2008；黄静波，2008；林季红，2008；陈小红、李明阳，2010；季剑军，2010；朱廷珺、李宏兵，2010；张公嵬、梁琦，2010）。换言之，梅里兹（2003）模型有助于奠定国际贸易理论的微观基础。

实际上，关于出口行为与生产率的关系，特别是出口行为是否影响了生产率，目前还存在较大的争议。虽然大多数研究都认同二者之间存在较强的正相关关系，但对于二者之间是否存在因果关系，谁为"因"，谁为"果"，尚存在较大的分歧。

伯纳德等（Bernard、Eaton and Kortum，2003）共同开发了一个国际贸易异质企业贸易模型，该模型采用的是伯特兰德价格竞争模型而非垄断竞争的市场结构，主要关注企业的生产率和出口之间的关系。基于出口企业占企业总数的比重较低、出口企业规模更大并且生产率更高、出口对提高生产率的作用较小等事实，伯纳德等模拟了全球范围内贸易壁垒削减5%的情形，结果是贸易额上涨39%，总生产率也因低生产率企业倒闭而高生产率企业扩张并出口而上升，得出的结论与梅里兹（2003）模型相同，即贸易产业合理化效应和重新配置效应；与梅里兹（2003）模型不同的是伯纳德等认为合理化效应是由进口竞争驱动的，而重新配置效应是由于出口企业进入更多的市场驱动的（樊瑛，2007、2008a、2008b；陈丽丽，2008；黄静波，2008；林季红，2008；陈小红、李明阳，2010；季剑军，2010；朱廷珺、李宏兵，2010；张公嵬、梁琦，2010）。

后续学者则提出了时间选择问题（Lopez，2004；Alvarez and Lopez，2005），即生产率的变化究竟是出现在作出出口决策之后，还是在出口销售之前。他们研究指出，企业在新技术上的投资导致出口前生产率就发生了变化，它们是在学习如何出口而并非在出口中学习（樊瑛，2007、2008a、2008b；陈丽丽，2008；黄静波，2008；林季红，2008；陈小红、李明阳，2010；季剑军，2010；朱廷珺、李宏兵，2010；张公嵬、梁琦，2010）。类似地，科勒（Keller，2004）指出，企业投资于新技术可使之在进入出口市场前提高生产率，因此认为企业是学习出口而不是在出口中学习。而格林威和科勒则认为，出口企业的"出口中学习"包含：与外国竞争者及消费者之间的互动提供了关于改善技术、降低生产成本和提高质量等方面的信息；出口使得出口企业可以扩大生产规模；在外国市场上的竞争迫使出口企业提高效率和进行创新（Greenaway and Kneller，2007）。由此可见，关于是"出口中学习"还是"学习出口"内生地改变了生产率尚存在争论，有待进一步的理论和实证研究。

总的来讲，虽然梅里兹（2003）的研究非常富有启发性，其基本结论——在存在出口固定成本时，企业生产率层面的异质性是是否出口的决定性因素——有着坚实的基础；但其引申的观点——"出口中学习"抑或"学习出口"——尚存在较大的争议。实际上，要厘清生产率和出口究竟哪个因素为因，哪个因素是果，还需要对企业异质性和出口关系进行更为深入、一致的考察，需要分析特定情境条件的影响，从而厘清究竟是"出口中学习"还是"学习出口"内生地改变了生产率。

（3）技术创新与出口行为。

目前绝大多数新新贸易理论研究所关注的企业异质性都是企业生产率，甚至将企业生产率差异作为企业异质性的唯一代表。显然，生产率确实是企业异质性非常重要的方面，甚至是综合性特征。然而，企业异质性具有多个层面，各个层面的异质性在研究出口贸易问题的特定方面常常具有不同的影响。由于新新贸易理论还处于发展初期，对企业异质性的研究还主要集中在生产率方面，而其他异质性已经有一些研究的是技术创新。

现有研究认为技术创新通过两个途径强化企业在国际市场的竞争优势，从而推动了出口。一是生产流程创新可以提高生产率从而降低成本；二是产品创新，包括更高质量的产品和满足顾客需求的差异产品。这二者是相互联系的，虽然新的生产流程可以是针对现存产品实施，但创新产品通常需要新的生产技术和生产流程。无论是产品创新还是生产流程创新，都可能使创新企业获得垄断利润，直至其他竞争者采用类似的新技术或新产品参与竞争（黄静波，2008）。

巴塞尔（Basile，2001）分析了技术创新与出口行为之间的关系，他指出，只要创新产品在国外市场的收益大于在国内市场的收益，技术创新将增加出口行为（黄静波，2008）。这一分析得到了大量实证研究的支持。比如有研究发现技术创新越多，越可能出口，出口也越多（Hirsch and Bijaou，1985；Wakelin，1998）；进一步地，采用新技术的时机不同引起了企业内生的技术创新差异，而技术创新影响了出口行为并进一步影响了企业生产率等其他层面的企业异质性，从而使得企业异质性被不断放大（Ederington and McCalman，2008）。不过，也有研究（黄静波，2008）指出，技术创新与出口行为的联系在发展中国家相对较弱。

由此可见，企业层面的技术创新差异是影响其出口行为的重要因素。

富有成效的相对领先的技术创新与出口行为之间常常可以形成一种良性的互动。相反，缺乏技术创新的企业则难以参与国际市场竞争，不能出口。但是，如果因为一些原因，比如高额的出口补贴以及并非完全自由开放的市场等，而使得一些企业获取了出口收益，对其技术创新、生产率的影响是怎样的呢？这些发生在中国沿海的现实问题，目前尚缺乏深入的研究（李军、刘海云，2015）。

2.1.3　企业异质性与出口增长

企业异质性与出口行为的研究通过强调企业异质性，增强了对存在差异的企业出口行为的解释，间接地说明了这种出口行为差异及其后果将引起行业内资源的重新配置，从而影响行业生产率，甚至经济增长。不过，由于这些研究强调企业异质性，却没有将国家比较优势和产业层面因素纳入分析的范围，虽然更清晰地阐明了微观企业主体行为，但对于宏观层面的国家或产业比较优势的演变、总生产率的变化的分析尚缺乏坚实的理论逻辑和现实数据的基础。伯纳德等（Bernard、Redding and Schott，2007）采用将异质企业与赫尔普曼—克鲁格曼（Helpman、Krugman，1985）不完全竞争和规模经济的假设以及赫克歇尔—俄林（H－O）要素禀赋差异结合起来的方法，分析了当贸易成本下降时，企业、国家和产业是如何相互作用的，资源通过异质企业在不同产业间如何重新配置（樊瑛，2008a、2008b）。这对理解国家—产业—企业异质性如何共同影响一国出口增长和生产率变化提供了思路。

伯纳德等（Bernard、Redding and Schott，2007）发展了两个国家、两种要素和两个行业的世界经济模型。在这个模型中，他们（陈文芝，2009）假定：①每个行业都是由具有连续性的生产率水平的生产有差异的产品的企业构成的；②任何企业进入一个行业都面临一个正的沉淀成本，而且沉淀成本对应该企业的一个固定的生产率水平；③当企业生产率低于获取"零利润"所需的生产率水平时，企业退出；④企业的出口面临一个固定成本以及可变成本，当其生产率水平高于临近生产率水平（这里类似于梅里兹模型的思想）、出口达到均衡时才是有利可图的。

在这一系列的假定条件下，可以推导出（陈文芝，2009）：当贸易成本下降时（即贸易自由化程度提高时），由于企业具有异质性的生产率，国家间不同行业的不同企业的比较优势随之发生变化，从而引起在不同国家和行业之间的资源重新配置，这种资源重新配置活动，无论是发生在产业内还是产业间，将引起"新的"比较劣势部门就业岗位的减少，并在其他所有产业部门产生大量的就业岗位。进一步地，企业异质性突出了企业之间的差异，优势企业扩张而劣势企业缩小或退出，从而使得异质企业的行为进一步扩大了一国的比较优势从而创造了新的贸易利得；而从行业和国家整体的层面来看，高生产率企业的增长推动了整个产业总的生产率的提升。当然，相对而言，由于比较优势部门异质企业中生产率较高者扩张更大，从而比较优势部门的生产率增长更快。另外，随着生产率水平的提高，价格将下降，充裕要素的实际要素报酬上升也减少了稀缺要素的实际要素报酬损失（Bernard、Redding and Schott，2007）。

不过，在考虑企业异质性的情况时，并非所有研究都认同贸易自由化会促进经济增长。鲍尔德温等（Baldwin and Robert-Nicoud，2008）认为，贸易对经济增长的影响具有事前和事后两种效应。由于选择效应提高了引入新产品的预期成本，其会降低企业引入新的多样性产品的速度，从而阻碍经济增长；而贸易自由化降低了创新的边际成本，从而促进了引入更多的多样性产品，有利于经济增长。因此，贸易自由化对经济增长的作用取决于同种效果的共同影响（陈文芝，2009），比如在格鲁斯曼和赫尔普曼（Grossman-Helpman），寇伊和赫尔普曼（Coe-Helpman），李维拉、巴兹和娄门（Rivera-Batiz-Romer）模型中，有的有利于经济增长，有的不利于经济增长（陈文芝，2009）。

而陈等（Chen、Imbs and Scott，2009）基于欧盟数据的实证研究则发现，在考虑企业异质性的情况下，贸易自由化在短期来看加剧了竞争，降低了市场门槛和产品价格，提高了生产率；而长期效应并不像先前的理论所预期的那样与此类似，其效应反而是模糊不清的（陈文芝，2009）。

总的来讲，现有研究认为，考虑到企业异质性，国家—产业—企业层面因素对于一国出口增长和生产率都会有所影响。在简单的两个国家、两种要素和两个行业的模型中，理论逻辑分析发现企业异质性似乎是贸易利得的实现机制（Bernard et al.，2007），但在更为复杂的现实世界经济中，情况可能并不是这样简单。而在我国改革开放以后的国际贸易实践中，企业异质性对于我国出口增长和生产率的影响是怎样的，还要结合我国企业异质性的实际情况，考察如新新贸易理论前期研究模型设定的合理性，以发展适合国情的企业异质性与出口增长的模型，从而提高现实解释力。

2.1.4　小结

新新贸易理论的发展只有十多年，理论上还不成熟，还有很多值得进一步研究的话题。同时，新新贸易理论关注到了企业层面的异质性在解释国际贸易问题中的重要作用，为国际经济学研究开拓了一条非常值得深入研究的新路，对增强国际贸易理论对现实问题的解释力将具有较大的帮助作用。

2.2　国际产业转移理论

随着国际产业转移的发展，国际产业转移理论不断深化，形成了劳动密集型产业转移理论、雁行模式理论、中心—外围理论、边际产业扩张理论、产品生命周期理论等多种理论。这些国际产业转移的经典理论，具有较为广泛的解释力，对后续研究的影响也比较大。不过，这些理论的提出都有其特定的历史背景，常常对一些新的事实的解释不太理想。

现有国际产业转移理论研究了国际产业转移为什么会发生、如何发生以及国际产业转移的后果。总的来讲，其对 20 世纪以来国际产业转移的基本特征作出了较为准确的刻画。不过，现有研究关于国际产业转移的动力（动因）以及国际产业转移作用于一国相关产业的出口、产业发展和经济增长的内在机制的研究还比较粗略——现有研究基本是基于产业层面或国家层面的分析。因此，现有理论不能解释现实中的产业转移，常常仅仅是"部分转移"。具体来讲，对发达国家的同一产业而言，为什么有的企业转移到发展中国家，而有的企业依旧留守？为什么有的企业整体转移至发展中国家，而有的企业仅是一些部门或工厂转移？或许，相关理论的进展需要更多地考虑企业层面的异质性，从而能在新新贸易理论的基础框架下取得新的进展。

国际产业转移理论已经充分认识到国际产业转移是一个动态的、长期的过程，而不是简单的、静态的资源重新配置。正因为如此，国际产业转移的动态特性要求我们建立动态的理论分析视角去观察国际产业转移过程中国家层面的因素、产业层面的因素和企业异质性是如何起作用的，如何动态影响企业、产业在国际市场的表现，如何影响出口增长。

特别地，本书虽然没有重点关注国际产业转移，但在研究中已经涉及国际产业转移输出国和输入国的差异，因此具有特别的重要性。本书对于新新贸易理论的理论和实证研究是在国际产业转移输入国背景下展开的，而现有理论和实证研究大多基于国际产业转移输出国情境。这一重要差异对于推进本书的研究具有重要意义。

2.3 "潮涌现象"理论

改革开放以来，中国经济迅速发展，已经保持了 30 多年的高速增长，成为一个新兴的发展中大国（李军、杨学儒，2011）。在这个过程中，多个产业的投资出现了"潮涌现象"（林毅夫，2007a）："在投资前，每个企业都确信这个投资项目是个获利极高的好项目，金融市场也会出现行为金融学所研究的'羊群行为'，大量的资金投向这些项目，结果导致整个社会的过度投资，出现'非理性繁荣'（席勒，2001）。等这些投资项目都完成以后，产能出现严重过剩，价格大幅下跌，投资回报远低于当初的预期，导致大量企业破产，甚至引发经济萧条，严重者则伴随着金融危机。"

虽然"潮涌现象"在中国如此频繁，一波又一波地冲击着各个产业，纺织、服装、玩具、钢铁、汽车等都因"潮涌现象"遭遇长期发展的竞争力危机，但在林毅夫（2007a）之前，学者们对此现象的关注大多是基于结果层面的，如从中看出投资过热、产能过剩或地方利益冲突、地方官员晋升锦标赛（张军，1998；周其仁，2005；郭庆旺、贾俊雪，2006；周黎安，2004、2007）等问题，却没有深入探讨"潮涌现象"背后的基本理论问题（李军、杨学儒，2011）。实际上，"潮涌现象"意味着传统宏观经济学的一些基础假设在发展中国家，特别是在国际产业转移背景下，已经不再适用了。

林毅夫教授（2007a）在《经济研究》中撰文指出，这种"在发达国家偶然出现一次的'潮涌现象'，在处于快速发展阶段的发展中国家很可能会像波浪一样，一波接着一波地出现……所以，一个发展中国家的政府如果遵循新古典宏观经济理论，不对市场进行任何干预，完全依靠市场利率的升跌来调节投资，国民经济很可能出现一个产业接着一个产业的投资过热和产能过剩……"（李军、杨学儒，2011）

正是因为投资"潮涌现象"在发展中国家，特别是中国，是可能经常出现的现象，因此，林毅夫（2007a）提出理论上应该重视这一现象，并呼唤发展中国家宏观经济理论的新革命。然而，新理论的建立和推广需要较长的时间（李军、杨学儒，2011），目前不少紧密相关的研究、社会舆论都忽视了投资"潮涌现象"在中国的实际影响，地方政府的决策者更是常常对其视而不见。比如，"自 2003 年以来，中国的产业升级投资上的"潮涌现象"至为明显"（林毅夫，2007a、2007c），虽然中央政府曾在一段时间里采取了一系列干预措施，但不少省市的地方政府①仍将全面推进产业升级作为其政策目标，社会舆论也一味强调产业升级的好处。在近来的金融危机冲击下，这种趋势更为明显，似乎中国所有的企业都升级到各产业全球价值链的最高端则所有问题就会迎刃而解（李军、杨学儒，2011）。

后来，林毅夫教授（2007、2008、2010、2013）多次撰文强调"潮涌现象"是中国经济改革面临的重大挑战之一。他指出，2003—2005 年的汽车产业、建筑材料产业和房地产以及 2006 年的化工产业都存在严重的"潮涌现象"。进一步地，林毅夫等（2010）通过"行业中企业数目不确定"阐明了"潮涌现象"与产能过剩的形成机制，并指出中国与发达国家所处的产业发展阶段不同，在发达国家鲜见的"潮涌现象"在一个以市场经济为主且处于快速发展阶段的发展中国家则有可能频繁出现（李军、杨学儒，2011）。

其实，"潮涌现象"表明，传统宏观经济理论关于未来产业发展方向企业投资相互无关，都接受市场价格，而市场价格不受企业投资影响的暗含假设已经不再适宜中国现实。考虑"潮涌现象"，也就是在国际贸易的分析中，必须关注到"潮涌现象"对一国产业结构和企业异质性对国际市场的影响。在传统贸易理论和新贸易理论中，忽视了产业结构和企业异质性对国际市场的影响；在新新贸易理论的现有研究模型中，主要考虑到了企业生产率差异的影响，开创了国家层面、产业层面和企业层面因素共同影响国际贸易的全新分析框架，但对于哪些因素是重要的，还有待进一步的发展。而接受"潮涌现象"的理论假设，将有利于我们厘清各种企业层面的因素发挥作用的前提条件和作用机制。换言之，"潮涌现象"放大了企业异质性对出口行为的影响，增强了新新贸易理论的适用性。

---

①　考虑地方政府以当地而非全国利益为目标，假设其他企业都位于产业价值链低端，而仅有该地区的企业实现产业升级，当然是有利可图的。但这一假设实质上依旧是忽视了投资"潮涌现象"的存在。

2.4 全球价值链理论与产业升级

2.4.1 理论内容

近年来，关于产业转型和产业升级的相关研究所采用的最主要的理论基础是全球价值链理论，该理论也是国际产业转移理论中较新的理论。确实，虽然全球价值链理论存在静态视角、缺乏对产业链演化的分析等缺点，不过对于发展中国家的产业升级相对传统的国际产业转移理论和国际贸易理论具有更强的解释力，对企业层面的事实也具有一定程度的解释力，这从国内比较关注产业升级问题的重要学术期刊 2007—2010 年所发表的关于产业升级的文章即可见一斑。下面，本书对该理论进行简要的介绍和评述。

20 世纪 80 年代中期，哈佛大学的迈克尔·波特（Michael E. Porter）博士首次提出了"价值链"（Value Chain）的概念。波特（Porter，1985）在分析公司行为和竞争优势的时候，认为公司的价值创造过程主要由基本活动（含生产、营销、运输和售后服务等）和支持性活动（含原材料供应、技术、人力资源和财务等）两部分完成，这些活动在公司价值创造过程中是相互联系的，由此构成公司价值创造的行为链条，这一链条就称为价值链（李军，2006）。不仅公司内部存在价值链，一个公司价值链与其他公司的价值链也是相连的，任何公司的价值链都存在于一个由许多价值链组成的价值体系（Value System）中，而且该体系中各价值行为之间的联系对公司竞争优势的大小有着至关重要的影响。全球价值链理论的形成是与跨国公司的崛起和国际分工新格局的出现紧密相关的（李军，2006）。

目前关于全球价值链的研究，主要集中在两个方面：一是着眼于全球价值链的治理和产业升级问题；二是选取有效的案例，进行实证研究以不断完善和拓展理论体系（李军，2006）。

全球价值链的治理（governance）是全球价值链研究的一个重要方面（李军，2006）。韩弗理和舒尔茨（Humphrey and Schultz，2001）根据价值链中居于支配地位的领导公司对价值链的控制程度或不同环节的紧密程度，将价值链的治理机构分为网络型（networks）、准科层型（quasi-hierarchy）、科层型（hierarchy）及市场型（market-type relationship）四类。格勒费和舒尔茨（Gereffi and Humphrey，2005）进一步指出了影响全球链价值治理结构的三个因素，分别是交易的复杂性、交易的执行能力以及供给能力。韩弗理和舒尔茨认为全球价值链的治理结构会对发展中国家的企业产生重大影响，表现为市场准入问题、全球价值链中领导公司的先进生产技术或工艺来实现升级和利润的分配问题。在全球价值链这种新的国际分工体系中，各国如何利用自身优势，嵌入全球价值链环节，提高自身产业的国际竞争力，促进产业升级，特别是对广大发展中国家而言，意义重大（李军，2006）。韩弗理和舒尔茨（2002）认为发展中国家要不断实现产业升级，以摆脱被动困境。他们提出了发展中国家实现升级的四种模式，即工艺创新（processing upgrading）、产品创新（product upgrading）、功能创新（functional upgrading）和价值链跨越（intra-sectoral upgrading）。格勒费和盖理（Gereffi and Gary，1997）则从全球商品链（GCC）的视角分析了国际贸易与产业升级的联系及贸易网络中的技术溢出问题，并进一步研究了一些国家的企业由原始设备生产商向自有品牌出口制造生产商角色的转变历程（李军，2006）。

关于全球价值链理论的实证研究主要集中于分析新的国际分工体系下，各国相关产业在全球价值链中的地位以及近年来大量涌现的跨国公司对于全球价值链体系的推动等方面（李军，2006）。一些学者以台湾 IT 产业的发展为例，最终得出以下结论：在全球化和经济发展的过程中，融入全球价值链和公共机构的政策支持是互补的而不是排斥的，它们结合共同促进产业的结构升级和经济增长（Shuk-Ching Poon and Teresa，2004）。一些研究对外资在越南的投资效果进行了分析，发现在越南的外国投资机构与全球价值链融合得十分紧密，越南应该妥善地对这种全球价值链的嵌入进行治理，吸取马来西亚和泰国等其他东盟国家的教训——较高的消费乘数，但价值链乘数和技术溢出效应则很低（Mirza and Giroud，2004）。

国内学者也经常引用全球价值链理论来分析在新的国际分工体系下我国产业的发展和国际竞争力提升的问题（李军，2006）。高越、高峰（2005）通过对基本贸易数据的分析来判断我国在垂直化国际分工体系中的地位，其数据计算结果表明，我国的分工地位是与我国的比较优势相一致的，加工贸易成为我国参与垂直化分工的主要方式（李军，2006）。还认为外资企业，特别是大型跨国公司在我国参与国际分工、发挥比较优势、实现产业升级中发挥了较大作用。虽然没有明确提出全球价值链，但作者的主张基本上就是我国根据自身的比较优势，通过嵌入全球价值链来实现产业结构的升级（李军，2006）。程进（2005）从制度经济学的角度来分析跨国公司对生产环节的垂直化分离行为，由此得出发展中国家在这种垂直化分离中国际分工的变化。最后作者指出，跨国公司实施垂直分离化虽然是为了利用发展中国家的要素优势，但发展中国家利用出口加工业融入垂直分离化的价值链是在新的国际分工形式下的选择，发展中国家应该利用这种分工体制学习先进技术，并提升自己在全球价值链中的地位（李军、杨学儒，2011）。张向阳、薛有为（2005）利用全球价值链理论对我国发展最快的两个城市——苏州和温州嵌入全球价值链的特点及产业升级问题做了一个对比分析。他们认为，苏州主要由外资企业，通过 FDI 嵌入全球价值链，而温州主要由内资企业通过国际贸易方式嵌入全球价值链，苏州和温州在嵌入全球价值链方式上的不同决定了两地在产业结构升级和地区经济发展上应该采取不同的战略。吴解生（2005）研究了我国制造业全球价值链融入及其区位优势提升的问题，他认为经过 20 多年的开放，我国大量制造业厂商通过承接生产外包而融入了跨国公司以非股权方式加以联系的全球价值链体系。总体上看，通过对国际产业转移的积极吸纳，我国制造业已经深深地融入了相关的全球价值链体系，而这种积极吸纳将在较长时间内成为我国经济发展的重要路径，提升这些产业的吸纳结构成为我国经济发展的重要任务。

总的来讲，全球价值链理论认为，全球价值链治理的驱动者、治理类型、治理者和全球价值链下的产业集群等因素不同，全球价值链的参与企业所面临（或主导）的全球价值链治理也不同，从而在利益分配中处于不同的地位（Humphrey and Schmitz, 2002；李军、杨学儒, 2011），影响了这些企业的全球价值链参与行为（Yang and Li, 2009）和国际竞争力（李军、杨学儒, 2008）。目前，中国大量的国际代工企业为俘获网络型全球价值链所俘获（卢旺财、胡平波, 2008），处于价值链的低端，缺乏对该产业全球价值链核心资源（市场、核心技术或产业发展方向）的控制力，缺乏对全球价值链治理的话语权，仅能分配到微薄的利润（刘志彪、张杰, 2007）。因此，发展中国家相关产业和企业必须努力实现产业升级，从而摆脱这种不利地位。

由于位于全球价值链不同环节的企业所获取的利益分配和长期发展机会存在较大差异，不少学者提出发展中国家应该利用全球价值链，沿着"工艺升级→产品升级→功能升级→链的升级"（Kaplinsky and Morris, 2001）的路径实现产业升级，从而获取更好的收益（李军、杨学儒，

2011)。在研究的初期，一些学者甚至乐观地认为，这种升级可以"自动"实现（Gereffi，1999；Kaplinsky and Morris，2001）。然而，发展中国家产业发展的事实表明，这种"自动"实现机制并不存在（Gereffi，2001；Schmitz，2004），而且全球价值链的治理者常常设置种种障碍限制国际代工企业的升级（巫强、刘志彪，2007；卓越、张珉，2008；李军、杨学儒，2011）。针对这一困境，发展中国家的学者主要从两种视角来探讨产业升级的路径与实现机制（李军、杨学儒，2011；李军、刘海云，2015）。一些学者从企业的视角，通过案例研究来总结那些（个别的）成功企业的升级经验（毛蕴诗、汪建成，2006；汪建成、毛蕴诗，2007；毛蕴诗等，2009），发现多种外部制度环境因素和企业内部资源与能力因素对 OEM 企业成功升级非常重要；另外一些学者从产业层面来探讨产业升级出路（张辉，2005；黎继子等，2005；文嫮、曾刚，2005；刘志彪、张杰，2007），认为本土产业集群或本土价值链的发展有利于提升发展中国家相关产业在全球价值链中的话语权，是实现产业升级的有力支撑（李军、杨学儒，2011）。

这些案例研究和理论分析对于个别的国际代工企业如何进行产业升级有着一定的借鉴和指导意义，但是由于其理论逻辑缺乏对中国经济中投资"潮涌现象"的关注，其研究结论自然也面临着现实的挑战——珠三角和长三角地区的大量国际代工企业形成了相当完备的本地配套，本地产业集群也得到了相当程度的发展，然而只有非常少的企业成功实现了产业升级，以至于产业升级案例研究的对象都是"精挑细选"的知名成功企业，而不是一般性企业——虽然强调产业升级已经有近十年了，但其实绝大多数的企业依旧是 OEM 企业（李军、杨学儒，2011）。

（2）小结。

现有研究虽然阐明了基于要素禀赋的比较优势，以国际代工的国际创业战略嵌入全球价值链的中国制造业由于"缺乏高级要素"（刘志彪、张杰，2007）而容易在全球价值链治理中处于劣势地位，但其分析框架难以回答一个基本的问题：发展中国家以国际代工的国际创业战略嵌入全球价值链究竟是不是当时可行的策略？如果回答是肯定的（事实也正是如此），那么真正的问题是：当时有利可图的正确决策为什么导致了如今的低端锁定和悲惨增长（卢旺财、胡平波，2008）？为什么同样以国际代工的国际创业战略嵌入全球价值链的大量港台企业却能随着比较优势的演化而逐步实现了产业升级或产业转型？这种低端锁定的路径依赖效应似乎并不是那么明显（李军、杨学儒，2011）。

　　其实，全球价值链提供了一种理解不同国家位于同一产业片段的不同企业参与国际分工，并获取不同收益的分析视角。这种"切片"式的分析本质上是静态的，借助这一工具，可以清晰地看到位于全球价值链不同片段的异质企业有差异的行为和收益。不过，如果要动态分析国际产业转移背景下企业异质性与中国出口增长的关系，则需要考虑全球价值链的动态演化。当然，在动态的全球价值链理论尚未形成之前，借助基于企业异质性的新新贸易理论更能清晰地分析问题。

生产率异质性与出口行为：中国制造业的再检验

3.1　梅里兹经典模型与生产率异质性

3.1.1　梅里兹经典模型的提出背景

自亚当·斯密（Adam Smith, 1776）以来，关于国际贸易为什么会发生、国际贸易为什么有益、国际贸易利益的基础何在……这些一直是学者们关注的重要理论问题。当比较优势理论得到人们的普遍认同之后，关于比较优势的基础（宏观和微观基础）则成为这些理论问题的核心问题。

之前的研究都从国家和产业的角度来研究比较优势，其研究中没有企业，或者说异质企业的位置，自然也与企业异质性无关，而是在资源禀赋层面得到了突破。这些研究认为，资源禀赋的差异是各国比较优势的来源。那么，既然一国因为某些资源禀赋而具有比较优势，则该国这一行业应为出口行业；类似地，另一行业具有比较劣势，则该国这一行业应为进口行业。但是，这一理论逻辑与现实世界并不相符，在国际贸易中广泛存在某一行业内部既有进口又有出口，而且随着经济全球化而变得越来越普遍。国际贸易理论该如何解释这一现象呢？

后续的研究尝试放松了同行业企业皆为同质的这一假设，开始从企业层面来解读现实存在的跨行业的、行业内的复杂的国际贸易现象。一个流派（新贸易理论）认为最小经济规模和全球市场容量的限制使得企业为获得规模经济而在全球分工，从而产生了产业内贸易。换言之，这一理论流派将人们的部分视线从宏观的资源禀赋中引出来，开始注意到企业决策在国际贸易中的作用。

进一步地，随着 WTO 规范的逐步增强以及各个区域性自由贸易区的纷纷建立，特别是欧盟的成立，经济全球化程度不断加深，相对独立、分割的各国市场在一定程度上已经演变成相对统一的全球市场。市场的主体——企业越来越以其独特的竞争优势参与国际市场竞争，选择在国际、国内抑或兼而有之的市场策略。此时，出口决策完全成为企业决策，企业决策的依据主要是各个企业的差异，宏观、中观层面的因素，诸如一国的资源禀赋，虽然是影响企业异质性的重要外部条件，但是其已经不是主导性因素。

20 世纪 90 年代中期，国际贸易中企业异质性的影响开始受到学者们的关注，伯纳德和詹森的研究开创了国际贸易研究将企业作为研究单位的先河。而针对美国、德国、西班牙、加拿大、法国、哥伦比亚、墨西哥、摩洛哥、中国台湾地区的实证研究都表明：这些国家或地区同行业内都只有很小一部分企业从事出口，而且与同行业非出口企业相比，出口企业一般规模相对较大，生产率相对较高（Bernard and Jensen，1995）。

一些研究者（Bernard and Jensen，1995；Melitz，2003；Bernard、Eaton and Kortum，2003；Helpman、Melitz and Yeaple，2004；Antràs and Helpman，2004；Yeaple，2005；Helpman，2006；Bernard et al.，2007；Helpman et al.，2010）遵循经济学解释世界的传统，放弃企业是同质的（homogeneous）这一过时假设，将异质企业作为研究单位，从企业异质性来探寻国际竞争优势的微观基础。

正是循着伯纳德和詹森（1995）将企业作为分析国际贸易问题的研究单位这一思路，后续研究者开始从实证入手寻找企业异质性与出口行为以及其他国际贸易理论问题的关系。对于长期从事经济学研究的学者而言，将企业生产率作为企业异质性的代表是一个自然选择。当研究的视角聚焦于先本土市场后国际市场的发达国家典型出口企业①，梅里兹（2003）的经典模型得以发展。

事实上，西方新新贸易理论谈及出口企业异质性，必然提及生产率差异。一方面，经典文献证明，生产率差异是决定跨国公司企业是否从本土企业加入出口企业行列的决定性因素；另一方面，经济学对生产率研究颇多，生产率常常成为分析企业的"适宜的"变量，学者们习惯用生产率研究这些问题。事实上，梅里兹（2003）推导出选择出口的企业生产率高于不选择出口的企业，根源在于其与西方发达国家情境较为适宜的前提假设。

3.1.2 分析梅里兹模型

2003 年，哈佛大学马克·梅里兹教授在 *Econometrica* 上发表的论文提出的异质企业动态产业模型是公认的新新贸易理论最经典的理论分析框架，生产率异质性等新新贸易理论最常使用的切入点都是源于这一研究，"出口中学习""学习中出口"等概念也是基于这一模型的发展性推论。毋

---

① 当然，那些关于国际化经营的企业往往规模较大，生产率较高和能提供更高质量的产品之类的实质发现（如 Tybout，2002）对于梅里兹（2003）模型思路的形成应该也有不少启发。

庸置疑地讲，研究新新贸易理论，必须首先分析梅里兹经典模型。

梅里兹经典模型的理论推导可以简单概括如下：

假设企业在了解生产率状况之后才会作出是否出口的决定（假设Ⅰ），假设出口存在一个大于0的固定成本（假设Ⅱ），假设市场竞争条件为D－S垄断竞争条件（假设Ⅲ）。

基于以上前提假设，设定所有企业的固定成本用 f 表示，$0 < f < 1$，f_x 表示进入出口市场的成本，$\varphi > 0$ 表示企业的生产率水平，$\sigma = 1/(1-\rho) > 1$ 表示不同商品间的替代弹性。

则企业收益函数为：

$$r(\varphi) = R(P_{\rho\varphi})^{\sigma-1}$$

企业利润函数为：

$$\pi(\varphi) = \frac{R}{\sigma}(P_{\rho\varphi})^{\sigma-1} - f$$

其中，消费者面临的是 $C.E.S$ 效用函数，R 为消费者总支出，P 代表价格指数。

那么，

如果企业不出口，其收益为：

$$r(\varphi) = r_d(\varphi)$$

如果企业出口，其收益为：

$$r(\varphi) = r_d(\varphi) + n\, r_x(\varphi) = (1 + n\tau^{1-\sigma})\, r_d(\varphi)$$

其中，$r_d(\varphi)$ 表示来自国内市场的收益，$r_x(\varphi)$ 表示来自国际市场的收益。同时考虑国际运输成本的存在，为了有一单位产品到达目的地，企业必须出口 $\tau > 1$ 单位的产品。n 表示一个国家的贸易伙伴数目，意味着该国企业能将产品出口到 n 个国家，$n \geqslant 1$。

则企业国内销售的利润为：

$$\pi_d(\varphi) = \frac{r_d(\varphi)}{\sigma} - f_d$$

企业出口销售的利润为：

$$\pi_x(\varphi) = \frac{r_x(\varphi)}{\sigma} - f_x$$

因此，企业总利润函数为：

$$\pi(\varphi) = \pi_d(\varphi) + \max \{0, \pi_x(\varphi)\}$$

由此可知，存在一个企业进入市场的生产率临界水平 φ^* 和进入出口市场的生产率临界水平 φ_x^*。

由于进入出口市场的固定成本大于 0，所以可以推出 $\varphi_x^* > \varphi^*$（推论 i ）。

推论 i 正是所有后续研究所引用的"只有较高生产率水平的企业才会选择出口"这一理论判断的来源（如图 3 - 1 所示）。那么，这一结论是放之四海而皆准的吗？

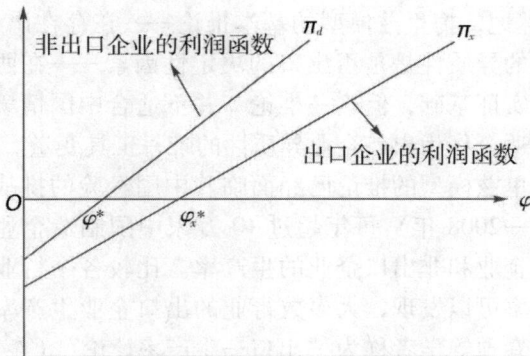

图 3 - 1　出口企业与非出口企业生产率差异图

资料来源：Helpman，2006。

当研究对象转换为中国企业，笔者发现，改革开放后的不同阶段，假设 I 、假设 II 或假设 III 分别存在着非常严重的偏离，需要重新设定，自然地，出口企业异质性即为生产率差异这一推论（推论 i）也不再成立。

比如，在改革开放初期，中国出口企业的主体是具有外资背景的来料加工企业，相对于中国大陆市场而言的国际市场，假设出口存在一个大于 0 的固定成本（假设Ⅱ）完全不合适，甚至可以说相反，产品销售到中国大陆"本土"市场以外相当于存在一个大于 0 的固定收益（高比率的出口退税是其重要成分）。简化分析，假设梅里兹（2003）模型的其他假设成立，则可以知道此时企业异质性与生产率无关。又比如，在生而国际化的本土企业"潮涌现象"频发的 20 世纪 90 年代，这些企业中的绝大多数并非先有本土市场再进入出口市场，更谈不上企业在了解生产率状况之后才作出是否出口的决定（假设Ⅰ），此时，市场竞争条件更非 D-S 垄断竞争条件（假设Ⅲ），梅里兹（2003）模型已经不再适用，需要建立新的理论框架。因此，先入为主地限定企业异质性是企业生产率，只会导致研究陷入困境或歧途。

上述分析表明，出口企业异质性并非必然是生产率差异，在中国背景下，出口企业异质性常常与生产率差异无关。事实上，只有在特定的阶段才能选择企业生产率作为企业异质性的工具变量。

总的来讲，虽然梅里兹的研究非常富有开创性和启发性，但毕竟是基于西方发达国家——国际产业转移转出国的国际贸易情境而设定的，其前提假设是具有情境依赖的，虽然这一点现有研究较少指出来（李军、刘海云，2015）。自然地，梅里兹模型的基本推论——在存在出口固定成本时，企业生产率层面的异质性是是否出口的决定性因素——在西方国家的研究中获得了坚实的实证基础，但这一推论却并不适合中国情境，因此生产率异质性已经不再适合作为出口企业异质性的唯一工具变量。

实际上，梅里兹模型的推论已经面临着中国经验的挑战。利用中国工业数据库（1997—2008 年）每年超过 10 万家中国制造企业的数据，非常容易计算出出口企业和非出口企业的生产率。比较各个行业出口企业和非出口企业的生产率可以发现，大多数行业的出口企业生产率反而低于非出口企业，这被李春顶等学者称为"出口—生产率悖论"（李春顶、尹翔硕，2009；李春顶等，2010；李春顶，2015）。简言之，中国出口企业的生产率并非必然高于非出口企业。

本书以下部分的研究将指出，梅里兹模型的推论成立是有前提假设的，中国背景与其假设的不一致要求我们必须更新假设，应发展而不是套用新新贸易理论。

3.2 梅里兹经典模型的扩展

3.2.1 理论分析

前文分析指出，梅里兹模型有三个非常重要的前提假设，而这三个前提假设在中国改革开放以后国际贸易发展的不同阶段，各自都有着较为严重的背离，因此这些假设需要重新检验，并在更新假设的基础上提出新的理论假设。梅里兹模型的三个假设是：假设企业在了解生产率状况之后才会作出是否出口的决定（假设Ⅰ），假设出口存在一个大于 0 的固定成本（假设Ⅱ），假设市场竞争条件为 D－S 垄断竞争条件（假设Ⅲ）。

（1）假设Ⅰ和假设Ⅱ的适用条件与修订。

梅里兹模型假设企业在了解生产率状况之后才会作出是否出口的决定（假设Ⅰ），出口存在一个大于 0 的固定成本（假设Ⅱ）。这两个假设对于先在本国创业、在本国市场的竞争中成长壮大，优胜者根据其企业生产率状况决定是否走向国际市场的发达国家大多数出口企业而言，是比较合适的，不会影响理论的现实解释力。

对于发展中国家的企业而言，作为承接国际产业转移的输入国企业，大多数出口企业都并非先有本土市场再有国际市场，而是直接进入输入国的跨国公司（FDI）或者生而国际化（global born）的出口企业（李军、杨学儒，2011）。

对于前者而言，这些跨国公司在进入中国投资生产以前，对国际市场非常熟悉，已经拥有国际市场的品牌、渠道和其他重要资源。但是它们对发展中国家的本土市场比较陌生，甚至完全不了解，加之市场特性、企业文化的差异对跨国公司的挑战，跨国公司将产品销往国际市场而不是产业输入国市场完全是自然的选择，常常是在进行跨国投资时已经决定的，而不是在了解其在产业输入国的企业生产率水平后而决定的——事实上，常常有跨国公司错误高估其在产业输入国能取得的企业生产率，以至于在进入产业输出国之后遭遇亏损。

对于国际产业转移输入国生而国际化的企业而言，其常常是基于全球价值链各个环节的差异抓住国际市场机会而成长起来的（Yang and Li，2009），因此其出口决策和生产率并没有因果关系，而是由其他因素决定的，比如拥有国际市场的渠道、能获取相对更高的产品价格（此时，国际市场和国内市场的价格是不一致的）、能获取政府的出口退税的额外收益以弥补其不足（包括生产率低下）等。

总之，当研究对象转向国际产业转移输入国——发展中国家时，梅里兹（2003）模型假设企业在了解生产率状况之后才会作出是否出口的决定（假设Ⅰ），出口存在一个大于0的固定成本（假设Ⅱ）是需要根据发展中国家出口企业所处的不同阶段和具有的特性而进行适当的修订。一般地讲，在中国改革开放初期，国际国内市场分割程度较高、出口补贴水平较高，假设Ⅰ、假设Ⅱ与现实背离程度很高，放松假设Ⅰ、假设Ⅱ是合适的。随着中国改革开放的程度加深，特别是加入WTO之后，各个行业普遍性地大幅度降低关税、出口补贴，国际国内市场越来越趋于统一，如果不考虑路径依赖的影响①，假设Ⅰ、假设Ⅱ是可以接受的假设；如果考虑到路径依赖的影响，接受假设Ⅱ依旧与现实存在较大的背离②。对于假设Ⅱ而言，只有对于那些在中国本土市场发展壮大，在出口补贴较低的年代再选择出口的企业才是比较合适的。

（2）假设Ⅲ的适用条件与修订。

梅里兹模型假设市场竞争条件为D－S垄断竞争条件（假设Ⅲ），这一假设不仅仅有助于简化模型推导，其实更是一个为寡头垄断的大型跨国企业量身定做的假设。实际上，假设Ⅲ对于发达国家大量的差异化程度较高的中小型出口企业，包括发达国家的生而本土化出口企业③而言也是相对成立的。类似于意大利家具业，由于种种原因，发达国家的出口企业之间大多形成了较高水平的差异化，其在国际市场的竞争较为符合D－S垄断竞争条件（假设Ⅲ）。

对作为国际产业转移输入国的发展中国家而言，出口市场的竞争情况有着较大的差异。在改革开放初期，由于缺乏对国际市场的信息来源，特

① 路径依赖理论认为前期的行为选择会产生路径依赖，从而影响后期的选择。对于出口企业而言，如果多年都是完全从事出口，路径依赖可能直接导致其继续从事出口；同时，也增加了其转向其他选择的成本。

② 换言之，假设出口存在一个小于0的固定成本，或者说边际成本，反而是比较贴近加入WTO之前中国出口的长期现实的。

③ 一个典型的例子是意大利的家具业。意大利的家具业产业集群大多都是出口企业，而且规模一般也不大，但是由于企业之间高度差异化，在国际家具市场上，意大利出口企业之间鲜有直接的价格竞争，多是定位分明的差异化竞争，其竞争情况类似于垄断竞争，而非完全竞争。

别是政策性的出口资质的限定，大部分中国企业并不能获得参与国际市场竞争的机会。对于这些获得了出口机会的中国企业（包括 FDI 和本土生而国际化的企业）而言，由于中国经济总体水平较低，这些非常有限的产能对国际市场的影响机会可以忽略不计，因此国际市场竞争基本符合 D－S 垄断竞争条件（假设Ⅲ）。换言之，考察改革开放初期的中国企业出口问题，D－S 垄断竞争条件的假设（假设Ⅲ）是比较适宜的。

随着中国改革开放的深化，各个产业，特别是出口相关产业"潮涌现象"汹涌，改变了国际市场的竞争情况。在理论上，"潮涌现象"作为中国经济运行过程中的典型化事实（万光彩等，2009）逐渐为各界所重视。其中，林毅夫（2007a）及其合作者的后续研究对于推进这一问题的理论化作出了重要的贡献。林毅夫（2007a）这样描述"潮涌现象"："在投资前，每个企业都确信这个投资项目是个获利极高的好项目，金融市场也会出现行为金融学所研究的'羊群行为'。大量的资金投向这些项目，结果导致整个社会的过度投资，出现'非理性繁荣'。等这些投资项目都完成以后，产能出现严重过剩，价格大幅下跌，投资回报远低于当初的预期，大量企业破产……"而在中国大多数涉及出口贸易的行业中，"潮涌现象"表现得特别明显，比如玩具业、纺织服装业、稀土开采与冶炼等。"潮涌现象"轻则加剧竞争，重则导致"中国买什么，国际市场就涨什么；中国卖什么，国际市场就跌什么"，是影响中国出口竞争力的重要因素（李军等，2011）。

后续研究中，林毅夫等学者通过"行业中企业数目不确定"阐明了"潮涌现象"与产能过剩的形成机制（林毅夫等，2010），并指出中国与发达国家所处的产业发展阶段不同，在发达国家鲜见的"潮涌现象"在一个以市场经济为主而处于快速发展阶段的发展中国家可能频繁出现。所以，发展中国家的宏观经济理论需要一场新的革命（林毅夫，2007a）。那么，对于梅里兹模型而言，需要怎么革命呢？革命之后，新的假设重建的方向是什么呢？

由于"对哪一个产业是新的、有前景的产业很容易'英雄所见略同'"，因此必须放松传统宏观经济理论关于未来产业发展方向与企业投资相互无关，都接受市场价格，而市场价格不受企业投资影响的暗含假设；需要关注"潮涌现象"对相关产业的产业结构、国际市场价格、技术进步等重要方面的影响，也就是说，国际产业转移背景下的"潮涌现象"使得企业异质性、产业结构和国家比较优势一起影响了国际贸易，而不仅仅是国家层面或产业层面的因素在起作用。具体地讲，企业规模、建立年份、资本密集度、所有权、人力资本、组织方式、技术选择等方面特征的差异成为影响企业在国际市场获得的价格、市场地位的重要因素，而不再是所有出口企业获得给定的国际市场价格——进一步地，这里并不存在给定的国际市场价格，它是由国家比较优势和受"潮涌现象"影响的产业结构，以及企业的异质性共同决定的。

因此，研究中国出口贸易问题时，对于国际市场竞争条件的假设，应该分阶段进行处理。在改革开放初期，接受假设Ⅲ是比较适宜的，随着"潮涌现象"发展成为中国经济的典型事实，放松假设Ⅲ是非常有必要的。此时，由于不同行业的差异非常大，要根据每个行业的具体情况，进行适当的修订。

3.2.2 中国出口企业异质性扩展模型Ⅰ："出口—生产率悖论"的模型推导

根据前文的理论分析，本书接着考察存在显著的出口补贴、企业关于国际市场的资源显著优于国际产业转移输入国国内市场时的情境下，中国企业异质性模型的修订和扩展。根据前文的理论分析，中国企业异质性模型的前提假设需要进行修订，从而其推论也发生了改变。

梅里兹模型的假设需进行这些修订：假设企业在了解生产率状况之后才会作出进入国际市场、国内市场或同时进入国际国内市场的决定（假设Ⅰ）；假设出口存在一个小于0的固定成本，而进入国际产业转移输入国国内市场（以下简称本土市场）存在一个大于0的固定成本，换言之，企业可以选择国际市场和本土市场两个市场，两个市场都有固定贸易成本，而非仅仅考虑进入国际市场，也非仅仅国际市场才有固定贸易成本（假设Ⅳ）；假设市场竞争条件为D-S垄断竞争条件（假设Ⅲ）。

说明：根据前文的理论分析，假设企业在了解生产率状况之后才会作出是否出口的决定（假设Ⅰ）在这里并非必要，只对一部分行业企业具有适用性。这里，只是为了揭示生产率异质性与出口的关系而保留了假设Ⅰ。实际上，如果去掉假设Ⅰ，则会发现生产率差异与出口无关，或者说并不直接相关（推论ⅱ），这是比利用后文推导得到的推论ⅲ、推论ⅳ（见第四章）更具有一般性的适宜改革开放早期情境的推论。后文将本模型简称为中国出口企业异质性扩展模型Ⅰ。

基于以上前提假设，设定贸易成本用 f 表示，f_x、f_d 分别表示进入出口市场、进入本土市场的成本，$\varphi > 0$ 表示企业的生产率水平，$\sigma = 1/(1 - \rho) > 1$ 表示不同商品间的替代弹性。这里，$-1 < f_x < 0$，$0 < f_d < 1$。消费者面临的是 $C.E.S$ 效用函数，R 为消费者总支出，P 代表价格指数。

企业收益函数为：

$$r(\varphi) = R(P_{\rho\varphi})^{\sigma-1}$$

如果企业仅在国内市场销售，那么，企业利润函数为：

$$\pi_d(\varphi) = \frac{R}{\sigma}(P_{\rho\varphi})^{\sigma-1} - f_d$$

如果企业仅在国际市场销售，即专注于出口，则企业利润函数为：

$$\pi_x(\varphi) = \frac{R}{\sigma}(P_{\rho\varphi})^{\sigma-1} - f_x$$

那么企业总利润函数为：

$$\pi(\varphi) = \max\{0, \pi_d(\varphi)\} + \max\{0, \pi_x(\varphi)\}$$

由此可知，存在一个企业只进入国际市场的生产率临界水平 φ_x^*、只进入本土市场的生产率临界水平 φ_d^* 和同时进入国际市场、本土市场的生产率临界水平 φ_{x+d}^*。

由于进入出口市场的固定成本小于 0，而进入本土市场的固定成本大于 0，所以可以推出 $\varphi_x^* < \varphi_{x+d}^* < \varphi_d^*$（推论ⅲ）。

推论ⅲ即意味着中国出口企业存在"出口一生产率悖论"。

3.2.3 "出口一生产率悖论" 与企业异质性

前文的理论分析指出，中国出口贸易中的异质企业模型需要根据情境条件修订梅里兹模型的三个假设，这意味着梅里兹模型及后续研究所指出的"出口一生产率异质性"并非必然成立。实际上，进一步的模型推导和实证检验也表明，中国制造业各行业出口普遍存在"出口一生产率悖论"，即非出口企业生产率普遍高于出口企业,而不是梅里兹模型及后续研究所预测的那样——出口企业生产率必然普遍高于非出口企业。

那么,"出口—生产率悖论"究竟否定了什么?前文的分析指出,循着企业异质性是企业出口的内在原因这一新新贸易理论的基本思想,考虑到中国情境的现实,需要修订梅里兹模型的前提假设,从而得出结论:生产率差异并非必然是企业是否出口的内在原因。换言之,出口企业异质性并非必然与生产率有关。另外,循着异质企业模型的理论思考,分阶段建立的模型对于中国出口贸易问题具有较强的解释力,这也意味着新新贸易理论的中国化大有可为,新新贸易理论的基本思想具有强大的生存力,是一个非常值得发展的重要理论思想。

3.3　生产率异质性的实证再检验

3.3.1　生产率估算方法

估算生产率一直是经济学研究的重要课题,主流理论主要有两种方法:参数方法和非参数方法。参数方法要求测算生产函数的具体形式,在此基础上,再进行生产率的估算。参数方法最常用的是索洛余值法。一方面,这种方法能够克服随机因素对生产率估算的不利影响,但是只有在样本容量非常大的时候才比较有效;另一方面,这种估算方法的有效性还依赖于模型设定的准确性,模型设定偏差将导致结果存在偏差。非参数方法并不依赖于特定的生产函数形式,可以避免模型设定引起的偏差,而且并不要求较大的样本容量,在样本较少时是较为适宜的方法。不过,非参数方法对于随机因素的影响无法识别,而且在样本量较大的时候导致计算工作量非常大,从而使得估算生产率的成本非常高。非参数方法最常见的是数据包络分析(DEA)的方法。

表 3-1 制造业 30 个行业、代码及样本数目

Hydm	行业名称	企业数目	Hydm	行业名称	企业数目
13	农副食品加工业	121 167	28	化学纤维制造业	10 063
14	食品加工业	49 872	29	橡胶制品业	22 671
15	饮料制造业	34 295	30	塑料制品业	87 743
16	烟草制造业	2 560	31	非金属矿物制品业	166 209
17	纺织业	159 729	32	黑色金属冶炼及压延加工业	43 496
18	纺织服装、鞋、帽制造业	92 585	33	有色金属冶炼及压延加工业	35 788
19	皮革、毛皮、羽毛及其制品业	45 287	34	金属制品业	107 258
20	木材加工及木、竹、藤、棕、草制品业	38 428	35	通用设备制造业	139 651
21	家具制造业	22 038	36	专用设备制造业	79 450
22	造纸及纸制品业	57 497	37	交通运输设备制造业	86 710
23	印刷业和记录媒介的复制	40 462	39	电气机械及器材制造业	69 911
24	文教体育用品制造业	25 172	40	通信设备、计算机及其他电子设备制造业	80 761
25	石油加工、炼焦及核燃料加工业	13 654	41	仪器仪表及文化、办公用品	39 629
26	化学原料及化学制品制造业	143 902	42	工艺品及其他制造业	33 691
27	医药制造业	39 851	43	废弃资源和废旧材料回收加工业	21 511

注："Hydm"指行业代码，下同。相关代码可参见附录代码对应表。

资料来源：笔者根据中国工业企业数据库（1998—2007 年）整理。后文表 3-2 至表 3-10 同。

　　本书采用中国工业企业数据库作为数据来源，该数据库收录了1998—2007年年销售额在500万元人民币以上的所有工业企业的企业层面数据。由于本书研究制造业的出口贸易问题，因此笔者选取其中行业代码为13—43的30个制造业细分行业的企业层面数据（如表3-1所示），这些数据包括企业的概况、工业总产值、出口交货值、其他企业层面异质性等直接或间接数据，样本容量非常大。样本量最少的细分行业为烟草制造业，样本企业数为2 560；样本量最大的细分行业为非金属矿物制品业，样本企业数为166 209；30个行业样本企业数合计达到1 911 041，对于本研究问题具有非常好的代表性。

　　基于数据库样本容量的情况，本书借鉴该领域主流的研究方法（Griliches and Mairesse，1990；Head and Ries，2003；李春顶等，2009，李春顶，2009；李春顶等，2010），采用索洛余值法计算近似全要素生产率（Approximate TFP），后文简称ATFP，其计算公式为：

$$ATFP = \ln Q/L - s \cdot \ln K/L$$

　　并借鉴李春顶等（2009、2010）的研究将 s 取为1/3，其计算公式为：

$$ATFP = \ln Q/L - 1/3 \cdot \ln K/L$$

　　进一步地，为了避免 s 取值1/3可能引起的误差，本书计算了劳动生产率（LTFP）加以检验。劳动生产率的计算公式为：

$$LTFP = \ln Q/L$$

　　其中，产出 Q 选用工业增加值（当年价格）作为当年的工业增加值（李春顶等，2009），而没选用工业总产值（基年价格），并利用工业品出产价格指数（以1985年为基年，$PPI = 100$）进行平减。资本投入 K 选取固定资产净值年平均余额，并利用工业品出产价格指数（以1985年为基年，$PPI = 100$）进行平减。劳动投入 L 选取全部从业人员平均数。其中，在数据库中没有工业增加值的2001年数据中，用公式"工业增加值＝产值现行价－中间投入＋应交增值税"计算出工业增加值。

3.3.2　出口与非出口企业生产率差异的实证再检验

为比较出口与非出口企业生产率差异，本书根据其出口交货值与工业总产值（当年价格）的比值将企业区分为多种类型。

（1）设定出口额占比 EM 为出口交货值/工业生产总值（当年价格）。计算公式如下：

$$EM = 出口交货值/工业总产值（当年价格）$$

（2）根据 EM 值的大小，按照以下方式设置 5 个 0 – 1 变量，从而得到多种类型的企业。计算公式如下：

IE：是否有出口	$EM > 0$,	$IE = 1$,	否则 $IE = 0$
IU：是否出口主导	$EM > 0.8$,	$IU = 1$,	否则 $IU = 0$
EU：是否内销主导	$EM < 0.2$,	$EU = 1$,	否则 $EU = 0$
GE：是否纯出口	$EM = 1$,	$GE = 1$,	否则 $GE = 0$
GI：是否纯内销	$EM = 0$,	$GI = 1$,	否则 $GI = 0$

（3）样本情况。

本书统计了 1998—2007 年各年各行业各种出口类型企业的数目和分布情况。为节省正文篇幅，这里只列出 4 个中国出口最具有代表性的细分行业：农副食品加工业（Hydm = 13），纺织服装、鞋、帽制造业（Hydm = 18），通信设备、计算机及其他电子设备制造业（Hydm = 40）和工艺品及其他制造业① （Hydm = 42），其余行业详细结果参见附录。检验结果表明，1998—2007 年中国企业出口状态，只有国际市场、只有本土市场、以国际市场为主、以本土市场为主、本土市场和国际市场并重的情况在不同行业有着较大的差别，但普遍或多或少地存在。这说明，中国出口企业异质性扩展模型I贴近中国现实，具有较强的理论解释力。详见表 3 – 2、表 3 – 3。

---

① 通常所讲的玩具业主要分布于纺织服装、鞋、帽制造业和工艺品及其他制造业这两个行业中。

表 3 - 2　1998—2007 年中国制造业细分行业（Hydm = 13、18）各类出口企业数目及比例

Hydm = 13		IE		IU		EU		GE		GI	
		0	1	0	1	0	1	0	1	0	1
1998	N	8 142	1 168	8 915	395	864	8 446	9 161	149	1 168	8 142
	%	87. 45	12. 55	95. 76	4. 24	9. 28	90. 72	98. 40	1. 60	12. 55	87. 45
1999	N	8 396	1 284	9 199	481	980	8 700	9 454	226	1 284	8 396
	%	86. 74	13. 26	95. 03	4. 97	10. 12	89. 88	97. 67	2. 33	13. 26	86. 74
2000	N	7 925	1 410	8 768	567	1 101	8 234	9 108	227	1 410	7 925
	%	84. 90	15. 10	93. 93	6. 07	11. 79	88. 21	97. 57	2. 43	15. 10	84. 90
2001	N	7 821	1 427	8 656	592	1 123	8 125	9 027	221	1 427	7 821
	%	84. 57	15. 43	93. 60	6. 40	12. 14	87. 86	97. 61	2. 39	15. 43	84. 57
2002	N	7 846	1 626	8 790	682	1 288	8 184	9 205	267	1 626	7 846
	%	82. 83	17. 17	92. 80	7. 20	13. 60	86. 40	97. 18	2. 82	17. 17	82. 83
2003	N	8 574	1 917	9 655	836	1 519	8 972	10 176	315	1 917	8 574
	%	81. 73	18. 27	92. 03	7. 97	14. 48	85. 52	97. 00	3. 00	18. 27	81. 73
2005	N	10 980	3 089	13 039	1 030	1 894	12 175	13 706	363	3 089	10 980
	%	78. 04	21. 96	92. 68	7. 32	13. 46	86. 54	97. 42	2. 58	21. 96	78. 04
2006	N	12 590	3 240	14 680	1 150	2 098	13 732	15 419	411	3 240	12 590
	%	79. 53	20. 47	92. 74	7. 26	13. 25	86. 75	97. 4	2. 60	20. 47	79. 53
2007	N	15 087	2 589	16 564	1 112	2 067	15 609	17 306	370	2 589	15 087
	%	85. 35	14. 65	93. 71	6. 29	11. 69	88. 31	97. 91	2. 09	14. 65	85. 35
Hydm = 18		IE		IU		EU		GE		GI	
		0	1	0	1	0	1	0	1	0	1
1998	N	2 124	3 802	3 270	2 656	3 586	2 340	4 803	1 123	3 802	2 124
	%	35. 84	64. 16	55. 18	44. 82	60. 51	39. 49	81. 05	18. 95	64. 16	35. 84
1999	N	2 266	4 005	3 503	2 768	3 789	2 482	5 095	1 176	4 005	2 266
	%	36. 13	63. 87	55. 86	44. 14	60. 42	39. 58	81. 25	18. 75	63. 87	36. 13
2000	N	2 375	4 396	3 617	3 154	4 138	2 633	5 335	1 436	4 396	2 375
	%	35. 08	64. 92	53. 42	46. 58	61. 11	38. 89	78. 79	21. 21	64. 92	35. 08

（续上表）

Hydm = 13		IE		IU		EU		GE		GI	
		0	1	0	1	0	1	0	1	0	1
2001	N	2 953	4 874	4 277	3 550	4 596	3 231	6 239	1 588	4 874	2 953
	%	37.73	62.27	54.64	45.36	58.72	41.28	79.71	20.29	62.27	37.73
2002	N	3 112	5 586	4 795	3 903	5 243	3 455	6 924	1 774	5 586	3 112
	%	35.78	64.22	55.13	44.87	60.28	39.72	79.60	20.40	64.22	35.78
2003	N	3 526	5 947	5 259	4 214	5 571	3 902	7 464	2 009	5 947	3 526
	%	37.22	62.78	55.52	44.48	58.81	41.19	78.79	21.21	62.78	37.22
2005	N	4 798	6 868	6 894	4 772	6 346	5 320	9 347	2 319	6 868	4 798
	%	41.13	58.87	59.09	40.91	54.40	45.60	80.12	19.88	58.87	41.13
2006	N	5 668	7 235	7 952	4 951	6 708	6 195	10 475	2 428	7 235	5 668
	%	43.93	56.07	61.63	38.37	51.99	48.01	81.18	18.82	56.07	43.93
2007	N	6 978	7 574	9 374	5 178	7 041	7 511	11 994	2 558	7 574	6 978
	%	47.95	52.05	64.42	35.58	48.39	51.61	82.42	17.58	52.05	47.95

注：2004 年数据缺失，后表同。

表 3 – 3　1998—2007 年中国制造业细分行业（Hydm = 40、42）各类出口企业数目及比例

Hydm = 40		IE		IU		EU		GE		GI	
		0	1	0	1	0	1	0	1	0	1
1998	N	4 988	1 630	6 043	575	1 064	5 554	6 360	258	1 630	4 988
	%	75.37	24.63	91.31	8.69	16.08	83.92	96.10	3.90	24.63	75.37
1999	N	5 212	1 822	6 402	632	1 204	5 830	6 740	294	1 822	5 212
	%	74.10	25.90	91.02	8.98	17.12	82.88	95.82	4.18	25.90	74.10
2000	N	5 365	1 984	6 612	737	1 351	5 998	7 007	342	1 984	5 365
	%	73.00	27.00	89.97	10.03	18.38	81.62	95.35	4.65	27	73
2001	N	5 987	2 300	7 367	921	1 605	6 683	7 893	395	2 300	5 987
	%	72.25	27.75	88.89	11.11	19.37	80.63	95.23	4.77	27.75	72.25
2002	N	6 312	2 569	7 802	1 079	1 838	7 043	8 460	421	2 569	6 312
	%	71.07	28.93	87.85	12.15	20.70	79.30	95.26	4.74	28.93	71.07

（续上表）

Hydm = 40		IE		IU		EU		GE		GI	
		0	1	0	1	0	1	0	1	0	1
2003	N	2 754	2 840	4 251	1 343	2 229	3 365	4 977	617	2 840	2 754
	%	49. 23	50. 77	75. 99	24. 01	39. 85	60. 15	88. 97	11. 03	50. 77	49. 23
2005	N	4 122	4 444	6 407	2 159	3 620	4 946	7 636	930	4 444	4 122
	%	48. 12	51. 88	74. 8	25. 2	42. 26	57. 74	89. 14	10. 86	51. 88	48. 12
2006	N	4 618	4 739	7 097	2 260	3 865	5 492	8 373	984	4 739	4 618
	%	49. 35	50. 65	75. 85	24. 15	41. 31	58. 69	89. 48	10. 52	50. 65	49. 35
2007	N	5 420	5 415	8 306	2 529	4 369	6 466	9 755	1 080	5 415	5 420
	%	50. 02	49. 98	76. 66	23. 34	40. 32	59. 68	90. 03	9. 97	49. 98	50. 02

Hydm = 42		IE		IU		EU		GE		GI	
		0	1	0	1	0	1	0	1	0	1
1998	N	949	558	1 287	220	394	1 113	1 398	109	558	949
	%	62. 97	37. 03	85. 40	14. 60	26. 14	73. 86	92. 77	7. 23	37. 03	62. 97
1999	N	1 027	569	1 361	235	406	1 190	1 482	114	569	1 027
	%	64. 35	35. 65	85. 28	14. 72	25. 44	74. 56	92. 86	7. 14	35. 65	64. 35
2000	N	1 072	603	1 406	269	429	1 246	1 555	120	603	1 072
	%	64. 00	36. 00	83. 94	16. 06	25. 61	74. 39	92. 84	7. 16	36. 00	64. 00
2001	N	1 206	674	1 581	299	482	1 398	1 743	137	674	1 206
	%	64. 15	35. 85	84. 10	15. 90	25. 64	74. 36	92. 71	7. 29	35. 85	64. 15
2002	N	1 249	717	1 654	312	531	1 435	1 837	129	717	1 249
	%	63. 53	36. 47	84. 13	15. 87	27. 01	72. 99	93. 44	6. 56	36. 47	63. 53
2003	N	1 384	2 739	2 123	2 000	2 564	1 559	3 098	1 025	2 739	1 384
	%	33. 57	66. 43	51. 49	48. 51	62. 19	37. 81	75. 14	24. 86	66. 43	33. 57
2005	N	1 851	3 200	2 771	2 280	2 944	2 107	3 904	1 147	3 200	1 851
	%	36. 65	63. 35	54. 86	45. 14	58. 29	41. 71	77. 29	22. 71	63. 35	36. 65
2006	N	2 228	3 450	3 279	2 399	3 138	2 540	4 443	1 235	3 450	2 228
	%	39. 24	60. 76	57. 75	42. 25	55. 27	44. 73	78. 25	21. 75	60. 76	39. 24

（续上表）

Hydm = 40		IE		IU		EU		GE		GI	
		0	1	0	1	0	1	0	1	0	1
2007	N	2 805	3 517	3 918	2 404	3 236	3 086	5 098	1 224	3 517	2 805
	%	44.37	55.63	61.97	38.03	51.19	48.81	80.64	19.36	55.63	44.37

　　表3-2、表3-3以及其他行业关于出口企业五种类型的统计情况（见附录）表明，中国制造业大部分行业还是以纯内销企业为主，出口企业所占比例相对较低，不过，部分细分行业却是一直以出口为主，甚至不少只做出口而不做本土市场。另外，随着中国改革开放的深化，企业是否出口也在发生变化。比如，农副食品加工业（Hydm = 13）是一个典型的以内销为主的行业，1998—2007年出口企业的比重维持在15%左右，约75%的企业只在国内市场销售；进一步地，出口交货值占工业总产值比重在80%以上的企业仅为行业企业的5%左右，而纯粹只做出口的企业为2%。纺织服装、鞋、帽制造业（Hydm = 18）和工艺品及其他制造业（Hydm = 42）则是中国典型的出口行业，两个行业基本上都有超过50%的企业从事出口，而且这两个行业出口交货值占工业总产值比重在80%以上的企业、纯粹只做出口的企业的数目都比较高。纺织服装、鞋、帽制造业（Hydm = 18）出口交货值占工业总产值比重在80%以上的企业在35%左右，纯粹只做出口的企业为20%；工艺品及其他制造业（Hydm = 42）出口交货值占工业总产值比重在80%以上的企业2002年前在15%左右，而之后达到48%，纯粹只做出口的企业2002年前在7%左右，而之后达到20%。通信设备、计算机及其他电子设备制造业（Hydm = 40）出口企业在行业中的比重不断增大，1998—2000年，该行业基本上是以纯内销企业为主，约75%的企业不做出口；而到了2005—2007年，出口企业占了半壁江山，约占50%，以出口为主的企业（出口交货值占工业总产值比重在80%以上）也达到25%左右。

　　是否有出口（IE）、是否出口主导（IU）、是否内销主导（EU）、是否纯出口（GE）、是否纯内销（GI），对这五种类型企业的统计结果表明，中国制造企业的出口情况相当复杂，各个细分行业相差较大，对其细分进行分析是避免谬误的有力工具。基于整体分析的任何结论都必须经过细分行业的检验才真正可靠。

（4）企业出口情况和生产率的描述性统计。

本书通过对各年各行业企业出口交货值 *EX*、出口交货值占工业总产值比重 *EM*、近似全要素生产率 *ATFP* 和劳动生产率 *LTFP* 的描述性统计反映中国制造业出口情况和生产率情况。为节省正文篇幅，这里只列出 4 个中国出口最具有代表性的细分行业：农副食品加工业（Hydm = 13），纺织服装、鞋、帽制造业（Hydm = 18），通信设备、计算机及其他电子设备制造业（Hydm = 40）和工艺品及其他制造业（Hydm = 42），其余行业详细结果参见附录。

在表 3 - 4 至表 3 - 7 及其附录中，*EX* 为出口交货值（单位：万元）；*EM* 为出口交货值占企业总产值比重；*ATFP* 为近似全要素生产率；*LTFP* 为劳动生产率。由于数据库中 2004 年出口交货值和工业总产值缺失，因此描述性统计未报告 2004 年 *EX* 和 *EM*。描述性统计表明，各个细分行业出口情况相差很大，后续实证研究应充分考虑其行业差异。

表 3 - 4　1998—2007 年制造业细分行业（Hydm = 13）企业生产率等描述性统计表

		样本数	均值	标准差	中位数	最小值	最大值
1998	*EM*	9 291	0. 066 8	0. 222 7	0. 000 0	0. 000 0	3. 190 2
	EX	9 310	3 043	19 674	0. 000 0	0. 000 0	589 301
	ATFP	9 310	4. 412 4	7. 624 0	4. 536 8	- 5. 075 5	10. 174 2
	LTFP	9 310	6. 774 0	10. 704 6	6. 892 9	- 2. 311 6	12. 999 3
1999	*EM*	9 647	0. 075 2	0. 242 4	0. 000 0	0. 000 0	5. 514 2
	EX	9 680	3 604	21 938	0. 000 0	0. 000 0	594 099
	ATFP	9 680	4. 448 9	7. 610 8	4. 597 1	- 3. 475 5	8. 978 4
	LTFP	9 680	6. 841 3	10. 680 6	6. 976 5	- 0. 766 5	11. 525 1
2000	*EM*	9 293	0. 087 3	0. 252 9	0. 000 0	0. 000 0	1. 878 9
	EX	9 335	4 224	22 708	0. 000 0	0. 000 0	603 761
	ATFP	9 335	4. 584 0	7. 560 0	4. 726 0	- 5. 001 7	11. 095 8
	LTFP	9 335	6. 990 4	10. 630 1	7. 115 1	- 2. 464 8	15. 578 5

（续上表）

		样本数	均值	标准差	中位数	最小值	最大值
2001	*EM*	9 221	0.092 1	0.261 5	0.000 0	0.000 0	1.915 2
	EX	9 248	4 727	27 129	0.000 0	0.000 0	797 046
	ATFP	9 248	4.770 5	7.515 0	4.911 3	-4.096 4	10.840 1
	LTFP	9 248	7.176 8	10.581 7	7.309 4	-1.847 4	12.009 8
2002	*EM*	9 457	0.105 0	0.281 6	0.000 0	0.000 0	4.129 1
	EX	9 472	5 491	29 981	0.000 0	0.000 0	969 608
	ATFP	9 472	4.961 6	7.467 3	5.090 9	-4.342 2	9.308 0
	LTFP	9 472	7.385 1	10.533 1	7.501 8	-2.121 0	11.671 7
2003	*EM*	10 476	0.112 4	0.287 4	0.000 0	0.000 0	2.854 7
	EX	10 491	6 346	35 012	0.000 0	0.000 0	1 759 722
	ATFP	10 491	5.132 6	7.386 1	5.211 4	-3.788 8	9.995 1
	LTFP	10 491	7.549 7	10.464 4	7.626 4	-0.873 2	12.791 1
2004	*EM*	—	—	—	—	—	—
	EX	—	—	—	—	—	—
	ATFP	6 211	5.428 6	1.057 5	5.459 3	-1.389 3	9.110 0
	LTFP	6 225	7.889 1	1.075 3	7.925 0	0.792 0	11.849 3
2005	*EM*	14 067	0.108 5	0.276 3	0.000 0	0.000 0	3.102 1
	EX	14 069	7 596	42 747	0.000 0	0.000 0	2 405 935
	ATFP	14 069	5.406 1	7.271 7	5.437 1	-1.811 2	9.870 9
	LTFP	14 069	7.844 3	10.373 6	7.883 3	0.811 3	12.141 5
2006	*EM*	15 824	0.106 8	0.280 8	0.000 0	0.000 0	5.839 8
	EX	15 830	8 442	47 768	0.000 0	0.000 0	2 236 814
	ATFP	15 830	5.508 3	7.272 9	5.542 3	-2.772 2	9.818 4
	LTFP	15 830	7.973 5	10.380 2	7.993 8	-0.635 3	12.551 1
2007	*EM*	17 675	0.090 8	0.258 7	0.000 0	0.000 0	1.794 3
	EX	17 676	8 228	50 853	0.000 0	0.000 0	2 770 031
	ATFP	17 676	5.671 8	7.238 7	5.702 1	-2.904 6	10.308 0
	LTFP	17 676	8.155 3	10.358 8	8.177 1	0.345 8	13.858 8

表 3 – 5　1998—2007 年制造业细分行业（Hydm = 18）企业生产率等描述性统计表

		样本数	均值	标准差	中位数	最小值	最大值
1998	EM	5 920	0.528 5	0.463 2	0.699 9	0.000 0	9.559 8
	EX	5 926	16 981	41 466	6 541	0.000 0	1 352 255
	ATFP	5 926	4.497 0	7.252 4	4.498 1	− 2.951 5	9.555 1
	LTFP	5 926	6.560 1	10.426 4	6.512 4	− 0.648 8	13.121 3
1999	EM	6 271	0.522 7	0.452 5	0.672 5	0.000 0	5.387 2
	EX	6 271	17 326	45 313	6 680	0.000 0	1 586 298
	ATFP	6 271	4.495 4	7.154 9	4.509 7	− 5.432 9	8.948 5
	LTFP	6 271	6.516 4	10.244 2	6.525 0	− 3.814 2	10.967 6
2000	EM	6 762	0.536 7	0.455 8	0.720 1	0.000 0	6.115 4
	EX	6 771	18 871	52 647	7 150	0.000 0	1 627 983
	ATFP	6 771	4.563 7	7.090 1	4.570 2	− 2.687 2	8.361 0
	LTFP	6 771	6.573 2	10.184 3	6.558 7	− 0.299 2	10.521 8
2001	EM	7 822	0.516 5	0.454 3	0.663 2	0.000 0	2.057 2
	EX	7 827	17 168	51 544	6 185	0.000 0	1 604 726
	ATFP	7 827	4.628 6	7.070 7	4.626 4	− 2.924 2	10.262 4
	LTFP	7 827	6.621 6	10.164 6	6.600 5	− 0.402 8	10.895 7
2002	EM	8 694	0.525 8	0.459 2	0.682 8	0.000 0	9.093 7
	EX	8 698	17 416	48 844	6 454	0.000 0	1 792 416
	ATFP	8 698	4.662 9	7.059 8	4.667 2	− 2.956 7	8.549 6
	LTFP	8 698	6.649 7	10.149 3	6.631 8	− 1.001 1	11.554 2
2003	EM	9 466	0.514 9	0.454 7	0.652 0	0.000 0	4.024 0
	EX	9 473	19 025	55 076	6 558	0.000 0	1 823 566
	ATFP	9 473	4.745 6	7.011 7	4.733 2	− 1.990 4	9.636 0
	LTFP	9 473	6.729 5	10.092 8	6.701 6	− 0.140 8	11.974 5
2004	EM	—	—	—	—	—	—
	EX	—	—	—	—	—	—
	ATFP	5 598	4.860 4	0.776 4	4.802 1	− 0.108 6	9.216 6
	LTFP	5 605	6.851 8	0.802 0	6.761 9	2.283 3	12.012 5

（续上表）

		样本数	均值	标准差	中位数	最小值	最大值
2005	EM	11 662	0. 476 4	0. 462 3	0. 467 4	0. 000 0	9. 000 0
	EX	11 666	19 819	63 322	5 793	0. 000 0	2 403 345
	ATFP	11 666	4. 850 3	7. 016 9	4. 805 2	− 1. 805 9	10. 214 6
	LTFP	11 666	6. 820 9	10. 107 0	6. 754 2	0. 594 9	11. 983 6
2006	EM	12 900	0. 451 3	0. 455 0	0. 316 5	0. 000 0	2. 109 8
	EX	12 903	20 755	68 786	5 062	0. 000 0	2 741 184
	ATFP	12 903	4. 935 0	7. 004 5	4. 888 9	− 2. 730 1	9. 570 9
	LTFP	12 903	6. 925 5	10. 101 2	6. 848 4	− 0. 958 7	12. 546 4
2007	EM	14 548	0. 419 0	0. 454 2	0. 092 7	0. 000 0	2. 827 8
	EX	14 552	21 626	78 978	1 984	0. 000 0	3 613 640
	ATFP	14 552	5. 016 6	7. 012 9	4. 967 1	− 3. 459 3	9. 503 0
	LTFP	14 552	7. 026 7	10. 103 1	6. 950 2	− 0. 752 7	12. 927 8

表 3 – 6　1998—2007 年制造业细分行业（Hydm = 40）企业生产率等描述性统计表

		样本数	均值	标准差	中位数	最小值	最大值
1998	EM	6 613	0. 126 3	0. 295 9	0. 000 0	0. 000 0	1. 428 6
	EX	6 618	8 419	40 405	0. 000 0	0. 000 0	1 139 252
	ATFP	6 618	4. 534 0	7. 300 8	4. 602 6	− 3. 216 1	8. 918 1
	LTFP	6 618	6. 793 0	10. 457 9	6. 825 8	− 1. 593 1	14. 319 3
1999	EM	7 030	0. 132 7	0. 302 7	0. 000 0	0. 000 0	2. 729 9
	EX	7 034	10 353	55 437	0. 000 0	0. 000 0	1 633 098
	ATFP	7 034	4. 590 4	7. 272 3	4. 692 2	− 3. 231 9	11. 649 0
	LTFP	7 034	6. 868 8	10. 405 9	6. 932 3	− 0. 904 8	13. 849 7
2000	EM	7 334	0. 143 0	0. 314 1	0. 000 0	0. 000 0	3. 756 4
	EX	7 349	12 800	71 632	0. 000 0	0. 000 0	2 325 900
	ATFP	7 349	4. 714 0	7. 266 9	4. 782 1	− 4. 602 9	10. 839 2
	LTFP	7 349	6. 994 1	10. 394 9	7. 044 6	− 2. 507 6	11. 178 2

（续上表）

		样本数	均值	标准差	中位数	最小值	最大值
2001	*EM*	8 276	0. 153 4	0. 323 9	0. 000 0	− 1. 232 8	2. 132 3
	EX	8 288	13 208	79 327	0. 000 0	− 8 260	3 503 110
	ATFP	8 288	4. 834 7	7. 219 0	4. 876 2	− 4. 432 9	9. 305 8
	LTFP	8 288	7. 120 1	10. 337 4	7. 132 8	− 2. 181 1	11. 308 6
2002	*EM*	8 877	0. 164 2	0. 331 5	0. 000 0	0. 000 0	1. 536 6
	EX	8 881	15 128	90 159	0. 000 0	0. 000 0	3 393 426
	ATFP	8 881	4. 959 4	7. 193 1	4. 995 3	− 2. 666 3	9. 642 9
	LTFP	8 881	7. 255 3	10. 303 9	7. 277 5	− 0. 781 5	12. 187 9
2003	*EM*	5 580	0. 322 0	0. 414 9	0. 004 9	0. 000 0	2. 081 2
	EX	5 594	144 307	1 214 445	107	0. 000 0	53 700 000
	ATFP	5 594	5. 071 3	7. 328 6	5. 032 1	− 2. 117 8	10. 529 0
	LTFP	5 594	7. 400 4	10. 463 4	7. 328 8	− 0. 344 3	13. 275 5
2004	*EM*	—	—	—	—	—	—
	EX	—	—	—	—	—	—
	ATFP	3 965	5. 184 7	1. 040 2	5. 068 8	0. 335 9	11. 498 1
	LTFP	3 973	7. 538 1	1. 134 7	7. 431 2	2. 935 2	13. 672 3
2005	*EM*	8 551	0. 339 1	0. 417 7	0. 016 2	0. 000 0	2. 073 0
	EX	8 566	187 284	1 414 960	519	0. 000 0	47 800 000
	ATFP	8 566	5. 086 9	7. 280 7	5. 001 3	− 6. 887 6	11. 636 9
	LTFP	8 566	7. 365 1	10. 415 0	7. 272 8	− 4. 294 6	13. 903 6
2006	*EM*	9 340	0. 329 0	0. 412 9	0. 004 4	0. 000 0	2. 427 6
	EX	9 357	229 772	2 255 157	151	0. 000 0	152 000 000
	ATFP	9 357	5. 194 0	7. 208 9	5. 102 7	− 3. 049 7	10. 978 1
	LTFP	9 357	7. 486 6	10. 359 1	7. 382 3	0. 011 7	14. 132 6
2007	*EM*	10 826	0. 326 5	0. 420 5	0. 000 0	0. 000 0	5. 838 6
	EX	10 835	241 664	2 569 297	0. 000 0	0. 000 0	181 000 000
	ATFP	10 835	5. 257 9	7. 165 2	5. 153 5	− 2. 199 7	10. 719 3
	LTFP	10 835	7. 546 8	10. 319 2	7. 433 4	0. 776 7	13. 427 6

表3-7 1998—2007年制造业细分行业（Hydm=42）企业生产率等描述性统计表

		样本数	均值	标准差	中位数	最小值	最大值
1998	EM	1 502	0.199 2	0.353 3	0.000 0	0.000 0	1.399 4
	EX	1 507	20 317	133 564	0.000 0	0.000 0	3 183 668
	ATFP	1 507	4.337 5	7.511 6	4.389 0	-2.458 7	9.640 9
	LTFP	1 507	6.513 8	10.637 2	6.539 8	-0.325 7	13.430 0
1999	EM	1 593	0.202 4	0.359 0	0.000 0	0.000 0	1.465 6
	EX	1 596	18 900	130 492	0.000 0	0.000 0	2 465 012
	ATFP	1 596	4.392 2	7.505 5	4.493 3	-3.503 6	9.573 8
	LTFP	1 596	6.583 5	10.568 5	6.645 2	-1.029 8	12.068 1
2000	EM	1 672	0.207 7	0.368 3	0.000 0	0.000 0	2.377 8
	EX	1 675	22 429	188 435	0.000 0	0.000 0	4 883 465
	ATFP	1 675	4.509 1	7.458 0	4.629 5	-4.077 4	8.364 0
	LTFP	1 675	6.696 0	10.550 8	6.762 5	-2.025 2	11.057 1
2001	EM	1 874	0.206 0	0.365 5	0.000 0	0.000 0	1.535 4
	EX	1 880	24 337	207 724	0.000 0	0.000 0	5 249 845
	ATFP	1 880	4.686 8	7.370 8	4.753 9	-1.647 4	9.136 3
	LTFP	1 880	6.874 7	10.444 8	6.876 2	0.547 4	11.077 8
2002	EM	1 958	0.212 9	0.365 8	0.000 0	0.000 0	1.453 7
	EX	1 966	25 022	191 218	0.000 0	0.000 0	4 835 030
	ATFP	1 966	4.792 2	7.408 0	4.834 3	-4.857 8	9.699 4
	LTFP	1 966	7.015 3	10.482 0	7.033 1	-1.862 1	12.776 7
2003	EM	4 121	0.555 3	0.454 9	0.764 8	0.000 0	2.140 2
	EX	4 123	17 274	61 124	6 600	0.000 0	2 614 695
	ATFP	4 123	4.866 5	7.122 9	4.867 5	-3.447 4	9.823 5
	LTFP	4 123	6.908 0	10.244 1	6.874 8	-0.828 4	12.664 3
2004	EM	—	—	—	—	—	—
	EX	—	—	—	—	—	—
	ATFP	2 445	4.939 8	0.872 6	4.892 6	0.481 4	11.704 5
	LTFP	2 448	6.991 0	0.947 3	6.909 0	2.524 6	13.761 4

（续上表）

		样本数	均值	标准差	中位数	最小值	最大值
2005	*EM*	5 050	0. 515 8	0. 458 2	0. 632 9	0. 000 0	2. 267 2
	EX	5 051	19 178	67 638	6 288	0. 000 0	3 374 017
	ATFP	5 051	4. 965 7	7. 108 6	4. 915 0	− 2. 153 4	10. 481 8
	LTFP	5 051	7. 014 0	10. 235 4	6. 928 0	0. 266 1	13. 205 8
2006	*EM*	5 678	0. 486 2	0. 457 1	0. 506 9	0. 000 0	2. 125 6
	EX	5 678	19 847	77 211	5 601	0. 000 0	4 218 347
	ATFP	5 678	5. 043 6	7. 072 7	4. 971 2	− 2. 313 7	9. 318 7
	LTFP	5 678	7. 123 7	10. 208 5	7. 015 1	− 0. 588 8	11. 634 8
2007	*EM*	6 321	0. 446 2	0. 458 9	0. 264 5	0. 000 0	3. 853 0
	EX	6 322	21 490	89 840	4 323	0. 000 0	4 342 031
	ATFP	6 322	5. 194 5	7. 071 0	5. 109 2	− 1. 872 0	9. 905 2
	LTFP	6 322	7. 291 8	10. 198 6	7. 168 2	0. 487 0	12. 435 7

（5）出口与非出口企业生产率比较。

最后，本书采用独立样本 t 检验，分细分行业检验出口与非出口企业生产率差异。为节省正文篇幅，这里报告了将企业分成有出口和无出口企业两类进行的独立样本 t 检验结果。详见表 3 - 8 和表 3 - 9。

表 3 - 8　有无出口企业 *ATFP* 均值比较表

Hydm		1998	1999	2000	2001	2002	2003	2005	2006	2007
13	有	4. 708 6	4. 717 5	4. 778 8	4. 932 1	5. 053 0	5. 135 9	5. 413 7	5. 531 8	5. 515 8
	无	4. 370 0	4. 407 8	4. 549 3	4. 741 1	4. 942 7	5. 131 9	5. 404 0	5. 502 3	5. 698 6
14	有	4. 395 2	4. 405 9	4. 465 4	4. 575 9	4. 638 8	4. 843 6	5. 057 7	5. 179 2	5. 263 1
	无	3. 883 8	3. 986 3	4. 133 8	4. 326 5	4. 549 0	4. 722 4	5. 017 8	5. 161 2	5. 350 2
15	有	4. 510 2	4. 404 4	4. 595 8	4. 853 9	4. 914 4	5. 071 8	5. 287 5	5. 465 3	5. 569 5
	无	4. 101 6	4. 200 5	4. 309 5	4. 395 1	4. 543 6	4. 675 6	5. 013 7	5. 202 5	5. 405 7
16	有	5. 814 1	6. 075 4	5. 845 7	6. 276 6	6. 747 0	6. 797 9	6. 760 2	6. 982 1	7. 397 7
	无	5. 091 0	5. 090 7	5. 017 9	5. 084 4	5. 236 7	5. 298 1	5. 506 6	5. 620 2	5. 794 2

（续上表）

Hydm		1998	1999	2000	2001	2002	2003	2005	2006	2007
17	有	4.165 3	4.253 9	4.407 0	4.492 5	4.621 2	4.728 6	4.923 0	5.022 8	5.083 5
	无	4.114 3	4.222 8	4.380 2	4.510 9	4.637 1	4.733 9	4.949 5	5.075 8	5.210 5
18	有	4.481 2	4.488 0	4.545 4	4.591 0	4.630 2	4.707 1	4.788 9	4.872 4	4.943 9
	无	4.525 3	4.508 4	4.597 6	4.690 9	4.721 5	4.810 6	4.938 1	5.014 9	5.095 6
19	有	4.576 5	4.428 4	4.537 5	4.629 7	4.708 7	4.767 0	4.860 5	4.970 9	5.058 9
	无	4.593 4	4.553 6	4.696 6	4.875 2	4.928 6	4.992 7	5.065 6	5.247 4	5.397 2
20	有	4.410 3	4.459 5	4.538 3	4.649 7	4.734 2	4.847 3	5.081 6	5.213 3	5.250 5
	无	4.315 0	4.397 4	4.455 8	4.632 8	4.740 9	4.814 1	5.036 8	5.144 1	5.354 6
21	有	4.500 9	4.562 9	4.586 8	4.683 4	4.719 1	4.722 5	4.882 6	4.949 2	4.994 9
	无	4.493 1	4.586 9	4.575 5	4.661 1	4.758 1	4.869 2	4.999 1	5.156 2	5.350 0
22	有	4.489 4	4.454 7	4.518 0	4.667 4	4.821 7	4.765 6	5.032 5	5.145 0	5.105 3
	无	4.306 8	4.363 2	4.449 8	4.578 9	4.723 9	4.821 5	4.972 7	5.103 6	5.261 9
23	有	4.427 3	4.365 6	4.492 0	4.489 3	4.722 0	4.604 5	4.732 9	4.855 5	4.894 6
	无	3.929 8	3.968 3	4.039 0	4.209 3	4.386 5	4.515 6	4.708 7	4.820 2	5.025 9
24	有	4.458 6	4.431 5	4.458 2	4.537 7	4.635 5	4.670 6	4.736 5	4.832 3	4.902 9
	无	4.407 0	4.411 2	4.508 7	4.664 8	4.771 7	4.775 3	4.970 0	5.010 1	5.120 2
25	有	4.471 7	4.566 1	4.856 6	4.952 5	5.214 7	5.612 1	5.703 2	5.747 2	5.936 9
	无	4.803 6	4.807 0	4.921 0	5.031 8	5.135 0	5.417 9	5.582 5	5.751 7	5.976 8
26	有	4.547 7	4.702 3	4.757 7	4.906 1	5.065 8	5.153 4	5.380 0	5.489 0	5.645 4
	无	4.433 0	4.494 5	4.578 8	4.788 7	4.935 0	5.087 2	5.368 8	5.497 6	5.665 2
27	有	4.667 6	4.759 6	4.790 5	4.896 8	4.984 7	5.132 4	5.258 2	5.374 0	5.437 4
	无	4.441 7	4.503 5	4.661 9	4.777 9	4.886 4	4.953 1	5.088 0	5.158 3	5.373 6
28	有	4.510 3	4.463 5	4.637 2	4.713 6	4.828 2	5.126 4	5.076 2	5.174 7	5.398 5
	无	4.282 7	4.411 5	4.620 0	4.597 0	4.735 2	4.997 2	5.200 2	5.373 0	5.528 3
29	有	4.326 5	4.312 8	4.401 7	4.553 8	4.580 1	4.743 9	4.812 6	4.987 6	5.048 0
	无	4.338 4	4.385 1	4.471 7	4.514 1	4.645 0	4.814 8	5.020 5	5.186 2	5.356 6
30	有	4.577 9	4.520 8	4.582 5	4.622 6	4.757 9	4.771 2	4.894 0	4.998 6	5.026 7
	无	4.520 2	4.533 2	4.630 0	4.757 2	4.827 7	4.927 9	5.086 7	5.216 0	5.368 7

（续上表）

Hydm		1998	1999	2000	2001	2002	2003	2005	2006	2007
31	有	4.435 5	4.406 6	4.451 2	4.534 9	4.604 3	4.760 4	5.102 1	5.239 6	5.214 1
	无	4.072 6	4.157 6	4.213 5	4.329 1	4.491 1	4.626 7	4.874 9	5.035 7	5.259 6
32	有	4.168 7	4.429 7	4.472 9	4.690 9	4.860 7	5.171 4	5.600 9	5.632 0	5.843 4
	无	4.455 5	4.508 1	4.634 8	4.799 9	4.946 6	5.201 6	5.482 8	5.620 3	5.822 9
33	有	4.592 5	4.683 8	4.780 2	4.897 9	4.934 5	5.131 5	5.461 5	5.708 1	5.771 2
	无	4.634 2	4.751 5	4.827 7	5.013 7	5.138 0	5.292 6	5.614 4	5.894 2	6.038 7
34	有	4.474 5	4.511 1	4.582 1	4.680 3	4.806 2	4.861 0	4.981 9	5.082 2	5.159 0
	无	4.522 0	4.555 0	4.617 5	4.786 4	4.894 4	5.008 6	5.157 8	5.275 0	5.433 5
35	有	4.245 8	4.330 9	4.492 7	4.613 9	4.779 3	4.899 5	5.060 7	5.165 9	5.248 4
	无	4.250 4	4.288 7	4.420 5	4.547 5	4.718 3	4.895 8	5.127 7	5.257 0	5.415 4
36	有	4.240 4	4.370 8	4.491 1	4.623 9	4.807 0	4.865 0	5.075 0	5.197 1	5.241 4
	无	4.100 3	4.123 7	4.258 4	4.422 1	4.598 0	4.817 0	5.147 3	5.273 6	5.439 6
37	有	4.305 9	4.425 8	4.543 4	4.738 2	4.883 1	4.914 6	5.036 7	5.158 8	5.215 0
	无	4.222 8	4.257 0	4.337 9	4.517 4	4.673 3	4.823 9	5.031 6	5.142 6	5.337 8
38	有	2.769 1	2.987 1	3.208 3	—	3.545 1	4.981 1	5.015 4	5.132 9	5.193 0
	无	2.971 1	3.027 8	3.022 6	—	3.569 3	5.111 5	5.303 7	5.437 1	5.563 6
39	有	4.554 4	4.589 4	4.710 1	4.794 7	4.927 2	4.960 9	4.956 0	5.089 3	5.132 8
	无	4.527 4	4.590 7	4.715 4	4.850 2	4.972 5	5.185 3	5.228 0	5.301 4	5.382 9
40	有	4.616 5	4.609 1	4.717 6	4.750 9	4.922 6	4.811 9	4.928 1	5.015 4	5.078 0
	无	4.575 7	4.659 9	4.802 4	4.976 8	5.045 6	4.987 6	5.304 8	5.433 7	5.560 8
41	有	4.415 1	4.466 3	4.544 5	4.727 0	4.798 8	4.858 3	4.901 0	4.973 4	5.090 2
	无	4.291 8	4.351 2	4.489 2	4.664 3	4.788 5	4.882 7	5.077 6	5.152 3	5.325 3
42	有	4.653 2	4.551 3	4.609 0	4.689 6	4.769 7	5.994 5	5.110 8	5.909 3	5.967 6
	无	4.464 9	4.465 1	4.551 2	4.673 9	4.761 4	5.696 8	5.800 9	5.909 0	6.087 1
43	有	4.708 6	4.717 5	4.778 8	4.932 1	5.053 0	5.135 9	5.413 7	5.531 8	5.515 8
	无	4.370 0	4.407 8	4.549 3	4.741 1	4.942 7	5.131 9	5.404 0	5.502 3	5.698 6

注：2004 年出口交货值和工业总产值数据缺失。后表同。

表 3－9　有无出口企业 *LTFP* 均值比较表

Hydm		1998	1999	2000	2001	2002	2003	2005	2006	2007
13	有	7.136 1	7.129 1	7.200 2	7.350 3	7.483 9	7.539 4	7.801 2	7.945 3	7.931 3
	无	6.722 1	6.797 4	6.953 2	7.145 1	7.364 7	7.552 1	7.856 5	7.980 8	8.193 8
14	有	6.820 7	6.865 9	6.914 4	7.058 8	7.118 3	7.307 7	7.485 8	7.633 0	7.746 0
	无	6.170 2	6.309 4	6.472 3	6.696 5	6.927 5	7.112 6	7.421 8	7.594 8	7.801 8
15	有	7.097 7	7.018 7	7.234 1	7.488 8	7.572 4	7.729 6	7.876 3	8.072 8	8.232 5
	无	6.456 9	6.609 5	6.726 9	6.845 4	7.015 2	7.159 1	7.533 5	7.732 5	7.953 1
16	有	8.765 1	9.063 2	8.816 1	9.339 1	9.800 1	9.861 8	9.647 9	9.925 1	10.405 4
	无	7.687 9	7.707 4	7.665 5	7.770 7	7.923 8	8.025 3	8.282 5	8.409 3	8.633 0
17	有	6.448 3	6.541 8	6.686 2	6.773 2	6.903 4	7.001 9	7.161 9	7.283 8	7.368 2
	无	6.351 2	6.491 0	6.651 7	6.787 5	6.950 4	7.045 1	7.269 1	7.418 5	7.567 7
18	有	6.565 9	6.512 1	6.541 1	6.569 8	6.593 6	6.671 2	6.743 8	6.850 3	6.937 3
	无	6.549 6	6.524 0	6.632 5	6.707 0	6.750 2	6.827 8	6.931 3	7.021 5	7.123 8
19	有	6.687 1	6.461 1	6.570 1	6.620 6	6.689 2	6.727 1	6.807 0	6.935 1	7.033 0
	无	6.768 3	6.714 0	6.890 6	7.038 3	7.090 1	7.149 8	7.130 7	7.313 6	7.486 3
20	有	6.726 2	6.733 6	6.812 4	6.901 0	6.967 3	7.045 4	7.261 4	7.428 1	7.470 2
	无	6.501 7	6.627 9	6.685 1	6.863 7	6.990 5	7.049 7	7.293 9	7.405 2	7.635 7
21	有	6.842 7	6.842 8	6.839 4	6.908 4	6.936 7	6.933 9	7.056 9	7.132 2	7.178 5
	无	6.636 7	6.764 2	6.790 6	6.873 6	7.011 8	7.124 7	7.242 4	7.407 3	7.597 5
22	有	6.916 8	6.851 5	6.920 4	7.101 1	7.292 4	7.244 2	7.472 9	7.574 3	7.539 2
	无	6.572 2	6.662 9	6.771 4	6.911 8	7.072 8	7.194 1	7.365 6	7.510 6	7.675 7
23	有	6.957 9	6.848 2	6.957 5	7.020 2	7.231 5	7.095 1	7.216 5	7.356 5	7.408 6
	无	6.129 3	6.229 0	6.339 9	6.561 2	6.785 5	6.936 5	7.175 4	7.296 6	7.527 0
24	有	6.528 4	6.488 2	6.503 6	6.561 5	6.665 7	6.688 4	6.781 1	6.905 4	6.991 6
	无	6.444 7	6.461 7	6.585 2	6.742 9	6.879 8	6.872 1	7.071 9	7.130 2	7.269 5

（续上表）

Hydm		1998	1999	2000	2001	2002	2003	2005	2006	2007
25	有	7.104 8	7.408 4	7.696 9	7.811 6	8.102 0	8.500 5	8.429 3	8.553 0	8.980 4
	无	7.219 8	7.278 4	7.402 3	7.550 3	7.668 2	7.967 5	8.192 3	8.398 5	8.663 8
26	有	7.020 5	7.196 1	7.259 0	7.430 0	7.611 0	7.667 2	7.892 0	8.028 0	8.224 9
	无	6.742 0	6.827 2	6.920 4	7.152 2	7.321 4	7.471 0	7.776 5	7.933 8	8.121 3
27	有	7.131 2	7.246 4	7.301 9	7.443 5	7.550 4	7.699 1	7.853 4	7.977 2	8.073 8
	无	6.759 5	6.853 0	7.025 9	7.174 9	7.328 6	7.427 9	7.663 5	7.761 9	7.981 3
28	有	7.112 9	7.077 8	7.200 5	7.233 8	7.337 6	7.818 7	7.788 4	7.936 5	8.213 6
	无	6.795 8	6.948 6	7.141 3	7.084 2	7.276 6	7.582 5	7.806 6	7.975 8	8.129 9
29	有	6.602 9	6.610 2	6.689 3	6.878 0	6.901 8	7.074 9	7.105 4	7.296 8	7.383 8
	无	6.497 3	6.588 3	6.669 3	6.744 9	6.904 0	7.078 2	7.315 2	7.488 6	7.685 1
30	有	7.015 1	6.913 7	6.948 9	7.002 2	7.121 3	7.119 4	7.241 7	7.350 5	7.376 5
	无	6.814 9	6.846 2	6.960 9	7.099 5	7.185 0	7.287 3	7.432 8	7.574 3	7.726 6
31	有	6.826 4	6.746 7	6.781 2	6.863 0	6.944 5	7.098 8	7.418 2	7.573 9	7.562 2
	无	6.333 4	6.445 2	6.507 7	6.646 0	6.830 5	6.990 9	7.297 3	7.483 5	7.723 1
32	有	6.708 6	7.011 7	7.046 5	7.321 2	7.517 1	7.800 2	8.201 2	8.311 5	8.597 1
	无	6.760 1	6.858 2	6.987 4	7.149 6	7.319 8	7.579 7	7.913 8	8.080 2	8.307 6
33	有	7.103 9	7.210 9	7.332 4	7.492 8	7.547 0	7.696 8	8.030 8	8.305 8	8.372 4
	无	7.003 0	7.133 6	7.198 6	7.389 9	7.512 9	7.687 4	7.992 5	8.293 7	8.457 7
34	有	6.769 5	6.807 5	6.867 6	6.962 9	7.090 0	7.115 3	7.224 9	7.335 4	7.437 8
	无	6.739 4	6.785 6	6.861 6	7.035 1	7.165 0	7.291 0	7.426 4	7.574 5	7.740 7
35	有	6.587 8	6.692 1	6.854 6	6.973 6	7.150 4	7.274 2	7.414 8	7.555 0	7.653 3
	无	6.416 9	6.485 3	6.617 1	6.767 1	6.956 1	7.150 5	7.390 3	7.557 6	7.740 4
36	有	6.575 8	6.721 3	6.836 7	7.006 8	7.221 4	7.301 2	7.473 7	7.619 1	7.677 4
	无	6.272 6	6.333 8	6.474 4	6.658 4	6.863 3	7.098 2	7.442 2	7.594 2	7.784 5

（续上表）

Hydm		1998	1999	2000	2001	2002	2003	2005	2006	2007
37	有	6.759 5	6.891 0	6.989 0	7.202 1	7.343 3	7.354 4	7.444 2	7.609 4	7.694 1
	无	6.432 3	6.508 2	6.603 3	6.781 7	6.964 0	7.117 8	7.318 2	7.452 7	7.674 4
38	有	5.231 0	5.468 1	5.722 5	—	6.138 9	7.261 5	7.254 0	7.390 3	7.462 6
	无	5.298 7	5.395 6	5.415 0	—	6.029 0	7.402 0	7.572 2	7.721 9	7.857 9
39	有	6.904 4	6.937 8	7.043 0	7.101 4	7.225 1	7.335 2	7.285 0	7.429 3	7.476 3
	无	6.756 6	6.844 6	6.976 0	7.127 4	7.267 6	7.467 6	7.451 5	7.545 4	7.617 4
40	有	6.957 8	6.966 2	7.055 1	7.119 9	7.305 4	7.043 7	7.149 5	7.260 5	7.336 7
	无	6.811 1	6.919 8	7.070 4	7.237 1	7.322 5	7.206 8	7.497 5	7.644 5	7.805 8
41	有	6.704 0	6.721 1	6.831 4	6.974 3	7.070 7	6.837 4	6.892 6	6.995 0	7.135 0
	无	6.401 9	6.507 2	6.619 9	6.819 0	6.983 5	7.047 1	7.223 7	7.322 4	7.488 4
42	有	6.715 6	6.555 6	6.590 5	6.658 8	6.741 9	8.572 6	7.620 9	8.508 4	8.585 3
	无	6.576 6	6.568 4	6.675 5	6.788 7	6.892 9	7.879 0	8.026 5	8.179 0	8.407 9
43	有	7.136 1	7.129 1	7.200 2	7.350 3	7.483 9	7.539 4	7.801 2	7.945 5	7.931 3
	无	6.722 1	6.797 4	6.953 2	7.145 1	7.364 7	7.552 1	7.856 5	7.980 8	8.193 8

　　表 3-8、表 3-9 的结果显示，"出口—生产率异质性""出口—生产率悖论"在不同行业中或多或少地存在。这表明，中国出口企业异质性扩展模型是比梅里兹（2003）模型更适宜的模型。

3.3.3　生产率异质性检验的基本结论

　　进一步地，根据中国制造业 31 个细分行业有无出口企业独立样本 t 检验得出的结果，比较其近似全要素生产率和劳动生产率差异的显著性，可以得到表 3-10 的汇总结果。结果显示：①利用近似全要素生产率和劳动生产率作为生产率工具变量的比较结果高度一致，说明生产率估算非常稳定，比较结果是可靠的。②从行业来看，Hydm = 13、14、15、16、22、

23、26、27、31、36、37 这 11 个行业基本符合"出口—生产率异质性"假设，即出口企业生产率高于非出口企业，不过也或多或少存在一些相悖的情况，只有 Hydm = 15、27，即饮料制造和医药制造业完全符合"出口—生产率异质性"假设。而其他行业都在较高程度上与"出口—生产率异质性"假设不符，其中 Hydm = 18、19 两个行业完全相反，即纺织服装、鞋、帽制造业和皮革、毛皮、羽毛及其制品业完全支持"出口—生产率悖论"。③从不同的时间段来看；2002 年和 2003 年之前，较多行业的情况满足"出口—生产率异质性"假设，2002 年和 2003 年之后，较多行业的情况满足"出口—生产率悖论"假设。④有意思的是，出口占比高的行业出现与"出口—生产率异质性"假设背离的情况相对较多。同样地，在出口企业占比大幅提升的时间段，有无出口企业生产率背离"出口—生产率异质性"的情况也相对较多，这似乎暗示着大量中国企业"潮涌式"出口可能是引起"出口—生产率悖论"的潜在因素，这表明在本书研究中引入"潮涌现象"理论是合适的。⑤在不同行业、不同时间段之间，"出口—生产率异质性"和"出口—生产率悖论"都存在，表现各有不同，这表明中国出口企业异质性不能简单套用梅里兹（2003）模型及其后续发展的新新贸易理论模型，而本书提出的中国出口企业异质性扩展模型是适应中国情境的有益改进。

表 3 – 10　有无出口企业生产率比较结果表（出口企业 VS. 无出口企业）

Hydm	1998 ATFP	1998 LTFP	1999 ATFP	1999 LTFP	2000 ATFP	2000 LTFP	2001 ATFP	2001 LTFP	2002 ATFP	2002 LTFP	2003 ATFP	2003 LTFP	2005 ATFP	2005 LTFP	2006 ATFP	2006 LTFP	2007 ATFP	2007 LTFP
13	高	高	高	高	高	高	高	高	高	高	高*	0	0	低	高	低*	低	低
14	高	高	高	高	高	高	高	高	高	高	高	高	高	高	0	高*	低	低*
15	高	高	高	高	高	高	高	高	高	高	高	高	高	高	高	高	高	高
16	高	高	高	高	高	高	0	0	高	高	高	高	高	高	低	高	高	高
17	0	0	0	0	低	高	低	低	0	低*	0	低*	低	低	低	低	低	低
18	0	低	低	低	低	低	低	低	低	低	低	低	低	低	低	低	低	低
19	0	低*	高	高*	高	高	高*	高*	低	低	低	低	低	低	高	低	低	低
20	高	高	0	0	0	0	0	0	0	0	高*	0	高	0	低	0	低	低
21	0	高	高	高	高	高	高	高	0	0	低	低	低	低	低	低	低	低
22	高	高	高	高	高	高	高	高	高	高	0	高	高	高	高*	高	低	低
23	高	高	0	0	0	0	低	低	低	低	高	高	高*	高	高*	高	低	低
24	0	高*	0	高*	0	低*	0	高*	0	高	低	低	低	低	低	低	0	低
25	低	高	高	高	0	高	高	高	高	高	高	高	高	高	0	高*	0	高
26	高	高	高	高	高	高	高	高	高	高	高	高	高*	高	0	高	0	高
27	高	高	高	高	高	高	高	高	高	高	高	高	高	高	高	高	高	高

（续上表）

Hydm	1998 ATFP	1998 LTFP	1999 ATFP	1999 LTFP	2000 ATFP	2000 LTFP	2001 ATFP	2001 LTFP	2002 ATFP	2002 LTFP	2003 ATFP	2003 LTFP	2005 ATFP	2005 LTFP	2006 ATFP	2006 LTFP	2007 ATFP	2007 LTFP
28	高	高	0	高*	0	0	高	高	0	高	高*	高	低*	0	低	0	低	高*
29	0	高	0	0	0	0	0	高	0	0	0	0	低	低	低	低	低	低
30	高	高	0	高	0	0	低	低	低	低	低	低	低	低	低	低	低	低
31	高	高	高	高	高	高	高	高	高	高	高	高	高	高	高	高	低	低
32	低	0	0	高	0	高	0	高	0	高	0	高	高	高	高	高	0	高
33	0	高*	0	0	0	高	0	高	低	0	低	高*	低	0	低	0	低	低*
34	低*	0	低*	0	高	0	低	低	低	低	高*	高	低	低	低	低	低	低
35	0	高	高	高	高	高	高	高	高	高	高	高	低	高	低	0	低	低
36	高	高	高	高	高	高	高	高	高	高	高	高	0	高	低	高	低	低
37	高	高	高	高	0	高*	高	高	高	高	高	高	低	高	高*	高	低	高*
39	0	0	0	高	0	高	低*	0	低*	低*	低	低	低	低	低	低	低	低
40	高*	高	0	高*	低*	0	低	低	低	0	低	低	低	低	低	低	低	低
41	0	高	0	高	高*	高	高*	高	0	高	0	低	0	0	低	低	低	低
42	高	高	高	0	高	低	0	低	0	低	0	低	0	0	低	低	低	低
43	高	高	高	0	高	0	0	0	0	0	0	0	0	高*	0	0	0	0

注：高、低表示在 0.05 的显著性水平下显著，高*、低*表示在 0.1 的显著性水平下显著，0 表示无显著差异。

多重异质性与出口行为：
中国情境的理论发展与实证检验

4.1   出口企业多重异质性与中国出口企业异质性模型

4.1.1   生产率差异并不等同于出口企业异质性

第三章的理论推导和实证检验表明，"出口—生产率异质性"并非放之四海而皆准的。中国制造业"出口—生产率异质性"和"出口—生产率悖论"（李春顶、尹翔硕，2009；李春顶等，2010）在不同行业不同时期都存在，这说明梅里兹（2003）模型及其后续异质企业模型仅仅将生产率等同于出口企业异质性过于武断。或许有的学者会为其辩护，在较为发达的国家和地区，如在美国、德国、西班牙、加拿大、法国、哥伦比亚、墨西哥等地的很多实证检验中，基于生产率异质性的异质企业模型都得到实证支持，生产率异质性是对出口企业异质性的恰当简化。其实，这些类似情境的实证检验支持不了出口企业异质性等同于生产率异质性的假设。因为二十世纪八九十年代以来的国际贸易是与国际产业转移联系在一起的，国际产业转移输出国和输入国在国际贸易中是完全不同的两类主体，自然其出口问题也有着根本的差异。从这个意义上讲，"出口—生产率异质性"在中国情境演变为"出口—生产率悖论"理所当然，如果不是如此，反而值得思索。

改革开放后，作为国际产业转移输入国的中国，经济迅速发展，创造了举世瞩目的经济增长奇迹，伴随这一奇迹的是中国出口企业的迅猛扩张，其背后是中国出口行业极其严重的"潮涌现象"，其中，玩具制造业为重灾区（Yang and Li，2009；李军、杨学儒，2011）。"潮涌现象"并非简单的企业扎堆，而是作为国际产业转移输入国的发展中国家经常会遇到的现象（林毅夫，2007a），而且经济运行过程中的这一典型事实（万光彩等，2009）甚至改变了中国资源禀赋结构在国际市场上的比较优势，改变了中国产业结构升级的道路（徐朝阳、林毅夫，2010），中国的宏观经济理论需要革命（林毅夫，2007a）。就新新贸易理论的中国化发展而言，"宏观经济理论的革命"首要的任务就是打破生产率异质性对出口企业异质性的垄断，同样重视生产率以外的、具有普适价值的、具有现实解释力的出口企业异质性。

打破生产率异质性对出口企业异质性的垄断，并不是简单否定出口企业生产率异质性，而是回应梅里兹（2003）模型及后续研究模型设定的偏差，放松其关于"出口存在一个大于 0 的固定成本"（假设Ⅱ）的假设，发展不仅适宜作为国际产业转移输出国的发达国家，也适宜作为国际产业转移输入国的发展中国家的理论模型。

4.1.2　中国出口企业异质性扩展模型Ⅰ到Ⅱ

本书第三章在理论分析的基础上，放松梅里兹（2003）模型不适宜中国情境的前提假设，推导出了中国出口企业异质性扩展模型Ⅰ。该模型指出，在用假设Ⅳ［出口存在一个小于 0 的固定成本，而进入国际产业转移输入国国内市场（简称本土市场）存在一个大于 0 的固定成本］替换掉梅里兹（2003）模型假设Ⅱ（出口存在一个大于 0 的固定成本）后，可以推导出 $\varphi_x^* < \varphi_{x+d}^* < \varphi_d^*$（推论ⅲ），即出口企业存在"出口—生产率悖论"。

实际上，国际产业转移输入国企业进入国际市场的固定成本（出口成本）和进入本土市场的固定成本（本土市场成本）受到很多因素的影响，既非简单的仅出口存在一个大于 0 的固定成本［假设Ⅱ，源于梅里兹（2003）模型］，也非出口存在一个小于 0 的固定成本，而进入本土市场存在一个大于 0 的固定成本（本书第三章提出的简化假设Ⅳ），而是进入国际市场和进入本土市场都存在一个固定成本（假设Ⅴ）。当然，进入国际市场和进入本土市场的固定成本相对大小，或者此固定成本引起的平均成本改变大小，或者增加或减少的边际成本大小受到出口企业异质性的影响。

这里，用假设Ⅴ放松梅里兹（2003）模型的假设Ⅱ或本书中国出口企业异质性扩展模型Ⅰ的假设Ⅳ，保持其他假设不变，即假设企业在了解生产率状况之后才会作出进入国际市场、国内市场或同时进入国际国内市场的决定（假设Ⅰ），假设市场竞争条件为 D – S 垄断竞争条件（假设Ⅲ）。

基于以上前提假设，设定贸易成本用 f 表示，f_x、f_d 分别表示进入出口市场、进入本土市场的成本，$\varphi > 0$ 表示企业的生产率水平，$\sigma = 1/(1 - \rho) > 1$ 表示不同商品间的替代弹性。这里，$-1 < f_x < 0$，$0 < f_d < 1$。消费者面临的是 C. E. S 效用函数，R 为消费者总支出，P 代表价格指数。

企业收益函数为：

$$r(\varphi) = R(P_{\rho\varphi})^{\sigma - 1}$$

如果企业仅在国内市场销售，则企业利润函数为：

$$\pi_d(\varphi) = \frac{R}{\sigma}(P_{\rho\varphi})^{\sigma-1} - f_d$$

如果企业仅在国际市场销售，即专注于出口，则企业利润函数为：

$$\pi_x(\varphi) = \frac{R}{\sigma}(P_{\rho\varphi})^{\sigma-1} - f_x$$

那么，企业总利润函数为：

$$\pi(\varphi) = \max\{0, \pi_d(\varphi)\} + \max\{0, \pi_x(\varphi)\}$$
$$= \max\{0, \frac{R}{\sigma}(P_{\rho\varphi})^{\sigma-1} - f_d\} + \max\{0, \frac{R}{\sigma}(P_{\rho\varphi})^{\sigma-1} - f_x\}$$

其利润最大化条件为：

$$\pi'(\varphi) = 0$$

下面讨论这一模型的两个特例。

当出口市场和本土市场固定成本关系为以下关系时，中国出口企业异质性扩展模型 II 为梅里兹（2003）模型或中国出口企业异质性扩展模型 I。换言之，后二者是中国出口企业异质性模型 II 的两个特例。

当假设进入本土市场的固定成本为 0，进入出口市场的固定成本大于 0（即假设 II）时，在一个企业只进入国际市场的生产率临界水平 φ_x^*、只进入本土市场的生产率临界水平 φ_d^* 满足 $\varphi_x^* > \varphi_d^*$ 时，即推论 i 成立。

当假设进入本土市场的固定成本大于 0，进入出口市场的固定成本小于 0（即假设 IV）时，在一个企业只进入国际市场的生产率临界水平 φ_x^*、只进入本土市场的生产率临界水平 φ_d^* 满足 $\varphi_x^* < \varphi_{x+d}^* < \varphi_d^*$ 时，即推论 iii 成立。自然地，$\varphi_x^* < \varphi_d^*$（推论 iv）也成立。

推论 i 是梅里兹（2003）模型的推论，意味着"出口—生产率异质性"，推论 iii、推论 iv 是中国出口企业异质性扩展模型 I 的推论，意味着"出口—生产率悖论"。

4.2   出口企业多重异质性的理论内涵

4.2.1   三类代表性出口企业异质性分析

正如本书第三章在说明发展中国家的出口企业异质性扩展模型 I 时所指出的，以改革开放为基本国策、作为国际产业转移输入国的发展中大国，中国情境下的出口贸易问题对应的理论假设与发达国家情境其实有着本质的不同。比如，假设 I 企业在了解生产率状况之后才会作出是否出口的决定，这和中国企业出口决策的现实存在着非常大的差异。当放松假设 I 时，自然将得出生产率差异与出口无关，或者说并不直接相关的推论（推论 ii）。

具体来讲，在承接国际产业转移过程中，中国出口企业其实可以粗略地分为三类：与外商投资相关的企业（记为 F 类企业）、生而国际化的企业（记为 G 类企业）、先有本土市场而后国际化的企业（记为 E 类企业）。下面分别分析这三类企业异质性与出口的关系。

（1）F 类企业。

在国际产业转移中，跨国公司、海外华侨和港澳台居民（虽然用自然人指称，但实际上这二者一般在海外或港澳台也是企业的相关代表，和跨国公司这种法人单位并无不同）等拥有海外市场渠道、生产资料、经营管理经验等重要资源（Barney，1991）的投资主体，识别到中国改革开放后的创业机会，特别是利用廉价劳动力、各种出口补贴、各种外资企业优惠待遇等创业机会，将生产环节迁移到中国大陆或在中国大陆新建生产环节（后者意味着产能扩张），其产品销往其原有市场渠道（海外市场），从而形成的 F 类企业是中国改革开放出口的一大主力（江小涓，2002；江小涓、李蕊，2002；詹晓宁、葛顺奇，2002；王红领、李稻葵、冯俊新，2006）。显然，这类企业是否出口与生产率相对本土市场企业的高低并无关系。由于这类企业进入本土市场的成本比出口更高，因此，其市场选择的顺序是先出口、再本土，那么，即使在实证检验中发现其生产率低于本土市场企业（即"出口—生产率悖论"）也毫不奇怪——不过，在改革开放初期，中国本土市场企业的生产率水平大多非常低，大多低于 F 类企业的生产率。虽然二者之间的生产率呈现为出口企业高于非出口企业，这是"出口—生产率异质性"的体现，但实则与其理论问题毫无关系。总之，F类企业是否出口与生产率无关，生产率并非 F 类出口企业的异质性，而是其他因素在起作用。

（2）G 类企业。

在中国改革开放、承接国际产业转移的过程中，一些本土创业者借助其独特资源（诸如海外亲朋、海外学习经历）和对中国本土国情的了解，充分利用中国的比较优势，直接创办生而国际化的企业（杨学儒等，2008），参与到全球价值链中。客观地，中国政府政策长期的出口创汇导向更是强化了这一类创业行为。对于这类出口企业而言，由于其仅仅是全球价值链的一个环节，不得不依赖于全球价值链而运转（李军、杨学儒，2011），脱离全球价值链的"销售"成本会变得极其高昂。这类出口企业创办早期，常常是订单式生产，进入国际市场的成本相对较低而价格一般较高，而进入中国本土市场的成本相对较高，假设Ⅱ并不适合。随着中国经济的发展，G 类企业"潮涌现象"频发，国际市场价格大幅下降，企业出口利润变得微薄，G 类企业常常开始在本土市场和国际市场之间权衡，梅里兹（2003）意义上的出口决策出现了，即出口决策满足假设Ⅰ。然而，由于 G 类企业缺乏本土市场的基础，其进入中国本土市场的成本和此时进入国际市场的成本都不可忽略，放松假设Ⅱ的假设Ⅳ是比较合适的，此时，应适用于中国出口企业异质性扩展模型Ⅱ。所以，前一个阶段 G 类企业的生产率与是否出口无关，而第二阶段，生产率与出口相关，但并非必然是生产率高的企业选择出口，而生产率低的企业选择本土市场，孰高孰低取决于本土市场和国际市场的成本关系。换言之，G 类企业生产率并不必然是出口企业的异质性，在第二阶段是其中之一，但并非唯一的影响因素。

（3）E 类企业。

E 类企业实际上是西方文献讨论最多的所谓逐步国际化企业。E 类企业经历了激烈的国内市场竞争，在了解其生产率之后作出是否进入出口市场的假设，是梅里兹（2003）意义上的出口决策，满足假设Ⅰ。但是，E 类企业的出口决策和前两类企业的决策一样受到中国长期的鼓励出口、实际高出口补贴的政策因素影响，这使得梅里兹（2003）模型关于相对本土市场而言，进入国际市场存在一个大于 0 的固定成本的假设（假设Ⅱ）并不像发达国家情境那么适宜。自然，选择出口与否的企业生产率高低于推论 i 也常常存在一些偏差。实际上，这类企业的出口决策也满足中国出口企业异质性扩展模型 II，即生产率是影响出口与否的重要因素，但并非唯一因素。

总结这三类典型出口企业，我们可以得到一个基本结论：生产率并非出口企业唯一异质性，实际上，存在多重异质性影响企业是否出口。换言之，出口企业异质性并非单一异质性，而是多重异质性。

4.2.2　出口企业主要的多重异质性因素

前文分析表明，发达国家和发展中的中国出口企业异质性有着显著的差异，不同阶段的中国出口企业异质性也存在显著差异，这表明出口企业的异质性是依赖情境而非放之四海而皆准的。

情境依赖的出口企业异质性表明，新新贸易理论的发展和中国化需要特别强调情境因素、分析情境差异，发展而不是套用西方模型。否则，可能出现"谬误相关"。

改革开放以来，中国出口企业所处的情境条件发生了显著的改变，决定企业是否出口的异质性因素也发生了显著的改变。

在改革开放早期，F 类企业是中国出口企业的主力。在当时鼓励出口的政策氛围下，在当时中国的基础设施条件下，无论是内地还是沿海企业、外资还是中资企业、中央企业还是地方企业、国有还是私营企业、大型抑或小型企业，这些企业异质性因素是是否出口的决定性因素。自然，此时决定是否出口的企业异质性因素主要是企业性质、企业区位、企业级别、企业规模等。另外，由于国家关于不同行业的政策存在较大差异，自然地，这些企业异质性因素的影响在不同行业存在较大的差异。

随着大量 G 类企业参与到全球价值链中，特别是 G 类企业"潮涌现象"突出之后，G 类企业在重新选择出口市场还是本土市场时发生了分化，一些企业继续出口，一些企业成功转到本土市场或两个市场兼顾。此时，决定这种转变（即是否出口，抑或二者兼顾）的影响因素主要是企业规模、企业品牌（市场号召力）、创新能力、人力资本、生产率等因素。

在 E 类企业决定是否出口的过程中，企业区位、企业规模、企业品牌（市场号召力）、创新能力、人力资本、生产率等都在起作用。当然，对于不同行业而言，主导型的决定性因素可能有所不同。

综上可知，改革开放以来的各个阶段，中国出口企业的多重异质性主要表现在企业区位、企业年龄、企业规模、创新、品牌、企业性质、企业级别、资本结构、人力资本、成长率、生产率等多重异质性上。

4.2.3   出口行为是多重异质性共同作用的结果

正如上节所指出的那样，在中国企业的出口决策中，多重企业异质性都有作用，但是这些作用也并非完全相同。比如，在改革开放初期，出口资质常常是企业出口决策面临的最大困难，即使是生产率很高的企业，没有达到出口资质要求的某些条件也不能出口。因此，出口企业多重异质性存在一些具有普遍代表性的异质性。另外，多重异质性意味着这些异质性的共同作用而非单一作用决定了是否出口以及出口的收益如何。比如，对F类企业而言，如果其选址于交通运输极其不便利的某些中国内陆地区，那么其产品运输成本就很高。虽然其他因素似乎都适宜出口，但是，企业区位限制将对其出口有着极其不利的影响。

结合改革开放以来中国出口贸易发展的基本情况和三类典型中国出口企业主要的多重异质性（如上文分析），本书主要研究企业区位、企业年龄、企业规模、创新、品牌、企业性质、企业级别、资本结构、人力资本、成长率、生产率等多重异质性。实际上，本书基于梅里兹（2003）模型假设放松进行的理论推导和中国改革开放以来三类典型出口企业多重异质性分析作出的这一选择和刘志彪、张杰（2009）关于中国企业出口决定因素的实证研究发现高度一致，这也从一个侧面证实了本书多重异质性因素选择的合理性。

4.3   出口企业多重异质性的实证检验

4.3.1   变量选取

根据前文的理论分析，这里主要考察除生产率之外的企业区位、企业年龄、企业规模、创新、品牌、企业性质、企业级别、资本结构、人力资本、成长率等多重异质性。

（1）企业区位。

中国的企业区位划分主要有两种方式：第一种方式是按照东、中、西、东北四个区域进行区分，第二种方式是区分是否沿海地区。显然，对于出口企业异质性而言，第一种划分更为细致，而第二种划分更为直接。在本研究中，主要选择第二种划分方式，将中国制造业的企业区位分为是否沿海地区企业，将辽宁、河北、天津、山东、江苏、上海、浙江、福建、台湾、广东、广西、海南视为沿海企业，取 1，否则为 0，设立 0－1 类型变量 CO。

（2）企业年龄。

$$企业年龄（Eyear）＝年份－企业成立时间（年份）$$

这是一个连续变量。

（3）企业规模。

中国工业企业数据库中有多个指标可以反映企业规模，如全年营业收入合计、主营业务收入（2004 年数据库中为销售收入）、资产总计、全部从业人员年平均人数、按照国家统计局大中小型企业分出的 5 等级企业规模。考虑到 1998—2007 年数据库指标的连续性和尽可能选择连续变量，这里选择主营业务收入，并对其取自然对数（以消除潜在异方差影响）作为企业规模的工具变量，记为 $\ln MIC$，为连续变量。

（4）创新。

衡量创新一般可以考虑创新的投入和创新的产出，中国工业数据库收录了创新投入和产出指标各一个，分别是研发费用投入和新产品产值。本书采用新产品产值占比 InP、研发费用占比 RDP 两个指标，都是连续变量。

$$新产品产值占比（InP）＝新产品产值/工业总产值（当年价格）$$
$$研发费用占比（RDP）＝研究开发费/主营业务收入$$

（5）品牌。

品牌（市场号召力）是出口企业重要的异质性，一般可以用广告费占比和无形资产来测量。这里，本书采用广告费占比来反映企业对品牌建设的重视程度，采用无形资产来衡量企业实际建立起来的品牌价值大小。指标使用时，广告费占比 *AdP* 为广告费占主营业务收入的比重，无形资产做取自然对数处理（以消除潜在异方差影响），记为 ln*It*，两个指标都是连续变量。

$$广告费占比（AdP）=广告费/主营业务收入$$

（6）企业性质。

这里主要选取是否国有企业 *NF*，是否外商投资企业 *FF*，是取1，否则为0，是两个0-1类型变量。

根据代码对应表，将登记注册类型变量转换成以下变量：

NF 是否国有企业，代码=110、141、151 为1，否则为0；

FF 是否外商投资企业（所有外资、港澳台参与的都算），代码=300、310、320、330、340 为1，否则为0。

（7）企业级别。

考虑到出口资质获取对企业级别限制的差异，这里选取两个类型变量指标：是否中央直属企业 *CL*、是否地方企业 *LL*，是为1，否则为0。

（8）资本结构。

考虑到企业资本构成中外商资本所占的比重，这里选取两个指标：净外商资本比重 *FPnet*、总外商资本比重 *FPall*，都是连续变量。

$$净外商资本比重（FPnet）=外商资本/所有者权益合计$$
$$总外商资本比重（FPall）=（港澳台资本+外商资本）/所有者权益合计$$

（9）人力资本。

中国工业企业数据库涉及人力资本测量的指标有三类：员工学历和职称、工资总额、员工教育费支出。员工学历和职称仅在极少的年份有报告，数据缺失，不能反映总体情况；员工教育费支出的数据也有不少缺失，可以作为候补指标；通过工资总额除以员工人数，可以得到人均工资，这能很好地反映人力资本的平均存量，包括了学历、职称、技能和经验等因素在内。这里选取平均工资 *AW* 和职工教育费取自然对数 ln*edu* 的值作为人力资本的测量，是两个连续变量。

平均工资（AW）＝本年应付工资总额（贷方累计发生额）/全部从业
     人员年平均人数

（10）成长率。

测量成长率选择了收入成长率 IP 和人员成长率 EP，是两个连续变量。

收入成长率（IP）＝全年营业收入合计$_t$/全年营业收入合计$_{t-1}$－1
人员成长率（EP）＝全部从业人员年平均人数$_t$/全部从业人员年平均人数$_{t-1}$－1

4.3.2 样本描述性统计

中国制造业各细分行业 1998—2007 年各年各类型出口企业数量及出口
交货值 EX、出口交货值占工业总产值比重 EM 的总体情况参见上一章描述
性统计和附录描述性统计。这里仅给出各行业除生产率外的多重异质性的
描述性统计。

表 4-1 2007 年各行业多重异质性指标描述性统计表

Hydm	CO	Eyear	lnMIC	InP	RDP	AdP	NF	FF
13	0.552 9	11.085 7	10.454 5	0.017 6	0.062 9%	0.058 8%	0.028 7	0.134 2
14	0.596 3	11.988 3	10.326 9	0.030 9	0.114 9%	0.368 2%	0.025 4	0.216 3
15	0.471 3	13.229 5	10.328 6	0.032 4	0.103 7%	0.649 6%	0.038 0	0.160 8
16	0.320 0	24.640 0	12.453 0	0.027 2	0.200 9%	0.157 2%	0.533 3	0.040 0
17	0.844 9	11.198 1	10.264 5	0.028 4	0.053 5%	0.025 9%	0.010 6	0.194 7
18	0.887 6	10.948 5	10.072 2	0.033 4	0.035 6%	0.067 2%	0.007 3	0.399 7
19	0.870 4	11.152 3	10.281 0	0.040 6	0.049 0%	0.067 9%	0.003 0	0.350 9
20	0.683 0	9.088 3	9.970 6	0.023 0	0.030 5%	0.039 8%	0.011 8	0.128 1
21	0.814 8	10.540 9	10.193 0	0.034 6	0.046 4%	0.125 0%	0.005 4	0.299 8
22	0.739 8	12.520 5	10.201 4	0.016 7	0.041 8%	0.024 0%	0.011 8	0.159 2
23	0.720 2	15.359 4	9.859 1	0.023 4	0.081 4%	0.027 9%	0.081 4	0.133 0

（续上表）

Hydm	CO	Eyear	lnMIC	InP	RDP	AdP	NF	FF
24	0. 914 9	11. 676 8	10. 052 5	0. 036 7	0. 070 8%	0. 070 0%	0. 006 1	0. 425 7
25	0. 493 0	11. 297 7	11. 274 1	0. 016 9	0. 061 5%	0. 027 0%	0. 033 0	0. 089 8
26	0. 663 3	12. 399 4	10. 444 7	0. 036 3	0. 191 8%	0. 105 6%	0. 026 2	0. 155 9
27	0. 509 4	14. 097 4	10. 477 0	0. 082 8	0. 942 7%	0. 856 1%	0. 030 4	0. 178 0
28	0. 890 7	10. 942 8	10. 873 4	0. 038 9	0. 106 6%	0. 015 5%	0. 012 9	0. 192 8
29	0. 827 1	12. 672 3	10. 226 1	0. 031 9	0. 130 2%	0. 046 3%	0. 017 9	0. 223 3
30	0. 821 9	11. 342 1	10. 089 6	0. 028 6	0. 074 7%	0. 040 5%	0. 007 3	0. 245 5
31	0. 607 4	12. 568 3	10. 227 7	0. 026 6	0. 105 4%	0. 053 3%	0. 027 2	0. 112 0
32	0. 627 1	10. 990 4	11. 109 3	0. 021 5	0. 038 6%	0. 012 4%	0. 021 8	0. 078 9
33	0. 584 2	10. 922 4	10. 972 4	0. 031 4	0. 076 4%	0. 014 2%	0. 027 9	0. 111 8
34	0. 831 9	11. 742 8	10. 156 1	0. 023 9	0. 078 2%	0. 046 3%	0. 012 6	0. 190 8
35	0. 797 0	13. 112 7	10. 129 3	0. 041 3	0. 201 8%	0. 054 4%	0. 023 4	0. 143 4
36	0. 740 6	13. 051 4	10. 196 8	0. 069 1	0. 533 0%	0. 097 0%	0. 038 6	0. 203 4
37	0. 678 5	13. 407 3	10. 465 9	0. 057 9	0. 312 8%	0. 089 0%	0. 051 8	0. 197 8
39	0. 828 7	12. 257 5	10. 453 0	0. 059 6	0. 298 3%	0. 087 5%	0. 015 8	0. 234 4
40	0. 850 5	11. 566 0	10. 762 0	0. 103 5	0. 983 5%	0. 272 0%	0. 020 6	0. 506 3
41	0. 772 2	13. 620 6	10. 208 1	0. 119 7	1. 123 5%	0. 154 7%	0. 038 7	0. 319 7
42	0. 880 6	11. 526 5	9. 987 9	0. 042 7	0. 141 0%	0. 056 4%	0. 012 2	0. 320 6
43	0. 702 5	9. 090 5	10. 641 0	0. 017 1	0. 026 0%	0. 003 5%	0. 007 7	0. 188 7
Total	0. 741 2	12. 029 0	10. 312 2	0. 039 5	0. 199 5%	0. 097 2%	0. 022 2	0. 207 3

（续上表）

Hydm	CL	LL	FPall	AW	lnedu	IP	EP	ROA	ROE
13	0.002 4	0.214 4	0.101 6	16.186 2	2.790 9	1.767 3	0.185 3	17.95%	24.18%
14	0.006 0	0.189 3	0.124 1	17.831 6	2.916 1	0.682 8	0.147 8	12.92%	16.14%
15	0.004 1	0.255 5	0.039 3	17.201 7	3.252 4	10.057 4	0.161 5	13.05%	15.75%
16	0.460 0	0.100 0	0.010 6	50.428 8	5.750 3	0.237 4	0.058 4	11.05%	11.20%
17	0.001 2	0.117 9	0.129 2	16.448 0	2.765 9	0.394 4	0.083 4	9.80%	11.49%
18	0.001 9	0.111 8	0.401 6	17.048 0	2.769 6	0.357 5	0.099 8	9.94%	11.67%
19	0.000 5	0.102 5	0.275 3	17.257 2	2.845 2	0.497 0	0.102 4	13.85%	15.78%
20	0.001 7	0.148 0	0.089 4	15.718 4	2.561 2	0.721 9	0.120 8	18.11%	23.81%
21	0.000 7	0.109 5	0.217 2	18.735 4	2.788 8	0.573 3	0.172 8	11.95%	14.44%
22	0.001 9	0.182 6	0.135 1	17.044 8	2.767 0	0.495 8	0.108 9	10.84%	12.83%
23	0.026 6	0.141 8	0.119 9	18.859 2	2.912 3	0.296 1	0.097 3	7.54%	8.96%
24	0.000 5	0.096 6	0.647 1	17.068 5	2.640 0	0.375 2	0.077 4	7.96%	9.42%
25	0.043 3	0.230 7	0.030 4	21.030 4	3.719 3	0.739 6	0.171 5	12.76%	15.89%
26	0.007 9	0.191 4	0.123 4	20.529 3	2.996 1	0.561 8	0.144 4	12.89%	15.70%
27	0.011 3	0.189 8	0.095 0	19.822 2	3.411 5	0.626 6	0.110 8	9.08%	11.36%
28	0.005 1	0.093 2	0.125 5	18.306 8	3.190 3	0.472 8	0.090 5	8.99%	10.26%
29	0.003 8	0.141 3	0.180 0	17.132 8	2.888 7	0.478 6	0.125 4	13.07%	14.33%
30	0.002 2	0.134 4	0.244 6	18.211 0	2.562 3	0.447 5	0.132 4	10.12%	11.75%
31	0.004 9	0.204 0	0.071 8	17.337 4	3.057 9	0.608 1	0.123 4	14.03%	16.00%
32	0.005 7	0.197 4	0.046 8	18.902 5	3.269 5	0.866 8	0.147 7	11.42%	16.02%
33	0.010 6	0.176 8	0.256 6	19.291 8	3.055 4	1.035 5	0.216 5	11.72%	16.44%
34	0.005 6	0.133 3	0.251 3	19.269 6	2.803 8	0.517 3	0.161 1	10.21%	11.65%
35	0.007 7	0.145 6	0.107 0	19.477 2	3.030 1	1.076 4	0.141 6	12.29%	13.93%

（续上表）

hydm	CL	LL	FPall	AW	lnedu	IP	EP	ROA	ROE
36	0.019 5	0.131 5	0.188 0	21.410 8	3.145 6	0.520 5	0.134 2	11.23%	12.45%
37	0.036 7	0.125 5	1.862 2	21.102 4	3.371 0	0.534 7	0.139 6	9.20%	10.34%
39	0.006 1	0.121 3	1.835 7	20.149 5	3.104 6	0.517 4	0.160 3	8.49%	10.51%
40	0.016 1	0.070 0	0.436 3	25.352 9	3.339 1	11.841 4	0.179 0	6.39%	7.38%
41	0.021 7	0.090 8	0.048 7	24.242 6	3.126 6	0.327 6	0.103 7	9.12%	9.85%
42	0.007 0	0.117 2	0.233 5	17.346 0	2.817 3	0.520 4	0.096 3	13.02%	14.68%
43	0.004 6	0.154 9	0.112 4	23.727 5	2.473 6	0.824 5	0.266 7	18.03%	36.27%
Total	0.008 2	0.149 3	0.164 4	18.829 9	2.989 2	1.178 6	0.134 7	11.53%	13.84%

注：2007 年无形资产数据缺失。

资料来源：根据中国工业企业数据库（1998—2007 年）整理。后文表 4-2 至表 4-9 同。

表 4-2　1998 年各行业多重异质性指标描述性统计表

Hydm	CO	Eyear	lnMIC	InP	RDP	lnIt	AdP	NF	FF
13	0.552 9	57.002 4	8.994 2	0.006 7		6.273 3	0.055 9	0.529 4	0.086 2
14	0.596 3	58.330 0	8.505 0	0.015 6		6.245 7	0.077 8	0.517 8	0.148 1
15	0.471 3	59.732 2	8.947 1	0.021 1		6.779 5	0.106 8	0.509 1	0.112 4
16	0.320 0	63.974 4	11.241 3	0.018 3		6.791 3	0.030 6	0.851 9	0.017 1
17	0.844 9	43.540 7	9.593 8	0.022 4		6.484 8	0.025 2	0.238 5	0.165 6
18	0.887 6	34.584 2	9.465 2	0.017 5		5.893 7	0.036 1	0.093 5	0.399 7
19	0.870 4	34.707 2	9.507 6	0.015 2		6.019 5	0.032 8	0.126 2	0.351 0
20	0.683 0	51.890 4	8.819 1	0.012 1		6.089 7	0.051 5	0.302 3	0.185 0
21	0.814 8	37.132 0	8.907 2	0.017 1		6.423 4	0.051 9	0.217 0	0.242 2
22	0.739 8	48.326 7	9.269 6	0.012 4		6.555 0	0.038 6	0.234 8	0.124 2
23	0.720 2	59.896 9	8.086 3	0.007 0		6.030 5	0.040 4	0.617 8	0.094 5
24	0.914 9	39.255 9	9.358 4	0.021 5		6.198 6	0.040 8	0.159 0	0.418 3

（续上表）

Hydm	CO	Eyear	lnMIC	InP	RDP	lnIt	AdP	NF	FF
25	0. 493 0	55. 344 1	9. 871 0	0. 009 6		7. 049 1	0. 054 6	0. 268 1	0. 077 0
26	0. 663 3	51. 076 4	9. 422 1	0. 027 5		6. 363 7	0. 046 9	0. 336 5	0. 107 8
27	0. 509 4	47. 839 6	9. 353 4	0. 068 1		6. 983 6	0. 122 6	0. 426 8	0. 150 3
28	0. 890 7	40. 171 9	10. 156 0	0. 046 2		7. 254 5	0. 027 0	0. 226 7	0. 240 3
29	0. 827 1	49. 566 4	9. 489 7	0. 031 4		6. 630 1	0. 041 6	0. 214 0	0. 150 7
30	0. 821 9	36. 899 8	9. 231 7	0. 022 6		6. 189 9	0. 036 8	0. 165 1	0. 265 6
31	0. 607 4	54. 897 3	9. 092 4	0. 012 2		6. 517 5	0. 045 8	0. 315 7	0. 091 6
32	0. 627 1	55. 374 9	9. 767 2	0. 009 2		6. 869 6	0. 027 5	0. 219 9	0. 055 2
33	0. 584 2	53. 601 8	9. 816 4	0. 019 6		6. 480 6	0. 022 7	0. 229 4	0. 102 7
34	0. 831 9	42. 813 9	9. 195 8	0. 021 6		6. 300 1	0. 037 1	0. 190 8	0. 161 8
35	0. 797 0	52. 436 2	9. 111 5	0. 038 9		6. 504 9	0. 049 2	0. 315 0	0. 089 5
36	0. 740 6	50. 528 2	8. 966 8	0. 050 9		6. 425 7	0. 051 2	0. 434 1	0. 083 8
37	0. 678 5	52. 169 0	9. 149 2	0. 049 1		6. 902 0	0. 042 5	0. 419 9	0. 106 8
39	0. 828 7	91. 669 1	10. 926 4	0. 159 8		7. 713 9	0. 037 0	0. 948 5	0. 000 0
40	0. 850 5	39. 830 1	9. 510 2	0. 047 9		6. 592 6	0. 036 0	0. 212 1	0. 187 9
41	0. 772 2	30. 599 0	9. 823 5	0. 103 0		7. 057 6	0. 065 8	0. 249 8	0. 419 2
42	0. 880 6	35. 375 1	9. 113 9	0. 071 8		6. 558 6	0. 060 2	0. 396 5	0. 244 9
43	0. 702 5	36. 454 7	9. 136 4	0. 017 1		5. 885 2	0. 045 1	0. 166 1	0. 287 2
Total	0. 741 2	48. 092 7	9. 233 6	0. 027 4		6. 470 4	0. 047 2	0. 314 7	0. 161 6

Hydm	CL	LL	FPall	AW	lnedu	IP	EP	ROA	ROE
13	0. 011 3	0. 767 7	0. 195 6	6. 745 5	3. 977 7			3. 80%	3. 98%
14	0. 011 7	0. 666 9	0. 180 3	7. 544 2	4. 102 9			1. 61%	1. 44%
15	0. 014 2	0. 727 8	0. 081 3	7. 741 0	4. 561 5			0. 71%	0. 63%
16	0. 478 6	0. 284 9	0. 005 1	10. 915 1	6. 418 2			3. 20%	2. 47%
17	0. 003 7	0. 698 9	0. 139 8	9. 379 7	5. 055 4			1. 84%	1. 67%
18	0. 005 9	0. 679 0	0. 277 6	13. 448 2	4. 939 7			4. 65%	4. 51%

（续上表）

Hydm	CL	LL	FPall	AW	lnedu	IP	EP	ROA	ROE
19	0.004 5	0.697 3	0.262 5	13.378 2	4.758 6			5.39%	5.34%
20	0.010 9	0.711 0	−0.011 4	7.517 2	4.199 5			7.82%	8.00%
21	0.012 9	0.679 6	0.186 1	12.075 8	4.378 9			9.35%	9.42%
22	0.008 8	0.759 3	0.181 3	8.153 0	4.642 4			5.13%	5.17%
23	0.066 3	0.560 8	0.064 9	8.170 2	4.208 9			1.41%	1.14%
24	0.005 6	0.629 3	0.344 0	11.460 3	4.851 0			5.19%	5.19%
25	0.051 3	0.620 7	0.181 4	10.436 2	4.756 6			7.42%	6.98%
26	0.018 0	0.701 9	0.077 9	8.651 5	4.707 5			4.70%	4.53%
27	0.041 8	0.503 7	0.138 6	16.353 4	4.930 0			2.46%	2.39%
28	0.022 4	0.610 2	0.013 9	9.314 7	5.343 1			2.69%	2.88%
29	0.013 4	0.656 6	0.483 3	8.953 8	5.015 3			5.67%	5.46%
30	0.010 5	0.673 5	0.199 0	11.675 0	4.463 7			5.23%	5.06%
31	0.013 0	0.763 4	0.108 5	8.364 7	4.759 1			4.34%	4.16%
32	0.009 5	0.709 2	0.038 7	93.190 8	4.830 2			3.96%	3.94%
33	0.043 2	0.707 8	0.045 7	7.809 4	4.737 4			5.97%	5.68%
34	0.017 6	0.687 4	0.272 4	10.013 2	4.563 2			6.13%	6.13%
35	0.026 3	0.638 2	0.114 9	8.847 4	4.893 5			4.41%	4.29%
36	0.047 0	0.589 1	0.085 2	9.475 0	4.891 6			2.92%	2.74%
37	0.111 0	0.518 7	0.080 6	9.204 0	4.946 3			3.85%	3.71%
39	0.727 9	0.044 1	−0.004 7	6.263 1	7.466 6			−3.24%	−4.95%
40	0.018 7	0.611 5	0.216 9	10.997 2	4.889 1			3.61%	3.40%
41	0.060 6	0.383 5	0.503 0	13.501 0	5.314 1			1.89%	1.70%
42	0.063 7	0.371 8	0.210 8	12.720 5	5.053 1			1.84%	1.23%
43	0.008 1	0.685 2	0.175 2	17.638 6	4.526 7			9.31%	11.26%
Total	0.025 3	0.664 1	0.163 6	11.565 7	4.711 9			4.08%	4.02%

注：数据库数据为 1998—2007 年，1998 年的成长率指标缺失。

　　为节省篇幅，这里报告了两个代表性年份各行业企业多重异质性的描述性统计结果，见表4-1和表4-2，其他年份描述性统计结果参见附录。

　　从描述性统计结果可知，中国制造业各行业企业在多重异质性方面存在较大差异，这再次证明本书对中国制造业分细分行业进行实证研究是非常有必要、非常有价值的。

4.3.3　出口与非出口企业多重异质性比较

　　接下来，本书将检验中国制造业各细分行业出口与非出口企业多重异质性方面的差异。

　　首先，本书通过独立样本 t 检验验证出口与非出口企业多重异质性方面是否存在差异，然后再检验这些差异是否出口企业的多重异质性，即这些多重异质性是中国制造企业作出是否出口决策的原因。

　　中国制造业各细分行业有无出口企业多重异质性均值比较见表4-3、表4-4和附录。为节省篇幅，这里选取2007年和1998年的报告情况。从均值比较表可以看出，有无出口企业在企业区位、企业年龄、企业规模、创新、品牌、企业性质、企业级别、资本结构、人力资本、成长率等方面存在较大差异。比如，2007年89.42%的出口企业位于沿海地区，非出口企业中位于沿海地区的仅为68.87%；新产品产值占工业总产值的比重，出口企业为7.11%，非出口企业仅为2.89%；49.29%的出口企业是外商投资企业，而非出口企业中外商投资企业仅占10.93%……在不同细分行业内，有无出口企业的这种差异更加明显。比如，在企业区位方面，97.02%的塑料制品业（Hydm=30）出口企业都位于沿海地区，而非出口企业位于沿海地区的占76.86%；在新产品产值占工业总产值的比重方面，交通运输设备制造业（Hydm=37）出口企业新产品产值占工业总产值的比重高达11.89%，而非出口企业仅为4.09%；57.34%的造纸及纸制品业（Hydm=22）出口企业是外商投资企业，而非出口企业中外商投资企业仅占10.69%。事实上，多重异质性方面的差异在1998—2007年的检验中都得到了证实。

表4－3　2007年有无出口企业多重异质性均值比较表

Hydm	CO 有出口	CO 无出口	Eyear 有出口	Eyear 无出口	lnMIC 有出口	lnMIC 无出口	InP 有出口	InP 无出口
13	0.830 0	0.504 2	12.180 0	10.893 4	10.777 1	10.398 8	0.026 1	0.016 1
14	0.788 6	0.551 0	13.672 7	11.591 0	10.768 7	10.224 0	0.057 1	0.024 8
15	0.674 7	0.450 2	16.120 5	12.930 1	11.090 0	10.252 3	0.087 1	0.027 0
16	0.454 5	0.282 1	36.272 7	21.359 0	14.757 8	11.891 9	0.083 6	0.013 6
17	0.922 0	0.812 1	12.958 5	10.450 5	10.571 9	10.134 4	0.053 3	0.017 9
18	0.929 8	0.841 9	11.865 7	9.955 9	10.214 2	9.919 0	0.043 1	0.022 8
19	0.931 4	0.806 3	12.070 5	10.188 2	10.442 0	10.113 3	0.050 1	0.030 8
20	0.845 3	0.645 1	11.029 6	8.634 7	10.244 7	9.907 0	0.045 7	0.017 8
21	0.935 9	0.729 5	10.785 9	10.368 1	10.499 5	9.977 0	0.054 1	0.020 9
22	0.922 3	0.716 7	14.546 8	12.264 4	10.783 0	10.130 4	0.035 1	0.014 4
23	0.939 3	0.691 3	14.448 6	15.479 7	10.562 1	9.767 6	0.050 1	0.019 9
24	0.950 8	0.853 1	12.486 3	10.286 6	10.212 7	9.777 0	0.044 1	0.024 0
25	0.722 9	0.483 5	19.566 3	10.965 6	13.529 2	11.188 4	0.076 4	0.014 7
26	0.762 4	0.642 7	14.671 3	11.926 2	11.183 9	10.293 8	0.079 3	0.027 6
27	0.688 4	0.468 2	18.489 3	13.087 1	11.273 9	10.296 6	0.151 8	0.067 3
28	0.903 6	0.888 3	13.220 9	10.508 8	12.141 4	10.634 1	0.106 6	0.026 2
29	0.925 8	0.787 2	13.668 2	12.269 5	10.735 2	10.021 9	0.052 2	0.023 9
30	0.970 2	0.768 6	12.170 9	11.044 6	10.496 5	9.944 0	0.047 5	0.021 9
31	0.835 2	0.572 9	12.990 9	12.504 3	10.600 3	10.172 4	0.076 4	0.019 2
32	0.778 6	0.612 3	16.164 8	10.485 2	12.673 0	10.968 7	0.078 7	0.016 4
33	0.693 8	0.568 1	14.011 6	10.468 2	11.871 8	10.845 3	0.080 7	0.024 6
34	0.943 1	0.789 9	12.484 5	11.462 9	10.491 8	10.030 2	0.042 7	0.017 0
35	0.893 8	0.772 3	14.411 9	12.781 1	10.754 5	9.970 6	0.092 1	0.028 4
36	0.848 4	0.709 3	14.114 1	12.743 2	10.744 1	10.039 8	0.137 8	0.049 7
37	0.820 4	0.638 3	14.805 6	13.010 5	11.257 5	10.243 6	0.118 9	0.040 9
39	0.944 1	0.779 5	12.590 0	12.115 6	10.948 6	10.242 3	0.095 3	0.044 4
40	0.917 3	0.783 2	11.873 8	11.255 8	11.324 5	10.200 5	0.113 0	0.094 2
41	0.888 3	0.702 3	13.975 3	13.407 1	10.630 3	9.955 1	0.125 0	0.116 6
42	0.932 6	0.815 3	12.168 2	10.719 6	10.072 7	9.881 6	0.053 2	0.029 6
43	0.857 1	0.695 5	10.214 3	9.040 1	10.783 3	10.634 9	0.040 4	0.016 2
Total	0.894 2	0.688 7	12.996 4	11.697 1	10.703 7	10.179 2	0.071 1	0.028 9

（续上表）

Hydm	RDP		ln*It*		AdP		NF	
	有出口	无出口	有出口	无出口	有出口	无出口	有出口	无出口
13	0.000 7	0.000 6	—	—	0.000 6	0.000 6	0.014 8	0.031 1
14	0.001 5	0.001 1	—	—	0.003 2	0.003 8	0.021 3	0.026 4
15	0.002 5	0.000 9	—	—	0.013 5	0.005 8	0.031 3	0.038 7
16	0.006 5	0.000 9	—	—	0.003 7	0.001 0	0.757 6	0.470 1
17	0.000 8	0.000 4	—	—	0.000 4	0.000 2	0.016 9	0.008 0
18	0.000 4	0.000 3	—	—	0.000 4	0.001 0	0.003 3	0.011 7
19	0.000 4	0.000 5	—	—	0.000 6	0.000 8	0.002 4	0.003 6
20	0.000 6	0.000 2	—	—	0.000 8	0.000 3	0.004 0	0.013 7
21	0.000 5	0.000 4	—	—	0.001 1	0.001 4	0.004 7	0.005 8
22	0.000 6	0.000 4	—	—	0.000 3	0.000 2	0.022 3	0.010 5
23	0.001 2	0.000 8	—	—	0.000 4	0.000 3	0.030 4	0.088 2
24	0.000 7	0.000 6	—	—	0.000 8	0.000 6	0.005 4	0.007 3
25	0.001 0	0.000 6	—	—	0.000 2	0.000 3	0.060 2	0.031 9
26	0.003 4	0.001 6	—	—	0.001 3	0.001 0	0.038 9	0.023 6
27	0.012 2	0.008 8	—	—	0.008 9	0.008 5	0.036 3	0.029 1
28	0.001 8	0.000 9	—	—	0.000 5	0.000 1	0.044 2	0.006 9
29	0.002 4	0.000 9	—	—	0.000 6	0.000 4	0.027 3	0.014 1
30	0.001 1	0.000 6	—	—	0.000 5	0.000 4	0.002 2	0.009 2
31	0.002 3	0.000 9	—	—	0.000 7	0.000 5	0.011 9	0.029 5
32	0.001 5	0.000 3	—	—	0.000 2	0.000 1	0.072 2	0.016 9
33	0.002 2	0.000 6	—	—	0.000 3	0.000 1	0.052 4	0.024 3
34	0.001 3	0.000 6	—	—	0.000 6	0.000 4	0.009 1	0.013 8
35	0.003 8	0.001 6	—	—	0.000 9	0.000 5	0.026 1	0.022 8
36	0.009 0	0.004 3	—	—	0.001 6	0.000 8	0.045 1	0.036 7
37	0.006 1	0.002 3	—	—	0.001 0	0.000 9	0.063 6	0.048 5
39	0.003 7	0.002 7	—	—	0.001 1	0.000 8	0.011 2	0.017 7
40	0.008 2	0.011 4	—	—	0.004 1	0.001 4	0.016 0	0.025 2
41	0.008 8	0.012 7	—	—	0.001 7	0.001 5	0.028 2	0.045 0
42	0.001 1	0.001 8	—	—	0.000 5	0.000 6	0.004 5	0.021 8
43	0.000 0	0.000 3	—	—	0.000 3	0.000 0	0.000 0	0.008 0
Total	0.002 8	0.001 7	—	—	0.001 2	0.000 9	0.018 3	0.023 6

（续上表）

Hydm	FF 有出口	FF 无出口	CL 有出口	CL 无出口	LL 有出口	LL 无出口	FPall 有出口	FPall 无出口
13	0.467 7	0.075 6	0.001 5	0.002 6	0.186 6	0.219 3	0.337 3	0.060 5
14	0.496 1	0.150 3	0.008 7	0.005 4	0.181 4	0.191 2	0.382 6	0.063 4
15	0.373 5	0.138 8	0.007 2	0.003 7	0.171 1	0.264 3	0.154 8	0.027 6
16	0.030 3	0.042 7	0.636 4	0.410 3	0.060 6	0.111 1	0.006 3	0.011 7
17	0.400 8	0.107 2	0.001 8	0.000 9	0.090 5	0.129 5	0.307 7	0.053 4
18	0.547 8	0.239 3	0.001 3	0.002 5	0.107 3	0.116 6	0.572 1	0.217 2
19	0.500 1	0.194 2	0.000 5	0.000 6	0.090 4	0.115 3	0.404 0	0.140 6
20	0.406 9	0.063 0	0.002 0	0.001 6	0.141 9	0.149 4	0.228 4	0.057 1
21	0.535 3	0.133 6	0.000 0	0.001 2	0.091 8	0.122 0	0.404 8	0.084 9
22	0.573 4	0.106 9	0.000 0	0.002 2	0.119 1	0.190 7	0.493 4	0.090 9
23	0.484 0	0.086 6	0.008 3	0.029 0	0.092 7	0.148 3	0.484 3	0.072 2
24	0.559 0	0.196 8	0.000 4	0.000 7	0.093 7	0.101 7	0.478 0	0.938 3
25	0.373 5	0.078 4	0.168 7	0.037 8	0.132 5	0.234 8	0.160 3	0.025 3
26	0.411 3	0.102 4	0.013 6	0.006 8	0.134 6	0.203 2	0.391 2	0.068 1
27	0.371 2	0.133 5	0.011 2	0.011 3	0.160 9	0.196 4	0.196 9	0.071 8
28	0.558 2	0.123 2	0.004 0	0.005 4	0.088 4	0.094 1	0.424 6	0.069 0
29	0.518 8	0.103 8	0.002 8	0.004 2	0.102 4	0.157 0	0.397 0	0.092 6
30	0.587 3	0.122 8	0.001 2	0.002 6	0.100 0	0.146 8	0.718 6	0.074 9
31	0.412 6	0.066 5	0.006 3	0.004 7	0.116 2	0.217 3	0.300 5	0.037 7
32	0.332 8	0.054 1	0.026 7	0.003 7	0.150 7	0.202 0	0.243 7	0.028 4
33	0.391 2	0.070 7	0.029 1	0.007 9	0.122 2	0.184 9	0.138 1	0.273 7
34	0.441 9	0.096 0	0.005 9	0.005 5	0.082 5	0.152 5	0.551 2	0.138 7
35	0.412 2	0.074 7	0.010 5	0.007 0	0.084 7	0.161 1	0.370 4	0.040 0
36	0.499 5	0.117 5	0.032 5	0.015 8	0.088 2	0.144 1	0.362 8	0.137 7
37	0.462 7	0.122 7	0.065 9	0.028 4	0.065 2	0.142 6	8.114 0	0.101 0
39	0.519 8	0.112 5	0.004 5	0.006 8	0.074 4	0.141 3	6.031 4	0.047 2
40	0.741 0	0.269 7	0.010 7	0.021 7	0.052 7	0.087 3	0.537 5	0.335 2
41	0.577 3	0.164 6	0.015 3	0.025 5	0.072 3	0.101 9	-0.036 0	0.099 6
42	0.439 8	0.170 7	0.003 1	0.012 0	0.117 0	0.117 5	0.327 0	0.116 1
43	0.535 7	0.173 1	0.000 0	0.004 8	0.142 9	0.155 4	0.321 2	0.103 4
Total	0.492 9	0.109 3	0.009 2	0.007 8	0.099 3	0.166 5	1.121 2	0.091 3

（续上表）

Hydm	AW 有出口	AW 无出口	lnedu 有出口	lnedu 无出口	IP 有出口	IP 无出口	EP 有出口	EP 无出口
13	18. 148 5	15. 845 8	2. 966 7	2. 755 0	0. 441 4	2. 036 7	0. 149 1	0. 192 6
14	21. 869 9	16. 884 7	3. 112 6	2. 859 6	0. 327 7	0. 779 3	0. 096 5	0. 161 8
15	26. 471 1	16. 266 2	3. 555 3	3. 207 0	0. 375 2	11. 220 6	0. 081 3	0. 171 1
16	84. 384 9	42. 302 5	7. 453 3	5. 308 2	0. 320 3	0. 218 2	0. 053 2	0. 059 6
17	18. 355 3	15. 640 2	2. 980 8	2. 638 6	0. 212 2	0. 481 9	0. 061 9	0. 093 0
18	17. 560 7	16. 493 8	2. 804 4	2. 720 4	0. 246 1	0. 501 5	0. 062 7	0. 147 8
19	17. 292 8	17. 220 0	2. 853 5	2. 833 6	0. 296 8	0. 741 0	0. 044 6	0. 172 6
20	17. 128 9	15. 390 1	2. 729 9	2. 512 1	0. 353 5	0. 827 0	0. 079 4	0. 132 6
21	19. 265 2	18. 362 2	2. 838 5	2. 743 2	0. 403 7	0. 708 0	0. 137 5	0. 200 8
22	21. 954 8	16. 438 2	3. 189 2	2. 707 4	0. 259 9	0. 526 4	0. 080 2	0. 112 5
23	23. 671 3	18. 230 9	3. 258 5	2. 866 9	0. 232 3	0. 305 0	0. 059 1	0. 102 7
24	17. 867 1	15. 698 2	2. 679 6	2. 549 8	0. 250 6	0. 637 5	0. 053 6	0. 127 5
25	41. 209 4	20. 254 6	5. 556 6	3. 613 7	0. 330 9	0. 750 8	0. 007 9	0. 178 5
26	28. 404 2	18. 907 7	3. 494 8	2. 857 6	0. 366 6	0. 607 0	0. 091 7	0. 156 5
27	26. 061 7	18. 404 9	4. 009 7	3. 234 4	0. 496 1	0. 659 0	0. 097 2	0. 114 2
28	24. 077 4	17. 220 7	3. 760 1	3. 004 7	0. 304 1	0. 509 3	0. 058 7	0. 097 4
29	20. 114 3	15. 935 7	3. 192 8	2. 727 6	0. 423 3	0. 510 2	0. 125 6	0. 130 2
30	21. 108 8	17. 175 1	2. 740 2	2. 489 9	0. 285 4	0. 511 4	0. 078 3	0. 153 7
31	22. 536 5	16. 563 1	3. 381 5	3. 006 4	0. 359 4	0. 650 2	0. 084 3	0. 130 3
32	27. 864 8	18. 070 7	4. 462 3	3. 095 4	0. 396 3	0. 917 2	0. 039 6	0. 159 4
33	25. 231 6	18. 436 9	3. 738 8	2. 910 2	0. 463 6	1. 134 1	0. 105 4	0. 235 6
34	21. 118 5	18. 576 8	2. 961 5	2. 733 0	0. 341 4	0. 593 2	0. 108 1	0. 184 0
35	24. 176 5	18. 284 7	3. 473 1	2. 870 1	0. 414 0	1. 269 2	0. 119 1	0. 148 2
36	27. 563 6	19. 647 4	3. 575 5	2. 978 3	0. 323 0	0. 583 3	0. 119 4	0. 138 8
37	25. 329 7	19. 912 9	3. 957 7	3. 152 2	0. 402 3	0. 576 8	0. 134 5	0. 141 2
39	22. 714 0	19. 058 6	3. 400 1	2. 959 8	0. 419 5	0. 564 2	0. 140 1	0. 170 0
40	27. 617 7	23. 095 8	3. 556 7	3. 103 4	0. 334 9	24. 552 7	0. 149 4	0. 211 7
41	25. 416 8	23. 539 3	3. 380 4	2. 972 2	0. 264 7	0. 370 2	0. 087 2	0. 114 9
42	17. 602 8	17. 024 0	2. 844 7	2. 775 9	0. 290 3	0. 866 4	0. 058 9	0. 152 5
43	21. 565 6	23. 821 1	2. 532 2	2. 470 4	0. 394 4	0. 845 3	0. 108 0	0. 274 3
Total	21. 784 8	17. 823 7	3. 250 7	2. 882 9	0. 328 7	1. 504 5	0. 095 0	0. 150 0

（续上表）

Hydm	ROA		ROE					
	有出口	无出口	有出口	无出口				
13	12.24%	18.94%	14.88%	25.80%				
14	6.72%	14.37%	8.41%	17.96%				
15	6.76%	13.69%	7.76%	16.56%				
16	15.62%	9.94%	14.89%	10.30%				
17	6.68%	11.12%	7.38%	13.23%				
18	7.41%	12.66%	8.74%	14.84%				
19	10.94%	16.90%	12.55%	19.17%				
20	9.38%	20.14%	13.00%	26.33%				
21	5.80%	16.29%	6.91%	19.75%				
22	5.30%	11.53%	7.23%	13.52%				
23	4.55%	7.93%	5.28%	9.45%				
24	6.21%	10.97%	7.38%	12.94%				
25	4.02%	13.11%	4.71%	16.33%				
26	8.80%	13.73%	10.87%	16.70%				
27	8.46%	9.22%	8.77%	11.94%				
28	6.26%	9.51%	7.06%	10.86%				
29	6.37%	15.77%	7.07%	17.25%				
30	6.10%	11.56%	7.14%	13.39%				
31	11.13%	14.47%	12.67%	16.50%				
32	5.70%	11.95%	8.09%	16.76%				
33	6.94%	12.41%	10.95%	17.23%				
34	6.43%	11.63%	7.37%	13.25%				
35	8.30%	13.31%	8.90%	15.21%				
36	7.04%	12.44%	7.31%	13.93%				
37	6.03%	10.09%	6.51%	11.42%				
39	5.85%	9.62%	6.63%	12.16%				
40	5.28%	7.50%	6.28%	8.48%				
41	7.03%	10.37%	7.88%	11.04%				
42	10.69%	15.93%	12.02%	18.01%				
43	26.39%	17.66%	26.88%	36.69%				
Total	7.51%	12.89%	8.70%	15.60%				

注：2007年无形资产方面的数据缺失。

表 4 – 4 1998 年有无出口企业多重异质性均值比较表

Hydm	CO 有出口	CO 无出口	Eyear 有出口	Eyear 无出口	lnMIC 有出口	lnMIC 无出口	InP 有出口	InP 无出口
13	0.860 3	0.511 4	11.719 8	10.972 0	10.487 7	10.434 4	0.018 1	0.016 9
14	0.822 4	0.563 7	12.362 2	11.842 1	10.333 2	10.293 1	0.064 8	0.026 7
15	0.656 9	0.458 8	12.725 5	13.162 1	10.294 4	10.326 2	0.090 1	0.030 5
16	0.571 4	0.309 9	38.571 4	24.028 2	10.919 3	12.470 7	0.000 0	0.027 7
17	0.932 6	0.818 1	12.288 2	10.683 8	10.193 0	10.202 0	0.038 8	0.021 3
18	0.935 6	0.844 9	11.859 7	10.108 8	10.137 8	9.961 8	0.043 1	0.024 8
19	0.955 4	0.813 2	12.009 5	10.373 8	10.309 3	10.200 1	0.053 2	0.030 6
20	0.884 5	0.648 8	10.939 7	8.709 6	10.066 6	9.932 0	0.045 6	0.019 3
21	0.943 0	0.740 2	10.439 3	10.455 3	10.514 5	10.021 7	0.056 4	0.022 7
22	0.897 6	0.724 2	14.623 5	12.361 4	10.098 2	10.181 4	0.025 9	0.015 6
23	0.963 9	0.700 8	14.168 7	15.464 8	10.255 7	9.813 7	0.042 7	0.021 5
24	0.959 3	0.856 6	12.441 9	10.630 2	10.224 0	9.817 6	0.041 7	0.026 0
25	0.562 5	0.491 5	14.437 5	11.264 9	10.948 0	11.263 9	0.036 4	0.016 5
26	0.640 0	0.654 0	13.421 3	12.189 8	10.288 4	10.388 1	0.044 4	0.032 1
27	0.732 3	0.480 1	14.373 7	13.900 9	10.448 0	10.414 0	0.115 5	0.076 5
28	0.968 8	0.887 6	14.500 0	10.800 3	10.599 3	10.817 6	0.016 8	0.034 8
29	0.935 9	0.793 0	13.230 1	12.443 4	10.380 8	10.104 4	0.021 0	0.027 7
30	0.975 4	0.781 2	12.013 6	11.180 3	10.319 7	10.005 5	0.042 4	0.024 4
31	0.899 2	0.578 6	12.359 3	12.552 6	10.130 6	10.205 6	0.066 5	0.021 3
32	0.724 1	0.618 9	10.779 3	10.836 9	11.096 0	11.072 1	0.057 9	0.019 3
33	0.695 7	0.574 7	12.975 2	10.725 1	10.952 3	10.934 4	0.074 8	0.027 3
34	0.970 2	0.793 8	11.913 5	11.600 3	10.331 7	10.085 3	0.036 2	0.019 9
35	0.942 9	0.775 6	12.063 7	13.140 3	10.459 9	10.058 7	0.059 6	0.036 4
36	0.896 4	0.716 4	12.383 1	13.035 5	10.384 8	10.132 9	0.097 2	0.062 1
37	0.928 1	0.643 7	13.021 7	13.412 6	10.685 1	10.387 6	0.094 4	0.052 3
39	0.976 2	0.787 2	11.697 0	12.344 5	10.732 9	10.341 7	0.074 6	0.052 1
40	0.960 3	0.787 8	11.393 5	11.482 3	11.448 5	10.346 2	0.084 3	0.105 6
41	0.964 8	0.705 3	12.951 0	13.791 9	10.530 2	10.050 8	0.066 6	0.130 7
42	0.944 5	0.819 3	11.876 8	10.928 3	9.945 6	9.929 0	0.054 3	0.032 4
43	0.500 0	0.700 6	8.750 0	9.043 9	9.588 8	10.649 2	0.000 0	0.017 0
Total	0.930 5	0.697 1	12.049 4	11.926 6	10.384 2	10.253 0	0.053 0	0.034 0

（续上表）

Hydm	RDP 有出口	RDP 无出口	ln*It* 有出口	ln*It* 无出口	AdP 有出口	AdP 无出口	NF 有出口	NF 无出口
13	0.000 3	0.000 6	—	—	0.000 2	0.000 6	0.018 1	0.030 6
14	0.001 3	0.001 1	—	—	0.000 8	0.004 1	0.021 0	0.027 3
15	0.000 6	0.001 0	—	—	0.000 9	0.006 5	0.029 4	0.038 8
16	0.006 1	0.002 0	—	—	0.000 2	0.001 6	0.714 3	0.521 1
17	0.000 3	0.000 5	—	—	0.000 2	0.000 2	0.018 4	0.008 8
18	0.000 3	0.000 3	—	—	0.000 2	0.001 1	0.003 0	0.011 4
19	0.000 4	0.000 5	—	—	0.000 3	0.000 9	0.002 6	0.003 8
20	0.000 4	0.000 3	—	—	0.000 4	0.000 4	0.002 6	0.013 7
21	0.000 4	0.000 5	—	—	0.000 5	0.001 5	0.004 6	0.005 8
22	0.000 0	0.000 4	—	—	0.000 2	0.000 2	0.045 2	0.010 6
23	0.000 0	0.000 8	—	—	0.000 2	0.000 3	0.054 2	0.085 6
24	0.000 7	0.000 7	—	—	0.000 5	0.000 7	0.002 9	0.008 2
25	0.000 0	0.000 6	—	—	0.000 4	0.000 3	0.000 0	0.033 5
26	0.001 6	0.001 8	—	—	0.000 8	0.001 1	0.044 0	0.025 5
27	0.005 9	0.009 5	—	—	0.000 9	0.009 3	0.030 3	0.031 0
28	0.000 3	0.001 0	—	—	0.000 0	0.000 2	0.093 8	0.010 5
29	0.000 4	0.001 1	—	—	0.000 1	0.000 5	0.023 8	0.016 0
30	0.000 6	0.000 7	—	—	0.000 3	0.000 4	0.001 0	0.009 1
31	0.001 0	0.001 0	—	—	0.000 5	0.000 5	0.009 4	0.029 3
32	0.000 8	0.000 4	—	—	0.000 2	0.000 1	0.034 5	0.020 7
33	0.001 5	0.000 6	—	—	0.000 0	0.000 1	0.049 7	0.026 8
34	0.000 7	0.000 7	—	—	0.000 4	0.000 4	0.004 8	0.014 9
35	0.001 4	0.002 0	—	—	0.000 5	0.000 5	0.009 0	0.025 3
36	0.002 5	0.005 1	—	—	0.000 7	0.000 9	0.042 4	0.039 5
37	0.002 1	0.003 0	—	—	0.000 6	0.000 9	0.041 1	0.054 2
39	0.002 2	0.003 0	—	—	0.000 6	0.000 9	0.005 5	0.018 8
40	0.004 0	0.012 2	—	—	0.007 3	0.001 4	0.011 2	0.026 1
41	0.003 1	0.013 5	—	—	0.000 5	0.001 6	0.020 1	0.046 1
42	0.000 6	0.002 0	—	—	0.000 4	0.000 7	0.002 4	0.021 8
43	0.000 0	0.000 3	—	—	0.000 0	0.000 0	0.000 0	0.007 8
Total	0.001 1	0.002 0	—	—	0.000 9	0.001 0	0.011 1	0.024 9

（续上表）

Hydm	FF 有出口	FF 无出口	CL 有出口	CL 无出口	LL 有出口	LL 无出口	FPall 有出口	FPall 无出口
13	0.564 5	0.084 1	0.000 8	0.002 6	0.174 2	0.220 0	0.155 2	0.038 7
14	0.516 4	0.170 5	0.000 0	0.006 1	0.168 2	0.190 8	0.415 3	0.071 4
15	0.235 3	0.153 2	0.019 6	0.003 8	0.186 3	0.260 7	0.089 1	0.035 3
16	0.000 0	0.042 3	0.428 6	0.464 8	0.142 9	0.098 6	0.000 0	0.010 8
17	0.452 3	0.122 0	0.000 3	0.001 2	0.074 9	0.128 5	0.427 7	0.065 3
18	0.575 9	0.253 1	0.000 8	0.002 9	0.103 0	0.116 1	0.652 8	0.228 7
19	0.531 6	0.207 4	0.000 0	0.001 0	0.086 3	0.113 9	0.461 5	0.146 5
20	0.482 7	0.071 0	0.001 3	0.001 7	0.130 9	0.149 0	0.262 8	0.054 7
21	0.590 1	0.151 4	0.000 0	0.001 2	0.088 2	0.121 2	0.423 5	0.102 9
22	0.578 3	0.124 1	0.000 0	0.002 1	0.096 4	0.188 7	0.501 1	0.108 0
23	0.632 5	0.098 9	0.000 0	0.028 7	0.084 3	0.146 1	0.761 1	0.080 5
24	0.613 8	0.219 3	0.000 6	0.000 6	0.090 0	0.102 3	0.534 0	0.856 0
25	0.375 0	0.084 0	0.000 0	0.043 0	0.187 5	0.232 8	0.168 4	0.028 3
26	0.378 5	0.124 9	0.002 3	0.008 0	0.110 0	0.199 1	0.838 5	0.085 7
27	0.575 8	0.148 4	0.010 1	0.011 7	0.141 4	0.192 1	0.338 8	0.076 2
28	0.687 5	0.157 1	0.000 0	0.005 6	0.093 8	0.095 7	0.669 6	0.092 2
29	0.608 1	0.126 3	0.000 0	0.004 5	0.092 6	0.153 2	0.461 7	0.103 9
30	0.647 5	0.146 9	0.000 0	0.002 8	0.092 1	0.144 3	0.833 2	0.092 3
31	0.446 5	0.075 6	0.002 4	0.005 0	0.091 2	0.214 9	0.401 7	0.043 8
32	0.351 7	0.063 9	0.006 9	0.005 1	0.186 2	0.199 4	0.329 9	0.030 7
33	0.447 2	0.083 1	0.000 0	0.010 7	0.118 0	0.180 7	0.366 1	0.249 2
34	0.472 8	0.113 4	0.002 4	0.006 2	0.072 0	0.149 1	0.683 3	0.160 1
35	0.473 0	0.095 0	0.003 0	0.008 2	0.071 5	0.156 2	0.349 0	0.050 0
36	0.656 2	0.143 4	0.006 3	0.019 7	0.072 2	0.139 1	- 0.129 2	0.158 6
37	0.595 9	0.147 8	0.024 0	0.037 5	0.059 4	0.134 4	28.720 2	0.111 1
39	0.608 7	0.135 3	0.001 6	0.007 5	0.062 2	0.137 1	13.191 0	0.060 9
40	0.853 6	0.310 2	0.006 0	0.022 2	0.045 7	0.082 6	1.093 9	0.336 1
41	0.670 9	0.189 3	0.003 8	0.026 4	0.077 9	0.098 2	- 0.322 0	0.112 0
42	0.466 7	0.186 2	0.000 4	0.013 1	0.112 2	0.118 7	0.317 2	0.129 8
43	0.250 0	0.183 4	0.000 0	0.004 7	0.250 0	0.152 0	0.262 8	0.111 6
Total	0.559 1	0.128 0	0.002 2	0.009 2	0.089 3	0.162 7	2.072 6	0.100 6

（续上表）

Hydm	AW		lnedu		ROA		ROE	
	有出口	无出口	有出口	无出口	有出口	无出口	有出口	无出口
13	17. 853 0	15. 952 6	2. 575 5	2. 788 5	9. 92%	18. 85%	11. 56%	25. 73%
14	18. 933 3	17. 412 4	2. 383 0	2. 949 1	6. 87%	13. 93%	9. 40%	17. 37%
15	20. 665 4	17. 022 8	2. 546 0	3. 292 9	9. 91%	13. 37%	10. 44%	16. 16%
16	12. 365 6	51. 235 8	5. 341 7	5. 756 7	9. 37%	11. 07%	− 4. 23%	11. 41%
17	17. 744 1	15. 789 4	2. 586 1	2. 720 2	7. 51%	10. 67%	8. 51%	12. 68%
18	17. 424 1	16. 654 8	2. 672 6	2. 774 7	7. 24%	12. 22%	8. 22%	14. 43%
19	16. 895 0	17. 247 1	2. 738 5	2. 908 6	8. 10%	18. 24%	9. 83%	20. 41%
20	16. 226 6	15. 501 1	2. 557 6	2. 539 1	9. 61%	19. 73%	14. 56%	25. 78%
21	18. 847 5	18. 615 7	2. 833 1	2. 789 6	5. 20%	15. 68%	6. 28%	18. 95%
22	19. 808 8	16. 744 2	2. 607 6	2. 766 7	6. 08%	11. 28%	8. 30%	13. 25%
23	20. 925 1	18. 575 9	2. 581 7	2. 907 9	4. 02%	7. 77%	5. 50%	9. 24%
24	17. 951 2	15. 977 8	2. 644 9	2. 580 3	5. 78%	10. 61%	6. 70%	12. 54%
25	18. 556 9	20. 883 7	4. 177 5	3. 707 5	2. 84%	12. 89%	2. 79%	16. 06%
26	20. 617 7	19. 927 2	2. 838 1	2. 951 6	9. 21%	13. 40%	12. 32%	16. 23%
27	22. 715 2	19. 444 3	3. 052 0	3. 365 6	9. 25%	9. 15%	9. 49%	11. 64%
28	27. 797 3	17. 823 7	2. 850 6	3. 156 2	3. 63%	9. 30%	6. 47%	10. 60%
29	18. 582 5	16. 390 7	2. 576 7	2. 846 2	3. 36%	15. 26%	4. 95%	16. 66%
30	20. 261 7	17. 510 6	2. 469 2	2. 546 4	5. 17%	11. 23%	6. 39%	13. 00%
31	21. 432 8	16. 760 2	2. 864 2	3. 037 9	10. 80%	14. 39%	12. 89%	16. 40%
32	20. 701 0	18. 633 1	2. 617 4	3. 235 9	2. 34%	11. 74%	7. 99%	16. 42%
33	23. 442 4	18. 896 3	2. 921 6	3. 020 4	5. 74%	12. 16%	10. 50%	16. 94%
34	19. 992 6	18. 861 0	2. 757 4	2. 785 2	6. 06%	11. 33%	6. 88%	12. 92%
35	21. 330 0	18. 930 8	2. 968 6	3. 000 4	7. 86%	12. 93%	8. 57%	14. 71%
36	26. 170 6	20. 414 1	2. 819 1	3. 124 3	5. 48%	11. 91%	6. 47%	13. 26%

（续上表）

Hydm	AW		lnedu		ROA		ROE	
	有出口	无出口	有出口	无出口	有出口	无出口	有出口	无出口
37	23.550 1	20.601 3	3.250 1	3.337 4	5.65%	9.73%	6.40%	10.97%
39	21.388 7	19.606 2	2.934 5	3.083 1	4.42%	9.46%	5.57%	11.81%
40	27.667 8	23.846 2	3.291 7	3.233 9	4.26%	7.42%	5.66%	8.26%
41	23.128 6	24.232 4	2.873 7	3.091 6	6.08%	10.03%	7.55%	10.55%
42	17.202 6	17.293 0	2.763 9	2.822 9	10.37%	15.49%	11.59%	17.59%
43	10.000 0	23.919 6	2.772 6	2.488 4	101.01%	17.47%	101.17%	36.10%
Total	19.739 4	18.325 5	2.782 8	2.978 4	6.98%	12.58%	8.32%	15.16%

注：1998 年无形资产数据缺失。

中国制造业出口企业多重异质性的实证检验结果（参见表4-5、表4-6及附录）表明，中国有无出口企业在企业区位、企业年龄、企业规模、创新、品牌、企业性质、企业级别、资本结构、人力资本、成长率等的差异是显著的。这表明，中国制造业出口企业多重异质性确实是稳定存在的。总的来看，出口企业高于非出口企业显著异质性有企业区位、企业年龄、企业规模、创新、品牌、企业级别、资本结构、人力资本，而出口企业成长率、利润率低于非出口企业；企业性质方面，不同行业之间有一定差异。从不同细分行业来看，在企业区位、企业年龄、企业规模、创新、品牌、企业性质、企业级别、资本结构、人力资本、成长率等多重异质性上的差异并不明显。

表4-5　2007 年有无出口企业多重异质性均值比较结果表

Hydm	CO	Eyear	lnMIC	InP	RDP	lnIt	AdP	NF	FF
13	高	高	高	高	0	—	0	低	高
14	高	高	高	高	高	—	低*	0	高
15	高	高	高	高	高	—	高	0	高
16	高	高	高	高*	高	—	高	高	0
17	高	高	高	高	高	—	高	高	高

（续上表）

Hydm	CO	Eyear	lnMIC	InP	RDP	lnIt	AdP	NF	FF
18	高	高	高	高	高	—	低	低	高
19	高	高	高	高	0	—	低	0	高
20	高	高	高	高	0	—	高	低	高
21	高	高	高	高	高	—	低	0	高
22	高	高	高	高	0	—	高	高	高
23	高	低	高	高	高	—	高	低	高
24	高	高	高	高	高*	—	0	0	高
25	高	高	高	高	0	—	0	0	高
26	高	高	高	高	高	—	高*	高	高
27	高	高	高	高	高	—	0	0	高
28	0	高	高	高	高*	—	高*	高	高
29	高	高	高	高	高	—	0	高	高
30	高	高	高	高	高	—	0	低	高
31	高	高	高	高	高	—	0	低	高
32	高	高	高	高	高	—	高*	高	高
33	高	高	高	高	高	—	高	高	高
34	高	高	高	高	高	—	高	低	高
35	高	高	高	高	高	—	高	高*	高
36	高	高	高	高	高	—	高	高	高
37	高	高	高	高	高	—	0	高	高
39	高	高	高	高	高	—	高	低	高
40	高	高	高	高	低	—	0	低	高
41	高	高	高	0	低	—	0	低	高
42	高	高	高	高	低	—	0	低	高
43	高	高*	0	0	低	—	0	低	高

（续上表）

Hydm	CL	LL	FPall	AW	lnedu	IP	EP	ROA	ROE
13	低*	低	0	高	高	低*	低*	低	低
14	0	0	高	高	高	低	低	低	低
15	0	低	0	高	高	低	低	低	低
16	高	0	0	高	高	0	0	高	高*
17	高	低	高	高	高	低	低	低	低
18	低	低	高	高	高	低	低	低	低
19	0	低	高	0	0	低	低	低	低
20	0	0	高	高	高	低	低	低	低
21	低	低	高	高	0	低	低	低	低
22	低	低	高	高	高	低	低*	低	低
23	低	低	高	高	高	低	低	低	低
24	0	0	0	高	高*	低	低	低	低
25	高	低	高	高	高	低	低	低	低
26	高	低	高	高	高	低	低	低	低
27	0	低	高	高	高	0	0	低*	低
28	0	0	高	高	高	0	0	低	低
29	0	低	高	高	高	0	0	低	低
30	低	低	高	高	高	低	低	低	低
31	0	低	高	高	高	低	低	低	低
32	高	低	高	高	高	低	低	低	低
33	高	低	0	高	高	低	低	低	低
34	0	低	高	高	高	低	低	低	低
35	高	低	高	高	高	低*	低	低	低
36	高	低	高*	高	高	低	0	低	低
37	高	低	0	高	高	低	0	低	低
39	低	低	0	高	高	低*	低	低	低
40	低	低	0	高	高	0	低	低	低
41	低	低	0	高	高	低	0	低	低
42	低	0	高	高	0	低	低	低	低
43	低	0	高	0	0	低	低*	0	0

注：高、低表示在 0.05 的显著性水平下显著，高*、低* 表示在 0.1 的显著性水平下显著，0 表示无显著差异。无形资产指标缺失。

表 4 - 6　1998 年有无出口企业多重异质性均值比较结果表

Hydm	CO	Eyear	lnMIC	InP	RDP	lnIt	AdP	NF	FF
13	高	低*	高	高	—	高	0	低	高
14	高	高	高	高	—	高	低	低	高
15	高	高*	高	高	—	高	高*	高	高
16	高*	0	高	0	—	高	低	0	高
17	高	0	高	高	—	高	低	高	高
18	高	0	高	高	—	高	低	低	高
19	高	高*	高	0	—	高	低	低	高
20	高	0	高	0	—	0	0	低	高
21	高	0	高	高	—	高	0	低	高
22	高	0	高	高	—	高	0	高	高
23	高	0	高	高	—	高	低	低	高
24	高	0	高	0	—	高	低	低	高
25	高	0	高	高*	—	高	高	高	高
26	高	0	高	高	—	高*	低*	0	高
27	高	0	高	高	—	高	低	低	高
28	高	高*	高	高	—	高	0	低*	高
29	高	0	高	高	—	高	低	0	高
30	高	低	高	高	—	高	高*	低	高
31	高	0	高	高	—	高	高*	0	高
32	0	高*	高	高	—	高	高	高	高
33	高*	高*	高	高	—	高	0	高	高
34	高	低*	高	高	—	高	0	低	高
35	高	高*	高	高	—	高	低	高	高
36	高	低	高	高	—	高	低	低	高
37	高	低	高	高	—	高	0	高	高
39	高	0	高	高*	—	0	低	低	—
40	高	低	高	高	—	高	0	低	高
41	高	0	高	低	—	高	低	低	高
42	高	0	高	0	—	高	低	低	高
43	高	0	高	高	—	0	低	低	高

（续上表）

Hydm	CL	LL	FPall	AW	lnedu	IP	EP	ROA	ROE
13	低	0	高	高*	高	—	—	低	低
14	低*	0	高	高	高	—	—	低	低
15	低*	低	0	高	高	—	—	0	低*
16	0	低	高	0	高	—	—	低	低
17	低	低	0	高	高	—	—	低	低
18	低	0	高	高	高	—	—	0	0
19	高	低	高	高	高	—	—	低	低
20	高	低	低*	低*	高	—	—	0	0
21	低	低	高	高	高	—	—	低	低
22	0	低	高*	0	高	—	—	0	0
23	0	低	高	高	高	—	—	0	0
24	0	低	高*	高	高	—	—	低	低
25	低	低	高	高	高	—	—	低	低
26	低	低	0	高	高	—	—	低	低
27	高*	低	高	0	高	—	—	低	低
28	高	低	0	0	高	—	—	低	低
29	低	低	0	高	高	—	—	低	低
30	0	低	0	高	高	—	—	低	低
31	0	低	高	高*	高	—	—	低	低
32	高	低	高	高	高	—	—	低	低
33	高	低*	0	0	高	—	—	低	0
34	低*	低	高	高*	高	—	—	低	低
35	低	0	0	高	高	—	—	低	0
36	低	低	高	高	高	—	—	低	低
37	低	低	高	0	高	—	—	低*	低*
39	低	0	高	高*	高	—	—	低	低
40	低*	0	高	高	高	—	—	低	低
41	低*	低	0	高	高	—	—	0	低*
42	0	低	高	0	高	—	—	低	低
43	低	低	高	0	高	—	—	低*	低*

注：高、低表示在0.05的显著性水平下显著，高*、低*表示在0.1的显著性水平下显著，0表示无显著差异。研发费用占比指标缺失。数据始于1998年，因此无成长率指标。

4.4　出口企业生产率异质性抑或多重异质性：一个实证检验

接下来，本书通过分步回归方法检验中国制造业各细分行业生产率异质性和本书提出的多重异质性与出口行为的关系，以检验多重异质性相对于生产率异质性而言是否必要，对于解释出口行为而言是否有效。

4.4.1　回归检验方法

分步回归的实证检验模型如下：

（1）检验生产率异质性、其他多重异质性对是否出口的影响。

第一步，构建概率回归模型。

$$IE_t = f\ (ATFP_t) \tag{a}$$

$$IE_t = f\ (LTFP_t) \tag{b}$$

第二步，在概率回归模型中加入其他多重异质性。

$$IE_t = f\ (CO_t、Eyear_t、\ln\ (MIC)_t、InP_t、AdP_t、NF_t、FF_t、CL_t、LL_t、FPall_t、AW_t、IP_{t-1}、ROA_{t-1}、ATFP_t) \tag{c}$$

$$IE_t = f\ (CO_t、Eyear_t、\ln\ (MIC)_t、InP_t、AdP_t、NF_t、FF_t、CL_t、LL_t、FPall_t、AW_t、IP_{t-1}、ROA_{t-1}、LTFP_t) \tag{d}$$

第三步，检验 $\Delta R^2_{c-a} = R^2_c - R^2_a$ 和 $\Delta R^2_{d-b} = R^2_d - R^2_b$ 的显著性。如果 ΔR^2_{c-a} 和 ΔR^2_{d-b} 显著，则证明在中国情境下，在生产率之外增加多重异质性是必要的。

第四步，做只包含生产率之外的多重异质性的概率回归模型。

$$IE_t = f\ (CO_t、Eyear_t、\ln\ (MIC)_t、InP_t、AdP_t、NF_t、FF_t、CL_t、LL_t、$$

$$FPall_t \text{、} AW_t \text{、} IP_{t-1} \text{、} ROA_{t-1}) \tag{e}$$

第五步，检验 $\Delta R_{e-a}^2 = R_e^2 - R_a^2$ 和 $\Delta R_{f-b}^2 = R_f^2 - R_b^2$ 是否大于 0。如果大于 0，则表明生产率之外的多重异质性在中国情境下对企业是否出口的解释力比生产率异质性更有效。

（2）检验生产率异质性、其他多重异质性对出口占比，也就是出口多少的影响。

第一步，构建线性回归模型。

$$EM_t = f\ (ATFP_t) \tag{a}$$

$$EM_t = f\ (LTFP_t) \tag{b}$$

第二步，在线性回归模型中加入其他多重异质性。

$$EM_t = f\ (CO_t \text{、} Eyear_t \text{、} \ln\ (MIC)_t \text{、} InP_t \text{、} AdP_t \text{、} NF_t \text{、} FF_t \text{、} CL_t \text{、} LL_t \text{、}$$
$$FPall_t \text{、} AW_t \text{、} IP_{t-1} \text{、} ROA_{t-1} \text{、} ATFP_t) \tag{c}$$

$$EM_t = f\ (CO_t \text{、} Eyear_t \text{、} \ln\ (MIC)_t \text{、} InP_t \text{、} AdP_t \text{、} NF_t \text{、} FF_t \text{、} CL_t \text{、} LL_t \text{、}$$
$$FPall_t \text{、} AW_t \text{、} IP_{t-1} \text{、} ROA_{t-1} \text{、} LTFP_t) \tag{d}$$

第三步，检验 $\Delta R_{c-a}^2 = R_c^2 - R_a^2$ 和 $\Delta R_{d-b}^2 = R_d^2 - R_b^2$ 的显著性。如果 ΔR_{c-a}^2 和 ΔR_{d-b}^2 显著，则证明在中国情境下，在生产率之外增加多重异质性是必要的。

第四步，做只包含生产率之外的多重异质性的线性回归模型。

$$EM_t = f\ (CO_t \text{、} Eyear_t \text{、} \ln\ (MIC)_t \text{、} InP_t \text{、} AdP_t \text{、} NF_t \text{、} FF_t \text{、} CL_t \text{、} LL_t \text{、}$$
$$FPall_t \text{、} AW_t \text{、} IP_{t-1} \text{、} ROA_{t-1}) \tag{e}$$

第五步，检验 $\Delta R_{e-a}^2 = R_e^2 - R_a^2$ 和 $\Delta R_{f-b}^2 = R_f^2 - R_b^2$ 是否大于 0。如果大于 0，则表明生产率之外的多重异质性在中国情境下对企业是否出口的解释力比生产率异质性更有效。

4.4.2　回归分析结果

在进行回归分析之前，本书对其进行 Hausman 检验以决定采用固定效应模型抑或随机效应模型，检验结果如下：

| | ——Coefficients—— | | | |
| | (b) | (B) | (b-B) | sqrt(diag(V_b-V_B)) |
	fixed	.	Difference	S. E.
CO	-0.002 758 2	0.126 177 6	-0.128 935 8	0.030 560 7
Eyear	-5.80e-06	-0.000 019 9	0.000 014 1	7.76e-06
lnMIC	0.000 856 2	0.002 835	-0.001 978 7	0.000 753 2
InP	0.085 969 9	0.086 040 2	-0.000 070 3	0.005 267 8
AdP	0.001 893 7	0.001 740 1	0.000 153 6	0.001 407 8
NF	0.000 491 3	-0.039 191 5	0.039 682 8	0.003 276 2
CL	-0.023 788 6	-0.012 371 5	-0.011 417 1	0.013 054 1
FPall	-0.000 141 2	0.000 272 1	-0.000 413 2	0.000 129 5
AW	-0.000 277 2	-0.000 195 9	-0.000 081 4	0.000 020 8
L. IP	1.04e-06	-2.24e-07	1.26e-06	3.17e-06
L. ROA	-0.007 113 3	-0.017 334 8	0.010 221 5	0.014 36

b = consistent under Ho and Ha; obtained from xtreg

B = inconsistent under Ha, efficient under Ho; obtained from xtreg

Test：Ho：difference in coefficients not systematic

$$\text{chi2}(10) = (b-B)'[(V\_b-V\_B)^{\wedge}(-1)](b-B)$$
$$= 252.77$$

Prob > chi2 = 0.000 0

图 4-1　Hausman 检验结果

检验结果拒绝了原假设，表明在此研究中，固定效应模型更合适。

回归分析的结果报告在表 4-7、表 4-8、表 4-9 和附录中。为节省

篇幅，这里选取报告四个代表性行业 13、18、40 和 42 的回归结果。回归
分析结果表明：①生产率异质性并非中国制造业大多数细分行业企业是否
出口的唯一异质性，一些细分行业（如行业 13）企业生产率正向影响是否
出口（也就是说生产率高的企业选择出口），这和梅里兹（2003）模型的
预测一致；更多行业的情况（如行业 18、40、42）并不符合梅里兹
（2003）模型的预测，企业生产率负向影响企业出口（也就是说生产率低
的企业反而选择出口）。②企业区位、企业年龄、企业规模、创新、品牌、
企业性质、企业级别、资本结构、人力资本、成长率等多重异质性不仅和
生产率异质性一样对企业是否选择出口具有解释力，而且其解释力胜过生
产率单一异质性，说明在中国情境下多重异质性比生产率单一异质性更适
宜。③企业区位、企业年龄、企业规模、创新、品牌、企业性质、企业级
别、资本结构、人力资本、成长率等多重异质性不仅对企业选择是否出口
具有解释力，而且对于企业出口多少，即在本土市场和国际市场的比重，
也具有解释力，这也是其优于企业生产率单一异质性之处。

表 4－7　ATFP、多重异质性对出口行为的回归分析结果表

	Hydm = 13				Hydm = 18			
	IE	IE	EM	EM	IE	IE	EM	EM
CO		1.322*** (44.94)		0.125*** (32.98)		1.047*** (28.41)		0.218*** (19.39)
Eyear		-0.003 30 (-1.06)		-0.000 018 6* (-2.16)		0.027 3*** (16.53)		0.001 81*** (5.42)
lnMIC		0.230*** (22.15)		0.005 64*** (5.28)		0.362*** (28.15)		0.028 6*** (10.11)
lnP		1.343*** (9.53)		0.084 6*** (4.35)		0.757*** (6.96)		0.085 4*** (4.75)
AdP		-0.385 (-0.96)		0.002 60 (1.12)		-5.104*** (-12.66)		-0.010 8 (-0.63)
NF		-1.400*** (-19.44)		-0.041 3*** (-13.28)		-1.626*** (-18.64)		-0.136*** (-5.69)
CL		0.680*** (3.34)		0.003 86 (0.20)		-1.189*** (-6.15)		-0.148*** (-4.12)
FPall		0.032 1 (0.96)		0.000 284 (1.73)		-0.000 233 (-0.64)		-0.000 043 4* (-2.24)
AW		0.000 606 (0.62)		-0.000 157* (-2.43)		0.001 14 (1.12)		-0.000 154 (-0.96)
L.IP		-0.002 12 (-0.83)		-0.000 000 219 (-1.38)		-0.053 1*** (-3.91)		-0.000 019 3*** (-4.07)
L.ROA		-0.311*** (-5.56)		-0.015 5*** (-3.95)		-0.604*** (-2.94)		-0.020 2 (-1.61)
ATFP	0.087 4*** (13.68)	-0.180*** (-13.53)	0.086 6*** (25.39)	-0.006 05*** (-6.06)	-0.164*** (-18.91)	-0.431*** (-24.83)	-0.017 2*** (-7.85)	-0.035 6*** (-13.25)
R^2	0.002 1	0.112 3			0.004 0	0.075 2		
ΔR^2		0.110 2***				0.071 2***		
_cons	-1.947*** (-57.12)	-3.444*** (-29.25)	0.000 245 (0.40)	0.020 4* (2.08)	1.258*** (29.62)	-2.059*** (-15.15)	0.530*** (48.38)	0.174*** (5.93)
N	89 262	44 930	89 122	44 930	77 400	39 428	77 362	39 428

（续上表）

	Hydm = 40				Hydm = 42			
	IE	IE	EM	EM	IE	IE	EM	EM
CO		1.119***		0.198***		0.852***		0.221***
		(23.81)		(34.86)		(14.31)		(16.09)
Eyear		-0.010 8***		-0.000 146		-0.001 94		-0.004 07***
		(-6.09)		(-1.67)		(-0.85)		(-8.63)
lnMIC		0.762***		0.058 7***		0.413***		0.016 5***
		(57.49)		(30.47)		(19.61)		(3.90)
lnP		0.646***		0.021 0*		0.556***		0.044 3
		(9.42)		(2.14)		(4.17)		(1.84)
AdP		-8.383***		-0.036 2		-10.72***		-0.868***
		(-15.15)		(-0.68)		(-13.25)		(-5.33)
NF		-0.532***		-0.073 2***		-1.418***		-0.192***
		(-7.74)		(-11.73)		(-13.85)		(-10.35)
CL		-0.842***		-0.044 5***		-0.286		-0.060 4***
		(-6.69)		(-4.00)		(-1.62)		(-3.08)
FPall		0.103		0.000 474		0.004 44		-0.000 245
		(0.89)		(1.33)		(0.71)		(-0.83)
AW		0.005 18***		0.000 242*		-0.001 56		0.000 097 9
		(4.82)		(2.45)		(-0.83)		(0.40)
L.IP		-0.000 003 81		-4.30e-08		-0.105***		-0.001 27
		(-0.77)		(-0.19)		(-4.20)		(-1.24)
L.ROA		-0.234		-0.013 0		-0.144		-0.019 7
		(-1.10)		(-1.42)		(-1.82)		(-1.83)
ATFP	-0.008 38	-0.619***	-0.007 12***	-0.036 3***	-0.015 6	-0.412***	-0.005 75*	-0.035 1***
	(-1.21)	(-29.17)	(-6.00)	(-17.45)	(-1.35)	(-16.10)	(-2.42)	(-9.08)
R^2	0.000 0	0.221 8			0.000 1	0.122 0		
ΔR^2		0.221 8***				0.121 9		
_cons	-0.361***	-5.835***	0.260***	-0.326***	0.325***	-1.906***	0.427***	0.378***
	(-10.28)	(-42.53)	(40.30)	(-16.97)	(5.59)	(-9.04)	(34.09)	(8.55)
N	66 645	30 484	66 559	30 485	27 890	13 124	27 863	13 124

注：t statistics in parentheses；* $p < 0.05$，** $p < 0.01$，*** $p < 0.001$；L. 为变量 $t - 1$ 滞后一期。

表 4 - 8　LTFP、多重异质性对出口行为的回归分析结果表

| | Hydm = 13 | | | | Hydm = 18 | | | |
	IE	IE	EM	EM	IE	IE	EM	EM
CO		1.320*** (44.83)		0.124*** (32.91)		1.047*** (28.25)		0.217*** (19.44)
Eyear		-0.003 77 (-1.20)		-0.000 018 3 (-2.18)		0.028 2*** (16.81)		0.001 84*** (5.54)
lnMIC		0.260*** (24.32)		0.006 32*** (5.85)		0.415*** (30.80)		0.031 6*** (11.23)
lnP		1.335*** (9.48)		0.084 7*** (4.37)		0.751*** (6.77)		0.086 3*** (4.80)
AdP		-0.472 (-1.16)		0.002 71 (1.16)		-4.695*** (-11.89)		-0.009 38 (-0.55)
NF		-1.411*** (-19.43)		-0.041 7*** (-13.49)		-1.627*** (-18.48)		-0.138*** (-5.92)
CL		0.688*** (3.40)		0.004 04 (0.21)		-1.188*** (-6.10)		-0.150*** (-4.18)
FPall		0.032 6 (0.98)		0.000 284 (1.73)		-0.000 288 (-0.81)		-0.000 044 1* (-2.16)
AW		0.001 97* (2.06)		-0.000 132* (-2.05)		0.004 57** (3.20)		0.000 004 11 (0.03)
L.IP		-0.002 00 (-0.78)		-0.000 000 195 (-1.15)		-0.052 5*** (-3.92)		-0.000 019 6*** (-3.63)
L.ROA		-0.313*** (-5.61)		-0.015 4*** (-3.98)		-0.477* (-2.09)		-0.017 1 (-1.67)
LTFP	0.069 9*** (11.42)	-0.234*** (-17.92)	-0.000 806 (-1.37)	-0.007 19*** (-7.24)	-0.178*** (-21.28)	-0.524*** (-28.75)	-0.019 8*** (-9.60)	-0.042 0*** (-15.79)
R^2								
ΔR^2								
_cons	-2.033*** (-43.07)	-2.904*** (-22.92)	0.093 6*** (20.04)	0.037 2*** (3.62)	1.679*** (29.11)	-1.149*** (-7.72)	0.581*** (40.51)	0.257*** (8.47)
N	90 230	45 179	90 085	45 179	77 888	39 535	77 846	39 535

（续上表）

	Hydm = 40				Hydm = 42			
	IE	IE	EM	EM	IE	IE	EM	EM
CO		1.128***		0.195***		0.803***		0.212***
		(22.13)		(34.72)		(13.20)		(15.71)
Eyear		−0.005 56**		−0.000 145		−0.002 11		−0.004 12***
		(−2.68)		(−1.64)		(−0.91)		(−8.85)
lnMIC		0.819***		0.060 5***		0.500***		0.023 7***
		(53.23)		(30.58)		(21.90)		(5.58)
lnP		0.691***		0.021 3*		0.609***		0.049 5*
		(9.52)		(2.18)		(4.54)		(2.06)
AdP		−8.422***		−0.033 6		−10.26***		−0.871***
		(−14.38)		(−0.63)		(−13.00)		(−5.55)
NF		−0.519***		−0.071 6***		−1.448***		−0.198***
		(−7.40)		(−11.61)		(−13.78)		(−10.73)
CL		−0.854***		−0.045 6***		−0.291		−0.058 0**
		(−6.62)		(−4.15)		(−1.63)		(−2.93)
FPall		0.169		0.000 486		0.003 76		−0.000 233
		(0.93)		(1.32)		(0.66)		(−0.76)
AW		0.006 96***		0.000 336**		0.003 74		0.000 454
		(5.67)		(3.25)		(1.87)		(1.79)
L. IP		−0.000 002 75		−4.27e−08		−0.098 3***		−0.001 42
		(−0.50)		(−0.19)		(−3.87)		(−1.38)
L. ROA		−0.333		−0.014 5		−0.097 4		−0.015 8
		(−1.37)		(−1.51)		(−1.29)		(−1.51)
LTFP	0.059 5***	−0.611***	−0.005 37***	−0.037 0***	−0.096 2***	−0.569***	−0.015 8***	−0.051 0***
	(9.10)	(−28.85)	(−4.78)	(−17.92)	(−8.41)	(−21.35)	(−6.76)	(−12.69)
R^2								
ΔR^2								
_cons	−0.842***	−5.221***	0.262***	−0.256***	0.913***	−0.824***	0.507***	0.495***
	(−17.47)	(−34.17)	(30.64)	(−12.79)	(11.22)	(−3.70)	(29.75)	(10.89)
N	67 098	30 587	67 006	30 588	28 112	13 156	28 085	13 156

注：t statistics in parentheses；$* p < 0.05$，$** p < 0.01$，$*** p < 0.001$；$L.$ 为变量 $t-1$ 滞后一期。

表 4-9　多重异质性对出口行为的回归分析结果表

	Hydm =13 IE	Hydm =13 EM	Hydm =18 IE	Hydm =18 EM	Hydm =40 IE	Hydm =40 EM	Hydm =42 IE	Hydm =42 EM
CO	1.339*** (46.14)	0.126*** (32.97)	1.044*** (28.88)	0.218*** (19.25)	1.100*** (26.21)	0.201*** (35.56)	0.868*** (14.91)	0.219*** (15.74)
Eyear	-0.001 15 (-0.66)	-0.000 023 4** (-2.61)	0.032 2*** (18.92)	0.001 96*** (5.92)	-0.008 14*** (-5.27)	-0.000 129 (-1.74)	0.002 10 (0.96)	-0.003 54*** (-7.97)
lnMIC	0.177*** (18.94)	0.003 33*** (3.75)	0.239*** (18.04)	0.015 1*** (5.57)	0.610*** (52.73)	0.046 0*** (25.55)	0.304*** (15.69)	0.004 91 (1.24)
lnP	1.306*** (9.51)	0.082 3*** (4.39)	0.781*** (7.22)	0.088 3*** (4.86)	0.564*** (9.04)	0.020 7* (2.17)	0.585*** (4.44)	0.039 7 (1.61)
AdP	-0.199 (-0.60)	0.002 00 (0.79)	-4.876*** (-12.66)	-0.013 8 (-0.91)	-6.603*** (-14.62)	-0.031 8 (-0.70)	-9.840*** (-12.76)	-0.736*** (-5.28)
NF	-1.336*** (-22.63)	-0.050 9*** (-17.43)	-1.492*** (-18.12)	-0.129*** (-5.49)	-0.273*** (-4.28)	-0.056 4*** (-9.87)	-1.222*** (-12.98)	-0.182*** (-9.90)
CL	0.772*** (3.90)	0.006 72 (0.40)	-0.943*** (-5.02)	-0.141*** (-4.05)	-0.769*** (-6.92)	-0.040 3*** (-3.74)	-0.218 (-1.29)	-0.050 3* (-2.23)
FPall	0.034 9 (1.02)	0.000 356** (3.16)	-0.000 209 (-0.63)	-0.000 035 3** (-2.60)	0.067 5 (0.91)	0.000 409 (1.21)	0.004 72 (0.67)	-0.000 259 (-0.92)
AW	-0.001 03 (-1.09)	-0.000 161* (-2.55)	-0.004 90* (-2.33)	-0.000 404 (-1.84)	-0.002 46** (-2.61)	0.000 017 2 (0.19)	-0.007 61*** (-4.22)	-0.000 114 (-0.45)
L.IP	-0.002 24 (-0.91)	-0.000 000 368*** (-4.84)	-0.059 0*** (-4.02)	-0.000 022 8*** (-4.16)	-0.000 003 44 (-0.64)	-2.90e-08 (-0.13)	-0.104*** (-3.51)	-0.000 363 (-0.30)
L.ROA	-0.490*** (-8.17)	-0.023 9*** (-5.56)	-0.877*** (-3.72)	-0.020 7 (-1.83)	-1.367*** (-5.48)	-0.023 3 (-1.98)	-0.443*** (-3.59)	-0.024 6* (-2.24)
R^2								
_cons	-3.871*** (-37.40)	0.015 1 (1.71)	-2.901*** (-23.14)	0.136*** (4.74)	-7.192*** (-60.16)	-0.375*** (-20.32)	-2.871*** (-14.55)	0.311*** (7.42)
N	46 465	46 465	39 863	39 863	31 251	31 252	13 359	133 59

注：t statistics in parentheses；* $p<0.05$，** $p<0.01$，*** $p<0.001$；L. 为变量 $t-1$ 滞后一期。

多重异质性变迁与出口企业绩效

5.1　中国出口企业多重异质性的历史变迁

正如前文分析所指出的那样，中国出口企业多重异质性源于中国情境与主要西方文献研究对象的情境存在重大差异，而这种差异又进一步引起了企业异质性影响企业出口行为的差异。实际上，出口企业面临的中国情境自改革开放以来也发生了巨大的变化，换言之，多重异质性的中国情境本身一直处于演进、变化之中，自然地，多重异质性也随着情境的变动而变动。

对中国出口企业而言，重大的情境变迁至少有三个大的方面：①改革开放相关的出口贸易政策重大转变；②人民币汇率的重大变化；③中国加入 WTO 和经济全球化。

在改革开放以前，中国企业的出口并非完全基于经济利益，其决策主体并非完全取决于企业本身。因此，无论是企业生产率单一异质性还是多重异质性都并非企业出口行为及其竞争力的理想解释。20 世纪 70 年代末，改革开放被作为中国的基本国策，中国的出口贸易政策经历了特区尝试、开放城市试点、沿海地区先行和全面铺开等阶段，不同地区、不同性质、不同级别、不同规模的企业在出口贸易政策上其实是不平等的。在早期的某些时候，严格的出口贸易资质完全限定了哪些企业能够出口，而无论其是否具有出口竞争力。此后，出口贸易的相关限制措施逐渐减少，企业开始逐渐成为出口决策的主体。不仅如此，伴随改革开放政策的推行，外商投资企业（包括港澳台投资企业）、沿海地区生而国际化的企业（多是乡镇企业或私营企业）逐渐成为中国出口的主力，而随着这些带有外资性质的企业的进入，以及其他企业对国外生产经营管理等全方位的学习，中国各类企业之间的生产率形成了较大的差异，其他企业异质性也在形成。但此时，真正决定企业出口的常常并非生产率因素，比如外资企业相对本土企业生产率更高，但其出口并非因为其生产率高，诸如是否外资企业、是否位于沿海地区等反而是重要的多重异质性因素，影响了企业是否具有畅通的出口渠道。

表 5 - 1 人民币兑美元汇率变化（1949—2010 年）

年份	汇率	年份	汇率	年份	汇率	年份	汇率
1949	2.3	1965	2.461 8	1981	1.705 1	1997	8.289 8
1950	2.75	1966	2.461 8	1982	1.892 6	1998	8.279 1
1951	2.238	1967	2.461 8	1983	1.975 7	1999	8.279 6
1952	2.617	1968	2.461 8	1984	2.327 0	2000	8.278 4
1953	2.617	1969	2.461 8	1985	2.936 7	2001	8.277 0
1954	2.617	1970	2.461 8	1986	3.452 8	2002	8.277 0
1955	2.461 8	1971	2.267 3	1987	3.722 1	2003	8.277 4
1956	2.461 8	1972	2.240 1	1988	3.722 1	2004	8.276 8
1957	2.461 8	1973	2.020 2	1989	3.765 9	2005	8.191 7
1958	2.461 8	1974	1.839 7	1990	4.783 8	2006	7.971 8
1959	2.461 8	1975	1.966 3	1991	5.322 7	2007	7.604 0
1960	2.461 8	1976	1.880 3	1992	5.514 9	2008	6.945 1
1961	2.461 8	1977	1.730 0	1993	5.761 9	2009	6.831 0
1962	2.461 8	1978	1.577 1	1994	8.618 7	2010	6.769 5
1963	2.461 8	1979	1.496 2	1995	8.350 7		
1964	2.461 8	1980	1.530 3	1996	8.314 2		

资料来源：根据《2010 年中国统计年鉴》和国家外汇管理局资料整理。

另一个重大情境变化是人民币汇率的重大变化。总的来讲，新中国成立以来，人民币对美元的汇率经历了稳定（二十世纪五六十年代）、升值（20世纪70年代）、贬值（20世纪80年代及90年代前期）、稳定（20世纪90年代中期至21世纪初期）、升值（2005年至今）五个过程。特别是从1979年到1994年，这15年间人民币兑美元的汇率从1.496 2迅速贬值到8.618 7，贬值超过82%，在这个过程中，中国出口企业迅速获得了成本优势。在此后的很长一段时间，人民币兑美元的汇率维持在8.27—8.35这一区间。2005年以来，人民币兑美元开始升值，2006年人民币兑美元的汇率突破8，特别是2007以来人民币升值压力很大，似乎有加速的趋势，2008年人民币兑美元的汇率突破7（参见表5－1）。如果中国出口继续长期保持顺差，估计人民币兑美元的总趋势将是长期升值。人民币汇率的变动，特别是迅速而较大的变动，将迅速改变出口企业的竞争优势，从而引起多重异质性变迁，改变多重异质性与出口企业竞争力、企业绩效之间的关系。

表 5 - 2   出口退税与出口增长率

单位:%

年份	机械及运输设备		纺织服装类产品		农产品	
	出口退税	出口增长	出口退税	出口增长	出口退税	出口增长
1994	17	——	17	——	17	——
1995	15.5	43.4	15.5	-0.1	12	-1.5
1996	9	12.4	9	50.2	7	-0.1
1997	9	12.4	9	27.1	7	-6.4
1998	9	14.9	9	-5.3	9	-9.1
1999	17	17.2	13	0	9	-3.4
2000	17	43.3	13	19.8	9	-2.7
2004	13	——	17		9	
2005	13	31.3	13	20.5	9	19.1
2006	13	29.5	13	22.5	9	14.0
2007	14.3	25.8	13	18.9	10	17.8

资料来源：根据国家税务局网站资料和中国统计年鉴资料整理。

在中国改革开放的过程中，特别是加入 WTO 前后，中国的实际出口补贴政策发生了很大的变化。具体地讲，进入 20 世纪 90 年代后期以来，中国的实际出口补贴显著下降，出口退税大面积取消。特别地，1995 年，国家税务局大面积调整出口退税率，不同行业差别退税成为政策的一大主导性方向。比如，2004 年实行五档退税率，从 5%、8%、11%、13% 到 17% 不等，按照我国 17% 的增值税率计算，可以知道这意味着未退税率分别为 12%、9%、6%、4% 和 0，其税负成本差异明显。这种税负成本差异自然会引起中国出口企业多重异质性的变迁，从而引起不同行业不同的竞争力表现。以机械及运输设备、纺织服装类产品、农产品三个行业为例，可以看出其出口退税会显著影响出口的增长（即成长率），如表 5 - 2 所示。总之，中国顺应加入 WTO 和经济全球化而作出的种种重大调整导致了情境变化，这种情境变化也影响了中国出口企业的多重异质性变迁，引起中国出口企业竞争力、企业绩效的变化。

5.2 多重异质性变迁与出口企业绩效：
澄海玩具产业集群的案例研究

研究中国出口企业多重异质性变迁与出口企业绩效，需要长时间企业层面的跟踪数据。目前，关于中国企业异质性与出口行为相关问题的数据资料主要是中国工业数据库。该数据库最早的数据年份是 1998 年，不能有效跟踪改革开放前 20 年的出口企业情况，仅能作为研究的补充。在无法采用大样本统计的实证检验来研究中国出口企业多重异质性变迁与出口企业竞争力、企业绩效关系的现实情况下，本研究采用典型产业的案例研究方法来从总体上研究此问题，然后辅以 1998—2007 年这 10 年的大样本统计。

澄海玩具产业集群是中国出口产业的典型代表。首先，玩具产业虽然并不是中国制造业的现有分类，甚至在 20 世纪 80 年代都还没有这一产业的统计，但随着改革开放和中国经济增长，玩具产业迅速发展壮大，成为中国典型的出口行业。中国出口行业所经历的历史变迁，在澄海玩具产业集群中都有所呈现。由于澄海玩具产业集群在中国出口中的典型性，已经有较多的研究对其进行了较深入的调研，研究资料丰富而准确，有利于展开较为客观、全面的研究。

5.2.1 澄海玩具产业集群概况

澄海玩具产业集群位于广东省汕头市澄海区，是改革开放以后承接玩具产业国际产业转移发展起来的、国内规模最大、知名度最高的产业集群，也是广东省"产业集群升级示范区（2005 年）"。澄海先后被国家授予"中国玩具城""国家火炬计划智能玩具创意设计与制造产业基地"和"央视动画形象玩具产品指定生产基地"等称号。澄海玩具产业集群拥有国家注册集体商标"澄海玩具"和两个中国名牌产品（2005 年全国共三个），拥有业内仅次于香港玩具展会最具影响的专业展会——澄海玩具博览会。有一组数字形象地说明了澄海玩具在全球玩具产业的地位：全球玩具产品约 70% 在中国生产，国内玩具约 70% 在广东生产，而汕头市澄海区玩具生产在省内占有重要份额，成为中国玩具出口基地。以 2006 年数据为准，澄海拥有玩具生产企业 2 917 家（全国约 7 000 家），从业人员 12 万人，年产值 130 亿元，占全区工业总产值的 37.58%（陈戈、储小平，

2008）。澄海玩具企业的绝大多数都嵌入全球价值链以获得发展，2 917 家企业中有 40 家企业自营进出口，2 260 家企业通过贸易公司出口，当地仅玩具出口贸易企业也有 10 家（李军、杨学儒，2011）。

5.2.2　澄海玩具企业多重异质性变迁与出口企业绩效

澄海玩具产业集群的发展历程可以分为以下三个阶段。

第一个阶段是自改革开放到 20 世纪 90 年代初期，是澄海玩具人识别国内和国际市场双重空白，以低成本制造战略嵌入玩具产业全球价值链（生而国际化的企业），攫取第一桶金的黄金年代。那时候，玩具产品还没有真正以玩具命名，而是被归入塑料工艺类；玩具企业的数量也非常少，查 1995 年以前的玩具名册，澄海登记入册的企业还不足 50 家（陈戈、储小平，2008）。由于巨大的市场空白，虽然当时的玩具企业普遍不重视自主创新和自主品牌，即使仅仅是做香港客商的订单，或者委托经销员把样品拿去潮阳、峡山、揭阳、义乌、广州等地，玩具制造企业也可以获取至少 20% 的毛利润；而当 90 年代采用自动注塑机生产电动玩具时，利润竟然可以达到 200%（李军、杨学儒，2011）。那时候，澄海玩具制造企业典型的运作方式有两种：一种是按单生产，这是风险较小的方式，但似乎并不占主流；另一种是自主生产某一产品，当时澄海玩具企业基本是家庭作坊创业，产品基本上是 1∶1 仿制，企业主有了一个产品的想法后，就委托东家设计，西家开模，南家注塑，北家电镀，然后自己一家人，不分男女老幼，起早贪黑搞组装，再委托别人销售。在后一种运作方式中，模具是最大的成本，也是最大的风险，一件价值几元的玩具，其使用的模具价值可能高达几十万乃至几百万，因此这笔投入犹如一场豪赌，胜则暴富，输则赤贫。另外，家族涉入对于创业的正面价值（杨学儒、李新春，2009；杨学儒等，2009）被充分利用，更是形成了层出不穷的家族创业活动。在这种运作模式下，大量适销对路和没有市场的产品都被生产出来，玩具制造产能迅速增加，对色粉、色料等原料和对模具开发、包装等配套的需求也迅速增多，从而促使澄海当地配套产品迅速发展；而配套产品的发展降低了玩具制造企业的成本，增强了澄海玩具的市场竞争力，从而放大了玩具企业的利润，这诱惑更多的人投入玩具业（李军、杨学儒，2011）。还有一些特殊的因素推动了大量低成本制造型的玩具企业创业，如在承接玩具产业国际转移过程中的乐观精神、地方政府税收因素、招商引资因素等。这在澄海如此，在中国其他很多地方也是如此。这一方面造就了该产业的迅猛发展，另一方面也导致同质化竞争从出现、加剧到惨烈的时间被严重压缩，以至于不少企业攫取的第一桶金还不足以从同质化竞争中抽身而出——产业转移或产业升级（李军、杨学儒，2011）。除了"潮涌现象"的苗头开始出现外，澄海玩具在这个阶段还有两个特别的企业需要提及，那就是广东骅威集团（前身为澄海玩具总厂）和广东奥飞动漫文化股份有限公司（前身为1989年成立的澄海县奥迪塑胶玩具厂），前者是澄海玩具早期OEM国际代工成功的典型，迅速走上了自主设计之路，于1986年开发出澄海"第一代"电动玩具；而后者则迅速开始了自创品牌之路，早早打出了"AULDEY双钻"的名号（李军、杨学儒，2011）。

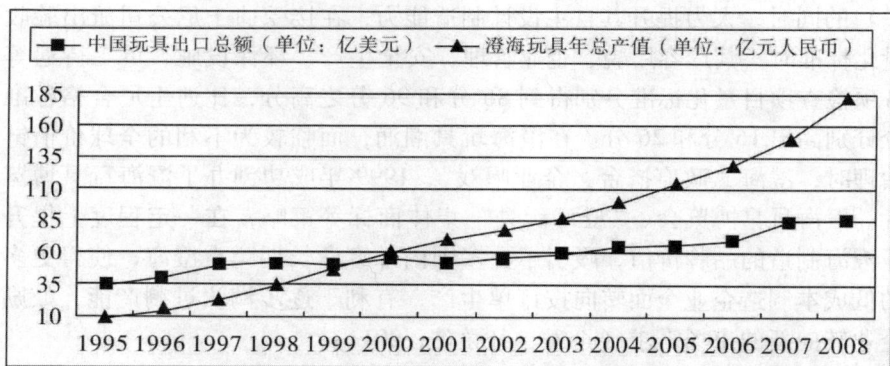

图5-1　澄海玩具年总产值和中国玩具年出口总额

　　注：澄海玩具年总产值和中国出口玩具总额的单位有所不同，这里无意比较二者的大小，而是比较二者增长率的巨大差异，从而给出澄海玩具突出的"潮涌现象"的直观图示。

　　第二个阶段是20世纪90年代到21世纪初期，这是澄海玩具业"潮涌现象"最突出的时期。澄海玩具企业从1995年的50家发展到2006年的2 917家，其产值也从1995年的10亿元猛增到2008年的185亿元，其中1999年前玩具产值的增幅都在50%以上（参见图5-1）。基于澄海玩具在这个时期的出口比重不断增大，特别是低成本制造创业的玩具企业基本上都是做香港洋行的OEM，通过比较澄海玩具产值和中国玩具出口总额的增长速度可以清晰地看到这种"潮涌现象"相对于国际市场的需求而言是多么的凶猛，以至于澄海玩具的同质化竞争迅速达到白热化，对成本的追求变得无所不用其极（李军、杨学儒，2011）。以遥控车为例，从以前的200

元做到现在的 20 元，使得任何一项成本都必须节约（李军、杨学儒，2011），以至于虽然汕头中心城区的印刷很出名，但是所有澄海玩具的配套都在"当地"做，没有一家到汕头中心城区做（陈戈、储小平，2008）。在澄海玩具低成本制造潮涌之后，玩具产业全球价值链发生了剧烈变化，低成本制造企业陷入微利和低端锁定的局面；而奥飞则拍摄了《四驱兄弟》和《四驱小子》等动画片，围绕原创形象开发自主品牌的系列玩具，不仅成功打造了知名品牌，而且构建起了强大的渠道力量，其玩具终端零售店已达 20 000 多家，其 2007 年销售额约为 4.96 亿元，营业利润约 1.50 亿元，其营业利润率依旧维持在较高的水平；骅威玩具则利用暴利时代积累的资源和能力在打造自主品牌（HUAWEI 品牌是中国玩具三大名牌之一）的同时，大力提升其自主设计制造能力，在接受迪士尼公司派出验收量化标准时，其厂容厂貌、企业管理、安全生产、环保设施、员工待遇等各项检查项目量化标准分别得到 86 分和 96 分之高分，比迪士尼合格标准分分别高出 16 分和 26 分。在澄海玩具潮涌，面临较为不利的全球价值链治理时，澄海"政府搭台、企业唱戏"，1999 年成功创办了澄海玩具博览会。澄海玩具博览会、"澄海玩具"集体商标等策略，在一定程度上提升了澄海制造的品牌价值，吸引了更多国内外客商长期蹲点澄海，使得更多的低成本制造企业全面转向按订单生产，有利于逐步淘汰过剩产能，鼓励企业转向新的市场需求（李军、杨学儒，2011）。

　　第三个阶段是 2005 年以后，这是澄海玩具开始出现产业升级热，可能发展成为产业升级投资潮涌的时期（李军、杨学儒，2011）。近年来，随着中国低成本制造被锁定于全球价值链低端，学界、政府和社会对于如何帮助企业从价值链低端移动到高端、实现产业升级的问题非常关注，对澄海玩具产业集群也不例外。2005 年，澄海玩具产业集群被确定为广东省"产业集群升级示范区"，这标志着澄海玩具企业的产业升级不仅仅是企业寻求自身发展的实践，也开始具有了政治意味。2007 年，玩具产业发生了严重的玩具召回危机；随后在美国次贷危机的冲击下，玩具出口，特别是低成本制造企业的玩具出口遭遇了较大的困难，这些事件进一步刺激了各界对于产业升级的热情（李军、杨学儒，2011）。在澄海玩具产业集群，可以观察到产业升级潮涌的"苗头"，最直接的表现则在于人们对讨论产业升级、规划产业升级前景的热情空前高涨（李军、杨学儒，2011）。不过，澄海玩具产业集群是否会出现普遍的产业内升级投资潮涌，如果出现，"潮涌现象"对于全球价值链的演化、澄海玩具出口企业多重异质性变迁、出口竞争力变化会产生怎样的影响还有待进一步观察（李军、杨学儒，2011）。

5.3　多重异质性变迁与出口企业绩效的实证检验：1998—2007 年

5.3.1　实证检验方法

由于本研究数据仅有 1998—2007 年的企业层面数据，因此，这里根据企业是否出口的情况，对有出口的企业采用将样本按照每年分开，通过考察出口企业异质性因素对出口企业绩效的贡献来反映出口企业绩效关键性企业异质性的变迁。

第一步，确定出口企业绩效的工具变量。

本书根据数据库样本数据可获取的情况和现有文献的研究基础，选择了 ROA、ROE、IP、EP 作为企业出口企业绩效的工具变量，反映受多重异质性影响的企业资产报酬率、主营业务报酬率、营业总收入（销售总收入）成长率、员工人数（雇员）成长率。

第二步，构建多重异质性与出口企业绩效关系的 8 个线性回归模型。

$$ROA_t = f\,(CO_t、Eyear_t、\ln\,(MIC)_t、InP_t、AdP_t、NF_t、FF_t、CL_t、LL_t、FPall_t、AW_t、ATFP_t) \tag{a}$$

$$ROA_t = f\,(CO_t、Eyear_t、\ln\,(MIC)_t、InP_t、AdP_t、NF_t、FF_t、CL_t、LL_t、FPall_t、AW_t、LTFP_t) \tag{b}$$

$$IP_t = f\,(CO_t、Eyear_t、\ln\,(MIC)_t、InP_t、AdP_t、NF_t、FF_t、CL_t、LL_t、FPall_t、AW_t、ATFP_t) \tag{c}$$

$$IP_t = f\,(CO_t、Eyear_t、\ln\,(MIC)_t、InP_t、AdP_t、NF_t、FF_t、CL_t、LL_t、FPall_t、AW_t、LTFP_t) \tag{d}$$

$$ROE_t = f\,(CO_t、Eyear_t、\ln\,(MIC)_t、InP_t、AdP_t、NF_t、FF_t、CL_t、LL_t、FPall_t、AW_t、ATFP_t) \tag{e}$$

$$ROE_t = f\,(CO_t、Eyear_t、\ln\,(MIC)_t、InP_t、AdP_t、NF_t、FF_t、CL_t、LL_t、FPall_t、AW_t、LTFP_t) \tag{f}$$

$$EP_t = f\,(CO_t、Eyear_t、\ln\,(MIC)_t、InP_t、AdP_t、NF_t、FF_t、CL_t、LL_t、FPall_t、AW_t、ATFP_t) \tag{g}$$

$EP_t = f$ (CO_t、$Eyear_t$、$\ln(MIC)_t$、InP_t、AdP_t、NF_t、FF_t、CL_t、LL_t、$FPall_t$、AW_t、$LTFP_t$)   (h)

第三步，比较各年影响出口企业绩效的多重异质性因素的变化，描述其变迁轨迹。

5.3.2 实证检验结果

1998—2007 年中国制造业出口企业多重异质性与出口企业绩效回归结果见表 5 - 3—表 5 - 6 及附录。比较各年的回归结果可以发现，多重异质性与出口企业绩效之间的关系在不同年份略有不同，一些在 1998 年及其后两三年本来负向影响出口企业绩效指标，如 ROA 的异质性，在接近 2007年的几年内转变成正向影响，或者负向影响的大小在减弱；不过，也有一些其负向影响在增强，如广告费用占营业收入的比重 AdP。

综合 1998—2007 年的回归结果，我们可以将显著的回归系数（以 ROA 为因变量的回归分析）汇总于一张图中，参见图 5 - 2，从而描绘出多重异质性变迁的轨迹。总的来看，除生产率外的多重异质性发挥了越来越大的作用。

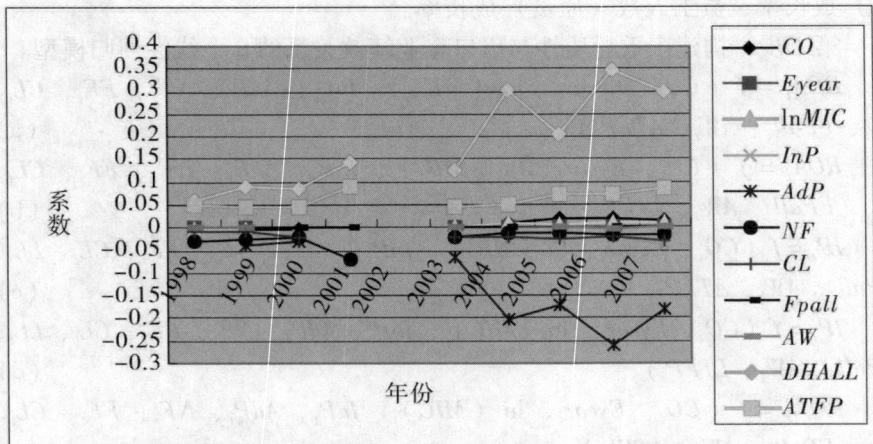

图 5 - 2 多重异质性变迁与出口企业竞争力、企业绩效的关系图

注：$DHALL$ 是除生产率外的多重异质性系数绝对值的和，粗略反映其总体影响。

表5-3 2007年多重异质性与出口企业绩效回归结果

	(a) ROA	(b) ROA	(c) IP	(d) IP	(e) ROE	(f) ROE	(g) EP	(h) EP
CO	0.013 2***	0.014 4***	-2.624	-2.585	-0.014 3***	-0.011 9***	-0.006 60	-0.015 0*
	(8.98)	(7.70)	(-1.59)	(-1.58)	(-6.58)	(-5.21)	(-1.00)	(-2.25)
Eyear	-0.000 660***	-0.000 762***	-0.198	-0.193	-0.0010 1***	-0.001 19***	-0.007 10***	-0.007 63***
	(-6.09)	(-6.27)	(-1.31)	(-1.31)	(-6.18)	(-6.37)	(-24.76)	(-26.23)
lnMIC	0.011 8***	0.012 7***	0.776	0.704	0.014 8***	0.015 7***	0.065 3***	0.080 6***
	(15.93)	(10.57)	(1.34)	(1.28)	(16.63)	(17.36)	(30.81)	(37.67)
InP	-0.040 1***	-0.055 4***	-1.358	-1.293	-0.068 7***	-0.078 6***	0.000 010 8	-0.005 76
	(-16.91)	(-5.04)	(-1.18)	(-1.18)	(-23.96)	(-17.41)	(0.00)	(-0.45)
AdP	-0.182*	-0.222*	-4.399	-4.191	-0.287*	-0.344*	0.159	0.172
	(-2.21)	(-2.38)	(-1.38)	(-1.43)	(-2.33)	(-2.46)	(0.95)	(1.03)
NF	-0.018 4***	-0.021 4*	24.43	24.38	-0.005 24	-0.018 2**	0.056 8*	0.054 3*
	(-5.76)	(-2.26)	(1.02)	(1.02)	(-0.84)	(-2.59)	(2.20)	(2.12)
CL	-0.030 2***	-0.082 1	-12.19	-12.02	-0.067 7***	-0.091 7***	-0.071 9***	-0.081 0***
	(-5.87)	(-1.82)	(-1.02)	(-1.01)	(-9.40)	(-5.73)	(-3.63)	(-4.13)
FPall	-0.000 006 08***	-0.000 006 59***	-0.000 062 9	-0.000 047 7	-0.000 006 90***	-0.000 007 62***	-0.000 003 12	-0.000 005 65
	(-4.95)	(-5.17)	(-1.42)	(-1.37)	(-5.17)	(-5.52)	(-0.99)	(-1.93)
AW	-0.000 911***	-0.000 975***	-0.013 1	-0.014 4	-0.001 04***	-0.001 08***	-0.000 994***	-0.000 712***
	(-3.19)	(-3.20)	(-1.32)	(-1.35)	(-3.23)	(-3.28)	(-3.37)	(-3.32)
ATFP	0.086 5***		-0.426		0.114***		-0.024 8***	
	(67.78)		(-0.80)		(65.89)		(-9.81)	
LTFP		0.067 5***		-0.136		0.088 1***		-0.058 4***
		(52.34)		(-0.44)		(57.18)		(-21.02)
_cons	-0.458***	-0.522***	-0.220	-0.777	-0.585***	-0.661***	-0.299***	-0.132***
	(-55.88)	(-48.02)	(-0.17)	(-0.71)	(-54.31)	(-51.60)	(-13.29)	(-5.22)
R^2	0.105 2	0.058 9	0.000 3	0.000 3	0.099 2	0.071 4	0.006 1	0.007 8
N	266 092	266 745	215 974	216 375	266 092	266 745	216 116	216 517

注:t statistics in parentheses, $* p < 0.05$, $** p < 0.01$, $*** p < 0.001$。

表 5 - 4　2003 年多重异质性与出口企业绩效回归结果

	(a) ROA	(b) ROA	(c) IP	(d) IP	(e) ROE	(f) ROE	(g) EP	(h) EP
CO	0.003 40***	0.005 51***	−0.952**	−0.926**	−0.001 71***	−0.001 72***	−0.029 2	−0.035 3
	(3.37)	(5.22)	(−2.62)	(−2.65)	(−3.56)	(−3.61)	(−0.72)	(−0.87)
Eyear	−0.000 186***	−0.000 327***	−0.006 34	−0.006 38	0.000 058 9***	0.000 048 8***	−0.006 31***	−0.006 85***
	(−4.55)	(−7.97)	(−1.79)	(−1.84)	(3.36)	(2.64)	(−6.59)	(−7.34)
lnMIC	0.001 80***	0.002 04***	0.010 2	−0.031 2	−0.000 808***	−0.000 569***	0.082 3***	0.105***
	(4.67)	(5.28)	(0.25)	(−0.61)	(−4.41)	(−2.83)	(5.27)	(6.38)
InP	−0.011 4***	−0.016 4***	−0.464**	−0.524**	0.000 161	0.000 037 5	−0.169***	−0.163***
	(−4.55)	(−6.35)	(−2.88)	(−2.97)	(0.18)	(0.04)	(−3.67)	(−3.63)
AdP	−0.064 8***	−0.080 4***	−2.459***	−2.628***	0.007 88**	0.007 23*	0.311	0.338
	(−6.72)	(−8.07)	(−3.18)	(−3.16)	(2.37)	(2.19)	(1.19)	(1.31)
NF	−0.021 7***	−0.030 2***	0.857***	0.779***	0.003 95***	0.003 47***	0.082 2	0.076 4
	(−14.51)	(−20.56)	(2.94)	(2.83)	(5.74)	(5.34)	(0.79)	(0.75)
CL	−0.019 5***	−0.019 8***	−0.928***	−0.906***	0.001 59	0.001 77	−0.155	−0.157*
	(−5.63)	(−5.59)	(−4.37)	(−4.31)	(1.59)	(1.72)	(−1.92)	(−1.97)
FPall	0.000 006 39*	0.000 009 18***	−0.000 131	−0.000 101	0.000 000 363***	0.000 000 434***	0.000 025 6***	0.000 022 4***
	(2.44)	(3.46)	(−0.72)	(−0.55)	(2.72)	(3.10)	(3.76)	(3.65)
AW	−0.000 502***	−0.000 579**	−0.009 54	−0.012 1	0.000 087 4*	0.000 090 7	−0.002 21	−0.001 15
	(−3.05)	(−2.95)	(−1.66)	(−1.65)	(1.98)	(2.01)	(−0.86)	(−0.53)
ATFP	0.047 1***		0.554***	0.560*	0.001 28***		−0.084 8***	
	(57.88)		(2.69)	(2.49)	(4.37)		(−5.45)	
LTFP		0.036 9***				0.000 437*		−0.134***
		(47.73)				(1.97)		(−7.93)
_cons	−0.174***	−0.208***	−1.222**	−2.121**	0.005 93**	0.006 92***	−0.073 3	0.255
	(−39.68)	(−39.34)	(−2.62)	(−2.53)	(3.05)	(3.58)	(−0.42)	(1.45)
R^2	0.102 7	0.077 1	0.000 6	0.000 6	0.000 8	0.000 6	0.000 8	0.001 2
N	148 408	149 794	113 602	114 477	148 408	149 794	113 858	114 743

注：t statistics in parentheses，$* p < 0.05$，$* * p < 0.01$，$* * * p < 0.001$。

表 5-5 2001 年多重异质性与出口企业绩效回归结果

	(a) ROA	(b) ROA	(c) IP	(d) IP	(e) ROE	(f) ROE	(g) EP	(h) EP
CO	-0.142	-0.135	0.825	0.812	0.002 04	0.005 19***	0.005 62	-0.007 32
	(-1.65)	(-1.61)	(0.66)	(0.63)	(1.78)	(3.53)	(0.08)	(-0.11)
Eyear	-0.000 017 8	-0.000 028 5	-0.004 65	-0.004 81	-0.000 025 9***	-0.000 032 1***	-0.000 248**	-0.000 267**
	(-0.49)	(-0.84)	(-1.09)	(-1.08)	(-6.17)	(-6.44)	(-3.14)	(-3.07)
lnMIC	-0.006 36	-0.006 79	2.532	2.594	0.000 625	0.000 309	0.008 63	0.034 9
	(-1.47)	(-1.49)	(1.04)	(1.03)	(1.57)	(0.53)	(0.26)	(1.51)
lnP	-0.075 0*	-0.081 9*	-6.768	-6.922	-0.022 1***	-0.026 6***	-0.053 0	-0.045 5
	(-2.06)	(-2.16)	(-0.93)	(-0.96)	(-7.82)	(-9.00)	(-1.20)	(-1.01)
AdP	-0.154	-0.167	-3.255	-3.379	-0.041 3***	-0.049 3***	-0.048 5	-0.021 7
	(-1.73)	(-1.80)	(-1.04)	(-1.10)	(-3.15)	(-3.31)	(-0.50)	(-0.23)
NF	-0.067 9*	-0.088 4**	2.129	1.962	-0.020 7***	-0.032 4***	-0.034 5	-0.083 2
	(-2.42)	(-2.68)	(1.49)	(1.60)	(-18.09)	(-22.66)	(-0.51)	(-1.46)
CL	-0.038 5	-0.037 6	-4.492	-4.488	-0.016 9***	-0.016 3***	-0.069 0	-0.055 6
	(-1.41)	(-1.40)	(-1.23)	(-1.25)	(-5.00)	(-4.83)	(-1.94)	(-1.61)
FPall	-0.000 009 25*	-0.000 009 16*	-0.000 328	-0.000 358	-0.000 007 51	-0.000 007 47	-0.000 038 8***	-0.000 036 8***
	(-2.37)	(-2.00)	(-0.87)	(-0.93)	(-1.74)	(-1.51)	(-2.92)	(-4.67)
AW	-0.000 315	-0.000 283	0.006 70	0.039 2	-0.000 088 2*	-0.000 086 5**	-0.000 331*	-0.000 136
	(-1.57)	(-1.69)	(0.85)	(1.23)	(-2.44)	(-2.90)	(-2.23)	(-1.69)
ATFP	0.088 9***		0.425		0.051 4***		-0.071 3***	
	(3.82)		(1.56)		(54.93)		(-2.97)	
LTFP		0.070 4***		-0.027 5		0.041 3***		-0.145***
		(3.66)		(-0.18)		(42.53)		(-3.35)
_cons	-0.139***	-0.212***	-24.58	-23.30	-0.188***	-0.233***	0.392	0.833
	(-3.73)	(-4.55)	(-1.05)	(-1.04)	(-41.67)	(-37.73)	(1.09)	(1.78)
R^2	0.000 2	0.000 2	0.000 1	0.000 1	0.084 0	0.054 0	0.000 2	0.000 6
N	122 851	123 996	87 097	87 697	122 851	123 996	87 271	87 877

注:t statistics in parentheses, $*p<0.05$, $**p<0.01$, $***p<0.001$。

表5-6　1999年多重异质性与出口企业绩效回归结果

	(a) ROA	(b) ROA	(c) IP	(d) IP	(e) ROE	(f) ROE	(g) EP	(h) EP
CO	-0.004 66*** (-3.84)	-0.004 68*** (-3.76)	0.262 (0.65)	0.257 (0.65)	-0.008 19*** (-6.20)	-0.008 45*** (-6.22)	0.066 7 (0.61)	0.058 1 (0.53)
Eyear	-0.000 009 74*** (-5.16)	-0.000 009 96*** (-5.23)	-0.000 681** (-2.91)	-0.000 675** (-2.89)	-0.000 010 3*** (-4.68)	-0.000 011 0*** (-5.06)	0.000 187 (0.36)	0.000 110 (0.22)
lnMIC	-0.001 13*** (-3.24)	-0.001 45*** (-4.14)	0.279 (1.27)	0.305 (1.21)	-0.000 743* (-1.98)	-0.001 07** (-2.85)	0.188*** (5.26)	0.247*** (6.18)
lnP	-0.010 7*** (-4.61)	-0.013 4*** (-5.55)	-0.836 (-1.62)	-0.801 (-1.72)	-0.013 7*** (-5.71)	-0.016 5*** (-6.62)	0.603 (1.00)	0.558 (0.93)
AdP	-0.040 5*** (-3.63)	-0.044 8*** (-3.79)	-1.167* (-1.99)	-1.086* (-2.11)	-0.047 7*** (-4.46)	-0.051 7*** (-4.58)	0.086 7 (0.66)	0.116 (0.83)
NF	-0.025 8*** (-27.35)	-0.036 5*** (-36.27)	0.914*** (3.32)	0.977** (2.84)	-0.026 2*** (-22.54)	-0.036 9*** (-31.48)	-0.134 (-1.38)	-0.163 (-1.60)
CL	-0.008 03*** (-4.39)	-0.009 45*** (-4.90)	-1.209* (-2.45)	-1.205* (-2.53)	-0.012 8*** (-6.77)	-0.014 4*** (-7.20)	-0.296* (-2.14)	-0.325* (-2.32)
FPall	-0.000 022 9* (-2.14)	-0.000 024 6* (-2.34)	-0.000 029 1 (-1.15)	-0.000 009 41 (-0.31)	-0.000 024 4* (-2.25)	-0.000 026 1* (-2.46)	-0.000 039 7*** (-3.89)	-0.000 027 2* (-2.33)
AW	-0.000 240* (-2.06)	-0.000 285* (-2.05)	-0.001 27 (-0.50)	-0.000 550 (-0.16)	-0.000 260 (-2.03)	-0.000 310 (-2.02)	-0.001 69 (-1.55)	-0.000 809 (-1.09)
ATFP	0.045 9*** (52.29)		-0.409 (-0.63)		0.046 9*** (50.66)		-0.126** (-2.89)	
LTFP		0.037 1*** (52.39)		-0.391 (-0.64)		0.0380*** (50.04)		-0.252*** (-4.11)
_cons	-0.136*** (-37.22)	-0.176*** (-42.00)	-0.447 (-0.64)	0.107 (0.07)	-0.143*** (-36.32)	-0.185*** (-40.64)	-0.853** (-2.72)	-0.264 (-0.67)
R^2	0.115 0	0.087 6	0.000 2	0.000 2	0.100 8	0.077 6	0.001 0	0.001 6
N	108 492	109 644	90 630	91 423	108 492	109 644	84 652	85 396

注：t statistics in parentheses，* $p<0.05$，** $p<0.01$，*** $p<0.001$。

研究结论与展望

6.1 本书结论与政策含义

6.1.1 本书结论

（1）中国情境的新新贸易理论应是多重异质性而非单一异质性，是情境依赖而变迁的多重异质性而非一成不变。

本书基于新兴的新新贸易理论和中国现实，通过对新新贸易理论的前提假设分析，发现新新贸易理论是建立在国际产业转移输出国（发达国家）情境、先本土市场后国际市场而逐步国际化的跨国公司为研究对象的基础上的，自然地，新新贸易理论的中国化受到中国情境与其原假设情境差异的影响。然后，本书结合国际产业转移理论、全球价值链理论和反映中国情境典型事实的"潮涌现象"理论，探讨了在新新贸易理论中国化过程中放松假设，发展适宜中国情境的新新贸易理论。在研究中，本书指出，中国化的新新贸易理论应该是多重异质性基础上的异质企业模型，而不是西方文献的单一异质性。在此基础上，本书放松了新新贸易理论经典模型——梅里兹（2003）模型的前提假设，推导出适宜国际产业转移输入国情境（中国情境），也适宜国际产业转移输出国情境（发达国家情境）的中国出口企业异质性模型Ⅱ，并对其进行了实证检验。循着中国出口企业异质性模型Ⅱ，结合适宜中国情境的相关理论，提出中国出口企业异质性并非西方理论类似的单一异质性，而是多重异质性；中国出口企业异质性并非不变，而是随着中国出口贸易情境的历史变迁而变化；中国出口企业异质性的变迁反映了中国出口贸易的变化，是中国企业出口竞争力变迁的内在原因。

（2）中国出口企业生产率异质性与生产率悖论并存。

本书的实证研究采用中国工业企业数据库作为数据来源，该数据库收录了1998—2007年年销售额在500万元人民币以上的所有工业企业的企业层面数据。由于中国制造业各细分行业在出口问题方面存在较大差异，本研究按照细分行业分类进行了深入的实证研究。中国制造业细分行业按照行业代码为13—43（没有38）进行细分，样本量最少的细分行业为烟草制造业，样本企业数为2 560家；样本量最大的细分行业为非金属矿物制品业，样本企业数为166 209家；30个行业样本企业数合计达到1 911 041

家，是研究本问题最好的数据来源之一，数据全面、准确、可靠性高，而且其巨大的样本量为实证研究的信度和效度提供了切实的保障。

在本书的实证研究中，首先检验了新新贸易理论经典模型——梅里兹（2003）模型在中国情境的适用性问题。梅里兹（2003）模型指出，生产率差异是企业选择出口与否的异质性因素，生产率高的企业选择出口，而生产率低的企业选择不出口，本书称之为"出口—生产率异质性"。笔者利用中国工业企业数据库（1998—2007 年）的 1 911 041 家企业层面的数据对此进行了实证检验，结果表明，在多个年份、多个行业普遍性地出现了"出口—生产率异质性"和"出口—生产率悖论"（李春顶等，2009；李春顶等，2010）并存的情况，即出口企业生产率高于非出口企业、出口企业生产率低于非出口企业并存。这一实证研究为新新贸易理论关于生产率与出口关系的理论提供了新的经验证据。另外，这一实证研究结果也表明，生产率差异不是中国企业"出口—生产率异质性"因素的全部，至少不是唯一重要的异质性——这意味着，单一异质性在中国遇到了挑战。

（3）多重异质性的现实解释力强于单一异质性。

本书接下来检验了中国出口企业多重异质性，发现企业区位、企业年龄、企业规模、创新、品牌、企业性质、企业级别、资本结构、人力资本、企业成长率、企业生产率等多重异质性是中国企业是否出口的决定性因素。进一步地，实证检验发现：①生产率异质性并非中国制造业大多数细分行业企业是否出口的唯一异质性，部分中国制造业细分行业企业生产率正向影响是否出口（也就是说生产率高的企业选择出口），这和梅里兹（2003）模型的预测一致；而更多行业的情况并不符合梅里兹（2003）模型的预测，企业生产率负向影响企业出口（也就是说生产率低的企业反而选择出口），中国出口企业生产率异质性与生产率悖论并存。②企业区位、企业年龄、企业规模、创新、品牌、企业性质、企业级别、资本结构、人力资本、成长率等多重异质性不仅和生产率异质性一样对企业是否选择出口具有解释力，而且其解释力胜过生产率单一异质性，这说明在中国情境下多重异质性比生产率单一异质性更适宜；同时，企业区位、企业年龄、企业规模、创新、品牌、企业性质、企业级别、资本结构、人力资本、成长率等多重异质性不仅对企业选择是否出口具有解释力，而且对于企业出口多少，即在本土市场和国际市场的比重，也具有解释力，这也是其优于企业生产率单一异质性之处。

（4）多重异质性变迁是中国出口企业竞争力和绩效差异的重要原因。

　　本书检验了中国出口企业多重异质性的变迁与出口企业竞争力、企业绩效之间的关系。由于 1998 年以前中国制造业企业层面的数据非常欠缺，本书通过选取典型产业的案例研究检验了出口企业多重异质性的变迁。玩具产业是中国改革开放后发展壮大的典型出口主导型产业，在这个产业中，外商投资主导的 F 类出口企业（相对发达国家或地区的国际产业转移输出的产物）、中国本土生而国际化的 G 类出口企业和中国本土先本土市场后国际市场的 E 类出口企业（这两类企业是发展中国家承接国际产业转移的产物）三类企业并存，在中国出口贸易发展的不同阶段，影响这三类企业出口决策进而影响其出口竞争力的多重异质性发生了明显的变迁。在这个历史变迁的过程中，"潮涌现象"是重要的影响因素。作为国际产业转移输入国的发展中国家"潮涌现象"频发这一事实，以及这一事实对多重异质性与出口竞争力关系的调节作用，进一步证实了新新贸易理论中国化的必要性。而结合"潮涌现象"发展的中国出口企业多重异质性理论的解释力，也进一步证实了新新贸易理论中国化的可行性。作为一个补充，本书通过对中国工业企业数据库（1998—2007 年）企业层面数据的分年实证检验，基于概率回归模型和线性回归模型的检验结果再次证实，中国出口企业多重异质性确实随着中国出口贸易的变迁而发生了显著的变化。

6. 1. 2　政策含义

　　（1）创造公平、公开、公正的出口环境。

　　本书的研究发现，中国出口企业的多重异质性中，依旧有不少异质性并非基于企业的经济因素，而是非经济因素，比如是不是中央企业、是不是外资企业等。这种非经济因素的存在表明中国企业的出口环境并非公平、公开、公正，更非效率至上的。实际上，随着经济全球化，中国企业不得不普遍地面临全球竞争，这种非经济因素大行其道将会损害中国出口企业的长期竞争力，不利于企业成长、经济增长和社会发展。在中国加入WTO 之后的今天，中国还需要大力加强对出口环境的建设，创造公平、公开、公正的出口环境，以帮助中国企业在公平竞争中成长。

　　（2）鼓励中国企业多样性发展。

　　在中国情境下，企业多重异质性而非单一异质性是企业是否出口、出口竞争力大小的主要影响因素。这意味着，企业如果"一窝蜂式"地雷同发展，将会因"潮涌现象"而陷入困境。为了提升中国企业的出口竞争力，我们的产业政策应该多鼓励多样性发展，而少倡导所谓的成功经验、成功模式，少倡导唯一的发展方向。比如，从长远来看，近来对产业升级的普遍性强调，对某种成功模式的普遍性推崇，随着多重异质性变迁，其"一窝蜂式"的发展逻辑将遭遇困难。

以玩具产业为例，既然"潮涌现象"是导致中国玩具产业当前困境的重要潜在原因，中国玩具企业的产业升级出路更应该鼓励"多样性"，强调二次创业，而不是"一窝蜂式"的产业内升级。实际上，创业的本质是机会的识别与创造，企业创业是获取和整合资源以开发机会。也就是说，政府等外部力量在引导企业二次创业时，不应该扭曲市场机会①，而应该帮助企业识别机会和创造机会。另外，鉴于中国作为发展中大国，容易陷入"潮涌现象"的现实，我们的政策引导不应该致力于普遍性的鼓励某一行业——这种政策的结果常常是地方政府推动下加剧潮涌，就如几乎省省造汽车，各个省都争取在产能上超过其他省一样——而应该鼓励"多样性"（李军、杨学儒，2011）。"多样性"的实质是创新，如技术创新、市场创新或其他领域的创新。以当前的玩具产业为例，如果政府引导致力于鼓励现有企业开发新产品、探索不同的营销渠道或商业模式、探索新的市场机会②，产业升级潮涌的可能或危害则会大大降低（李军、杨学儒，2011）。

6.2 研究的不足与展望

本书对中国企业异质性与出口行为的关系展开了一些研究工作。新新贸易理论中国化是一个庞大而艰巨的工程，本研究仅仅是做了些基础的尝试，仍有很多尚未涉及或不够深入的内容，值得展开进一步持续的研究。

首先，研究的理论视野尚有提升的空间。西方新新贸易理论的最新发展正在尝试探讨国家—产业—企业层面因素对国际贸易的综合影响，这是一个整合传统贸易理论、新贸易理论和新新贸易理论基本思想的重大创举。由于面临中国数据缺乏的困难，以及新新贸易理论中国化本身还刚刚起步，本书将研究聚焦于企业层面，为此打下了一定基础。在这些类似的

---

① 比如，陈林、朱卫平（2008）的研究发现高出口补贴扭曲了市场的创新机会。

② 比如，成人玩具、具有中国传统文化内涵的玩具等市场机会，这些机会本身又可以开发出更加多样性的产品。

微观研究基础之上，这种跨国家—产业—企业层面的研究不仅仅意味着实证的发展将推动国际贸易理论的重大整合，更是一个值得长期开展的研究方向。

其次，实证检验还有很多深化的空间。本书采用中国工业企业数据库对本研究相关理论问题展开了系统、深入的实证研究，仅整理后的汇报表格就超过了100页，实证检验细致、全面。但是，由于数据库本身是一个大规模的混合面板数据，本书采用STATA作为主要分析工具，加上实证检验方法发展的阶段性以及研究者本人计量方法的局限性，尚有很多可以深化的空间。比如，当前在STATA环境下尚没有一种恰当的方法进行葛兰杰因果检验，而通过葛兰杰因果检验对于揭示企业异质性与出口行为之间的前因后果关系非常有价值。这些方面的深化可能不仅仅对于本研究的实证检验有意义，甚至可能产生计量经济方法上的一些成果。

再次，中国情境理论化。当前国际经济管理学界对中国经济问题、中国情境空前重视，讨论非常多。在将新新贸易理论应用于中国情境的时候，本书面临的第一个难点就是中国情境的理论含义究竟是什么。本书借鉴"潮涌现象"理论、国际产业转移输入国和输出国的差异等理论分析，对影响出口企业异质性的中国情境进行了一些探讨，基本完成了本书的理论推导和数理模型架构。但是，当前关于中国情境的理论化工作还做得非常不够。在进一步的研究中，更好的理论归纳中国情境将可以坚实新新贸易理论中国化的基础，也可以对其他类似研究产生贡献。

最后，世界金融危机以来中国样本数据缺乏跟踪分析。由于数据限制（笔者获得的中国工业企业数据库是从1998年至2007年的数据），对于2008年世界金融危机后的中国样本情况没有进行跟踪分析，这在以后的研究中有待进一步深入。

附　录

附录1　文中用到的主要指标及其代码说明

dwdm "单位代码"

dwmc "单位名称"

Hydm "行业代码"

ASSET "资产总计"

TO "工业总产值"

EX "出口交货值"

ADD "工业增加值"

FA "固定资产净值年平均余额"

year "年份"

L "劳动投入"

It "无形资产"

Mprofit "主营业务收入"

Ad "广告费用"

RD "研发费用"

EA "东"

MI "中"

WE "西"

EN "东北"

CO "沿海"

NF "国有"

CF "集体"

PF "民营"

FF "外商"

NP "公有资本比重"

PP "个人资本比重"

HMTP "港澳台资本比重"

FPnet "净外商资本比重"

FPall "外商资本总比重"

CL "中央"

PL "省级"

DL "市级"

LL "地方"

lnMIC " ln（主营业务收入）"

IC "全年营业收入合计"

lnMIC " ln（全年营业收入合计）"

Eyear "企业年龄"

lnASS " ln（资产总计）"

lnL " ln（全部从业人员年平均人数）"

InP "新产品产值占比"

lnAd " ln（研究开发费）"

AdP "广告费占比 "

lnedu " ln（职工教育费）"

lnPay " ln（本年应付工资总额）"

lnPro " ln（利润总额）"

AW "平均工资"

ROA "资产利润率"

ROE "主营业务利润率"

IC1 "全年营业收入合计 – 1"

MIC1 "主营业务收入 – 1"

Mprofit1 "主营业务利润 – 1"

L1 "劳动投入 – 1"

ASSET1 "资产总计 – 1"

IP "收入成长率"

AP "资产成长率"

MIP "主营业务成长率"

MRP "主营业务利润增长率"

EP "人员成长率"

MIC "主营业务收入"

lnRD "ln（研究开发费）"

RDP "研发费用占比"

lnIt "ln（无形资产）"

ItP "ItP 无形资产比重"

附录 2　中国制造业各细分行业各类出口企业
数目及比例数据

表 1　1998—2007 年中国制造业细分行业（Hydm = 14）各类出口企业数目及比例

Hydm = 14		IE		IU		EU		GE		GI	
		0	1	0	1	0	1	0	1	0	1
1998	N	3 470	659	3 891	238	468	3 661	4 023	106	659	3 470
	%	84. 04	15. 96	94. 24	5. 76	11. 33	88. 67	97. 43	2. 57	15. 96	84. 04
1999	N	3 572	701	4 021	252	497	3 776	4 175	98	701	3 572
	%	83. 59	16. 41	94. 1	5. 9	11. 63	88. 37	97. 71	2. 29	16. 41	83. 59
2000	N	3 350	741	3 802	289	524	3 567	3 967	124	741	3 350
	%	81. 89	18. 11	92. 94	7. 06	12. 81	87. 19	96. 97	3. 03	18. 11	81. 89
2001	N	3 358	737	3 805	290	527	3 568	3 988	107	737	3 358
	%	82	18	92. 92	7. 08	12. 87	87. 13	97. 39	2. 61	18	82
2002	N	3 374	809	3 900	283	577	3 606	4 074	109	809	3 374
	%	80. 66	19. 34	93. 23	6. 77	13. 79	86. 21	97. 39	2. 61	19. 34	80. 66
2003	N	3 411	910	3 983	338	655	3 666	4 200	121	910	3 411
	%	78. 94	21. 06	92. 18	7. 82	15. 16	84. 84	97. 2	2. 8	21. 06	78. 94
2005	N	3 969	1 352	4 923	398	814	4 507	5 171	150	1 352	3 969
	%	74. 59	25. 41	92. 52	7. 48	15. 3	84. 7	97. 18	2. 82	25. 41	74. 59
2006	N	4 454	1 399	5 462	391	852	5 001	5 702	151	1 399	4 454
	%	76. 1	23. 9	93. 32	6. 68	14. 56	85. 44	97. 42	2. 58	23. 9	76. 1
2007	N	5 256	1 221	6 082	395	881	5 596	6 345	132	1 221	5 256
	%	81. 15	18. 85	93. 9	6. 1	13. 6	86. 4	97. 96	2. 04	18. 85	81. 15

表2 1998—2007年中国制造业细分行业（Hydm = 15、16）各类出口企业数目及比例

Hydm = 15		IE		IU		EU		GE		GI	
		0	1	0	1	0	1	0	1	0	1
1998	N	2 731	275	2 942	64	146	2 860	2 983	23	275	2 731
	%	90.85	9.15	97.87	2.13	4.86	95.14	99.23	0.77	9.15	90.85
1999	N	2 880	302	3 113	69	160	3 022	3 146	36	302	2 880
	%	90.51	9.49	97.83	2.17	5.03	94.97	98.87	1.13	9.49	90.51
2000	N	2 715	297	2 945	67	151	2 861	2 985	27	297	2 715
	%	90.14	9.86	97.78	2.22	5.01	94.99	99.1	0.9	9.86	90.14
2001	N	2 711	298	2 943	66	159	2 850	2 986	23	298	2 711
	%	90.1	9.9	97.81	2.19	5.28	94.72	99.24	0.76	9.9	90.1
2002	N	2 687	326	2 932	81	180	2 833	2 977	36	326	2 687
	%	89.18	10.82	97.31	2.69	5.97	94.03	98.81	1.19	10.82	89.18
2003	N	2 654	365	2 925	94	190	2 829	2 984	35	365	2 654
	%	87.91	12.09	96.89	3.11	6.29	93.71	98.84	1.16	12.09	87.91
2005	N	2 887	515	3 297	105	239	3 163	3 362	40	515	2 887
	%	84.86	15.14	96.91	3.09	7.03	92.97	98.82	1.18	15.14	84.86
2006	N	3 289	522	3 724	87	229	3 582	3 775	36	522	3 289
	%	86.3	13.7	97.72	2.28	6.01	93.99	99.06	0.94	13.7	86.3
2007	N	3 932	388	4 239	81	202	4 118	4 288	32	388	3 932
	%	91.02	8.98	98.13	1.88	4.68	95.32	99.26	0.74	8.98	91.02
Hydm = 16		IE		IU		EU		GE		GI	
		0	1	0	1	0	1	0	1	0	1
1998	N	254	30	284	0	5	279	284	0	30	254
	%	89.44	10.56	100	0	1.76	98.24	100	0	10.56	89.44
1999	N	290	35	324	1	5	320	324	1	35	290
	%	89.23	10.77	99.69	0.31	1.54	98.46	99.69	0.31	10.77	89.23
2000	N	278	42	319	1	6	314	319	1	42	278
	%	86.88	13.13	99.69	0.31	1.88	98.13	99.69	0.31	13.13	86.88
2001	N	259	37	294	2	4	292	295	1	37	259
	%	87.5	12.5	99.32	0.68	1.35	98.65	99.66	0.34	12.5	87.5
2002	N	223	47	269	1	4	266	270	0	47	223
	%	82.59	17.41	99.63	0.37	1.48	98.52	100	0	17.41	82.59
2003	N	189	47	236	0	4	232	236	0	47	189
	%	80.08	19.92	100	0	1.69	98.31	100	0	19.92	80.08
2005	N	133	44	174	3	3	174	176	1	44	133
	%	75.14	24.86	98.31	1.69	1.69	98.31	99.44	0.56	24.86	75.14
2006	N	125	35	158	2	2	158	159	1	35	125
	%	78.13	21.88	98.75	1.25	1.25	98.75	99.38	0.63	21.88	78.13
2007	N	115	27	140	2	2	140	142	0	27	115
	%	80.99	19.01	98.59	1.41	1.41	98.59	100	0	19.01	80.99

表3　1998—2007中国制造业细分行业（Hydm=17、19）各类出口企业数目及比例

Hydm=17		IE		IU		EU		GE		GI	
		0	1	0	1	0	1	0	1	0	1
1998	N	5 918	3 919	8 479	1 358	3 185	6 652	9 394	443	3 919	5 918
	%	60.16	39.84	86.19	13.81	32.38	67.62	95.5	4.5	39.84	60.16
1999	N	6 092	3 960	8 687	1 365	3 169	6 883	9 610	442	3 960	6 092
	%	60.6	39.4	86.42	13.58	31.53	68.47	95.6	4.4	39.4	60.6
2000	N	6 218	4 030	8 704	1 544	3 272	6 976	9 735	513	4 030	6 218
	%	60.68	39.32	84.93	15.07	31.93	68.07	94.99	5.01	39.32	60.68
2001	N	7 143	4 407	9 900	1 650	3 562	7 988	11 014	536	4 407	7 143
	%	61.84	38.16	85.71	14.29	30.84	69.16	95.36	4.64	38.16	61.84
2002	N	7 857	4 767	10 839	1 785	3 774	8 850	12 014	610	4 767	7 857
	%	62.24	37.76	85.86	14.14	29.9	70.1	95.17	4.83	37.76	62.24
2003	N	8 764	5 599	12 080	2 283	4 544	9 819	13 498	865	5 599	8 764
	%	61.02	38.98	84.1	15.9	31.64	68.36	93.98	6.02	38.98	61.02
2005	N	13 888	8 153	18 379	3 662	6 467	15 574	20 642	1 399	8 153	13 888
	%	63.01	36.99	83.39	16.61	29.34	70.66	93.65	6.35	36.99	63.01
2006	N	16 535	8 424	21 206	3 753	6 643	18 316	23 448	1 511	8 424	16 535
	%	66.25	33.75	84.96	15.04	26.62	73.38	93.95	6.05	33.75	66.25
2007	N	19 370	8 166	23 793	3 743	6 640	20 896	26 041	1 495	8 166	19 370
	%	70.34	29.66	86.41	13.59	24.11	75.89	94.57	5.43	29.66	70.34
Hydm=19		IE		IU		EU		GE		GI	
		0	1	0	1	0	1	0	1	0	1
1998	N	1 241	1 571	1 828	9 84	1 439	1 373	2 354	458	1 571	1 241
	%	44.13	55.87	65.01	34.99	51.17	48.83	83.71	16.29	55.87	44.13
1999	N	1 297	1 645	1 821	1 121	1 530	1 412	2 447	495	1 645	1 297
	%	44.09	55.91	61.9	38.1	52.01	47.99	83.17	16.83	55.91	44.09
2000	N	1 225	1 741	1 718	1 248	1 632	1 334	2 393	573	1 741	1 225
	%	41.3	58.7	57.92	42.08	55.02	44.98	80.68	19.32	58.7	41.3
2001	N	1 374	2 007	1 992	1 389	1 865	1 516	2 737	644	2 007	1 374
	%	40.64	59.36	58.92	41.08	55.16	44.84	80.95	19.05	59.36	40.64
2002	N	1 516	2 251	2 182	1 585	2 079	1 688	3 011	756	2 251	1 516
	%	40.24	59.76	57.92	42.08	55.19	44.81	79.93	20.07	59.76	40.24
2003	N	1 713	2 666	2 479	1 900	2 463	1 916	3 438	941	2 666	1 713
	%	39.12	60.88	56.61	43.39	56.25	43.75	78.51	21.49	60.88	39.12
2005	N	2 496	3 662	3 572	2 586	3 334	2 824	4 841	1 317	3 662	2 496
	%	40.53	59.47	58.01	41.99	54.14	45.86	78.61	21.39	59.47	40.53
2006	N	3 080	3 683	4 245	2 518	3 338	3 425	5 473	1 290	3 683	3 080
	%	45.54	54.46	62.77	37.23	49.36	50.64	80.93	19.07	54.46	45.54
2007	N	3 608	3 760	4 774	2 594	3 419	3 949	6 101	1 267	3 760	3 608
	%	48.97	51.03	64.79	35.21	46.4	53.6	82.8	17.2	51.03	48.97

表4   1998—2007 年中国制造业细分行业（Hydm＝20、21）各类出口企业数目及比例

Hydm＝20		IE		IU		EU		GE		GI	
		0	1	0	1	0	1	0	1	0	1
1998	N	1 531	377	1 714	194	300	1 608	1 825	83	377	1 531
	%	80.24	19.76	89.83	10.17	15.72	84.28	95.65	4.35	19.76	80.24
1999	N	1 765	413	1 963	215	339	1 839	2 074	104	413	1 765
	%	81.04	18.96	90.13	9.87	15.56	84.44	95.22	4.78	18.96	81.04
2000	N	1 817	522	2 052	287	445	1 894	2 222	117	522	1 817
	%	77.68	22.32	87.73	12.27	19.03	80.97	95	5	22.32	77.68
2001	N	2 020	602	2 295	327	519	2 103	2 477	145	602	2 020
	%	77.04	22.96	87.53	12.47	19.79	80.21	94.47	5.53	22.96	77.04
2002	N	2 159	691	2 471	379	602	2 248	2 682	168	691	2 159
	%	75.75	24.25	86.7	13.3	21.12	78.88	94.11	5.89	24.25	75.75
2003	N	2 513	852	2 878	487	735	2 630	3 158	207	852	2 513
	%	74.68	25.32	85.53	14.47	21.84	78.16	93.85	6.15	25.32	74.68
2005	N	3 924	1 350	4 616	658	1 079	4 195	5 006	268	1 350	3 924
	%	74.4	25.6	87.52	12.48	20.46	79.54	94.92	5.08	25.6	74.4
2006	N	4 778	1 480	5 571	687	1 143	5 115	5 988	270	1 480	4 778
	%	76.35	23.65	89.02	10.98	18.26	81.74	95.69	4.31	23.65	76.35
2007	N	6 286	1 450	6 985	751	1 241	6 495	7 459	277	1 450	6 286
	%	81.26	18.74	90.29	9.71	16.04	83.96	96.42	3.58	18.74	81.26
Hydm＝21		IE		IU		EU		GE		GI	
		0	1	0	1	0	1	0	1	0	1
1998	N	918	324	1 059	183	275	967	1 159	83	324	918
	%	73.91	26.09	85.27	14.73	22.14	77.86	93.32	6.68	26.09	73.91
1999	N	973	383	1 141	215	326	1 030	1 259	97	383	973
	%	71.76	28.24	84.14	15.86	24.04	75.96	92.85	7.15	28.24	71.76
2000	N	958	433	1 137	254	368	1 023	1 274	117	433	958
	%	68.87	31.13	81.74	18.26	26.46	73.54	91.59	8.41	31.13	68.87
2001	N	1 065	485	1 255	295	415	1 135	1 402	148	485	1 065
	%	68.71	31.29	80.97	19.03	26.77	73.23	90.45	9.55	31.29	68.71
2002	N	1 075	597	1 296	376	527	1 145	1 472	200	597	1 075
	%	64.29	35.71	77.51	22.49	31.52	68.48	88.04	11.96	35.71	64.29
2003	N	1 196	775	1 481	490	684	1 287	1 726	245	775	1 196
	%	60.68	39.32	75.14	24.86	34.7	65.3	87.57	12.43	39.32	60.68
2005	N	1 555	1 456	2 141	870	1 206	1 805	2 589	422	1 456	1 555
	%	51.64	48.36	71.11	28.89	40.05	59.95	85.98	14.02	48.36	51.64
2006	N	1 961	1 573	2 581	953	1 354	2 180	3 127	407	1 573	1 961
	%	55.49	44.51	73.03	26.97	38.31	61.69	88.48	11.52	44.51	55.49
2007	N	2 367	1 672	2 973	1 066	1 501	2 538	3 592	447	1 672	2 367
	%	58.6	41.4	73.61	26.39	37.16	62.84	88.93	11.07	41.4	58.6

表 5　1998—2007 年中国制造业细分行业（Hydm＝22、23）各类出口企业数目及比例

Hydm＝22		IE		IU		EU		GE		GI	
		0	1	0	1	0	1	0	1	0	1
1998	N	3 496	482	3 824	154	321	3 657	3 907	71	482	3 496
	%	87. 88	12. 12	96. 13	3. 87	8. 07	91. 93	98. 22	1. 78	12. 12	87. 88
1999	N	3 756	528	4 113	171	362	3 922	4 208	76	528	3 756
	%	87. 68	12. 32	96. 01	3. 99	8. 45	91. 55	98. 23	1. 77	12. 32	87. 68
2000	N	3 812	526	4 173	165	364	3 974	4 253	85	526	3 812
	%	87. 87	12. 13	96. 2	3. 8	8. 39	91. 61	98. 04	1. 96	12. 13	87. 87
2001	N	4 196	536	4 567	165	343	4 389	4 656	76	536	4 196
	%	88. 67	11. 33	96. 51	3. 49	7. 25	92. 75	98. 39	1. 61	11. 33	88. 67
2002	N	4 471	538	4 869	140	338	4 671	4 937	72	538	4 471
	%	89. 26	10. 74	97. 21	2. 79	6. 75	93. 25	98. 56	1. 44	10. 74	89. 26
2003	N	4 741	572	5 156	157	355	4 958	5 235	78	572	4 741
	%	89. 23	10. 77	97. 04	2. 96	6. 68	93. 32	98. 53	1. 47	10. 77	89. 23
2005	N	6 243	1 037	7 005	275	534	6 746	7 133	147	1 037	6 243
	%	85. 76	14. 24	96. 22	3. 78	7. 34	92. 66	97. 98	2. 02	14. 24	85. 76
2006	N	6 722	1 031	7 490	263	560	7 193	7 612	141	1 031	6 722
	%	86. 7	13. 3	96. 61	3. 39	7. 22	92. 78	98. 18	1. 82	13. 3	86. 7
2007	N	7 327	890	7 928	289	595	7 622	8 084	133	890	7 327
	%	89. 17	10. 83	96. 48	3. 52	7. 24	92. 76	98. 38	1. 62	10. 83	89. 17
Hydm＝23		IE		IU		EU		GE		GI	
		0	1	0	1	0	1	0	1	0	1
1998	N	3 091	181	3 210	62	106	3 166	3 241	31	181	3 091
	%	94. 47	5. 53	98. 11	1. 89	3. 24	96. 76	99. 05	0. 95	5. 53	94. 47
1999	N	3 275	197	3 405	67	122	3 350	3 432	40	197	3 275
	%	94. 33	5. 67	98. 07	1. 93	3. 51	96. 49	98. 85	1. 15	5. 67	94. 33
2000	N	3 176	202	3 304	74	120	3 258	3 332	46	202	3 176
	%	94. 02	5. 98	97. 81	2. 19	3. 55	96. 45	98. 64	1. 36	5. 98	94. 02
2001	N	3 210	224	3 355	79	146	3 288	3 387	47	224	3 210
	%	93. 48	6. 52	97. 7	2. 3	4. 25	95. 75	98. 63	1. 37	6. 52	93. 48
2002	N	3 299	229	3 438	90	154	3 374	3 487	41	229	3 299
	%	93. 51	6. 49	97. 45	2. 55	4. 37	95. 63	98. 84	1. 16	6. 49	93. 51
2003	N	3 560	321	3 753	128	222	3 659	3 816	65	321	3 560
	%	91. 73	8. 27	96. 7	3. 3	5. 72	94. 28	98. 33	1. 67	8. 27	91. 73
2005	N	4 096	552	4 491	157	316	4 332	4 567	81	552	4 096
	%	88. 12	11. 88	96. 62	3. 38	6. 8	93. 2	98. 26	1. 74	11. 88	88. 12
2006	N	4 315	557	4 727	145	309	4 563	4 805	67	557	4 315
	%	88. 57	11. 43	97. 02	2. 98	6. 34	93. 66	98. 62	1. 38	11. 43	88. 57
2007	N	4 418	573	4 838	153	358	4 633	4 919	72	573	4 418
	%	88. 52	11. 48	96. 93	3. 07	7. 17	92. 83	98. 56	1. 44	11. 48	88. 52

表6 1998—2007 年中国制造业细分行业（Hydm = 24、25）各类出口企业数目及比例

Hydm = 24		IE		IU		EU		GE		GI	
		0	1	0	1	0	1	0	1	0	1
1998	N	518	1 047	865	700	955	610	1 226	339	1 047	518
	%	33.1	66.9	55.27	44.73	61.02	38.98	78.34	21.66	66.9	33.1
1999	N	583	1 120	953	750	1 034	669	1 338	365	1 120	583
	%	34.23	65.77	55.96	44.04	60.72	39.28	78.57	21.43	65.77	34.23
2000	N	549	1 225	923	851	1 128	646	1 346	428	1 225	549
	%	30.95	69.05	52.03	47.97	63.59	36.41	75.87	24.13	69.05	30.95
2001	N	618	1 340	1 026	932	1 252	706	1 520	438	1 340	618
	%	31.56	68.44	52.4	47.6	63.94	36.06	77.63	22.37	68.44	31.56
2002	N	643	1 573	1 162	1 054	1 450	766	1 733	483	1 573	643
	%	29.02	70.98	52.44	47.56	65.43	34.57	78.2	21.8	70.98	29.02
2003	N	671	1 794	1 187	1 278	1 677	788	1 833	632	1 794	671
	%	27.22	72.78	48.15	51.85	68.03	31.97	74.36	25.64	72.78	27.22
2005	N	1 026	2 306	1 750	1 582	2 130	1 202	2 558	774	2 306	1 026
	%	30.79	69.21	52.52	47.48	63.93	36.07	76.77	23.23	69.21	30.79
2006	N	1 205	2 373	2 015	1 563	2 205	1 373	2 782	796	2 373	1 205
	%	33.68	66.32	56.32	43.68	61.63	38.37	77.75	22.25	66.32	33.68
2007	N	1 486	2 556	2 342	1 700	2 360	1 682	3 253	789	2 556	1 486
	%	36.76	63.24	57.94	42.06	58.39	41.61	80.48	19.52	63.24	36.76
Hydm = 25		IE		IU		EU		GE		GI	
		0	1	0	1	0	1	0	1	0	1
1998	N	837	69	896	10	28	878	903	3	69	837
	%	92.38	7.62	98.9	1.1	3.09	96.91	99.67	0.33	7.62	92.38
1999	N	852	65	910	7	19	898	914	3	65	852
	%	92.91	7.09	99.24	0.76	2.07	97.93	99.67	0.33	7.09	92.91
2000	N	843	69	902	10	24	888	907	5	69	843
	%	92.43	7.57	98.9	1.1	2.63	97.37	99.45	0.55	7.57	92.43
2001	N	887	70	951	6	24	933	955	2	70	887
	%	92.69	7.31	99.37	0.63	2.51	97.49	99.79	0.21	7.31	92.69
2002	N	1 005	73	1 070	8	26	1 052	1 075	3	73	1 005
	%	93.23	6.77	99.26	0.74	2.41	97.59	99.72	0.28	6.77	93.23
2003	N	1 174	84	1 247	11	20	1 238	1 252	6	84	1 174
	%	93.32	6.68	99.13	0.87	1.59	98.41	99.52	0.48	6.68	93.32
2005	N	1 777	137	1 899	15	33	1 881	1 907	7	137	1 777
	%	92.84	7.16	99.22	0.78	1.72	98.28	99.63	0.37	7.16	92.84
2006	N	1 923	132	2 040	15	37	2 018	2 047	8	132	1 923
	%	93.58	6.42	99.27	0.73	1.8	98.2	99.61	0.39	6.42	93.58
2007	N	2 018	75	2 084	9	24	2 069	2 090	3	75	2 018
	%	96.42	3.58	99.57	0.43	1.15	98.85	99.86	0.14	3.58	96.42

表7 1998—2007年中国制造业细分行业（Hydm＝26、27）各类出口企业数目及比例

Hydm＝26		IE		IU		EU		GE		GI	
		0	1	0	1	0	1	0	1	0	1
1998	N	7 611	1 824	9 114	321	1 037	8 398	9 324	111	1 824	7 611
	%	80. 67	19. 33	96. 6	3. 4	10. 99	89. 01	98. 82	1. 18	19. 33	80. 67
1999	N	8 333	2 007	9 985	355	1 165	9 175	10 221	119	2 007	8 333
	%	80. 59	19. 41	96. 57	3. 43	11. 27	88. 73	98. 85	1. 15	19. 41	80. 59
2000	N	8 360	2 127	10 079	408	1 264	9 223	10 334	153	2 127	8 360
	%	79. 72	20. 28	96. 11	3. 89	12. 05	87. 95	98. 54	1. 46	20. 28	79. 72
2001	N	8 778	2 231	10 624	385	1 362	9 647	10 863	146	2 231	8 778
	%	79. 73	20. 27	96. 5	3. 5	12. 37	87. 63	98. 67	1. 33	20. 27	79. 73
2002	N	9 461	2 377	11 430	408	1 397	10 441	11 703	135	2 377	9 461
	%	79. 92	20. 08	96. 55	3. 45	11. 8	88. 2	98. 86	1. 14	20. 08	79. 92
2003	N	10 500	2 660	12 605	555	1 668	11 492	12 954	206	2 660	10 500
	%	79. 79	20. 21	95. 78	4. 22	12. 67	87. 33	98. 43	1. 57	20. 21	79. 79
2005	N	14 312	3 877	17 456	733	2 161	16 028	17 911	278	3 877	14 312
	%	78. 68	21. 32	95. 97	4. 03	11. 88	88. 12	98. 47	1. 53	21. 32	78. 68
2006	N	16 173	3 954	19 339	788	2 291	17 836	19 837	290	3 954	16 173
	%	80. 35	19. 65	96. 08	3. 92	11. 38	88. 62	98. 56	1. 44	19. 65	80. 35
2007	N	18 661	3 806	21 712	755	2 312	20 155	22 204	263	3 806	18 661
	%	83. 06	16. 94	96. 64	3. 36	10. 29	89. 71	98. 83	1. 17	16. 94	83. 06

Hydm＝27		IE		IU		EU		GE		GI	
		0	1	0	1	0	1	0	1	0	1
1998	N	2 084	557	2 540	101	302	2 339	2 596	45	557	2 084
	%	78. 91	21. 09	96. 18	3. 82	11. 44	88. 56	98. 3	1. 7	21. 09	78. 91
1999	N	2 383	607	2 886	104	334	2 656	2 949	41	607	2 383
	%	79. 7	20. 3	96. 52	3. 48	11. 17	88. 83	98. 63	1. 37	20. 3	79. 7
2000	N	2 443	620	2 963	100	329	2 734	3 018	45	620	2 443
	%	79. 76	20. 24	96. 74	3. 26	10. 74	89. 26	98. 53	1. 47	20. 24	79. 76
2001	N	2 608	647	3 152	103	342	2 913	3 220	35	647	2 608
	%	80. 12	19. 88	96. 84	3. 16	10. 51	89. 49	98. 92	1. 08	19. 88	80. 12
2002	N	2 767	688	3 342	113	371	3 084	3 412	43	688	2 767
	%	80. 09	19. 91	96. 73	3. 27	10. 74	89. 26	98. 76	1. 24	19. 91	80. 09
2003	N	3 063	796	3 712	147	447	3 412	3 815	44	796	3 063
	%	79. 37	20. 63	96. 19	3. 81	11. 58	88. 42	98. 86	1. 14	20. 63	79. 37
2005	N	3 729	1 085	4 643	171	535	4 279	4 767	47	1 085	3 729
	%	77. 46	22. 54	96. 45	3. 55	11. 11	88. 89	99. 02	0. 98	22. 54	77. 46
2006	N	4 119	1 100	5 041	178	564	4 655	5 169	50	1 100	4 119
	%	78. 92	21. 08	96. 59	3. 41	10. 81	89. 19	99. 04	0. 96	21. 08	78. 92
2007	N	4 560	1 030	5 419	171	586	5 004	5 527	63	1 030	4 560
	%	81. 57	18. 43	96. 94	3. 06	10. 48	89. 52	98. 87	1. 13	18. 43	81. 57

表8　1998—2007 年中国制造业细分行业（Hydm＝28、29）各类出口企业数目及比例

Hydm＝28		IE		IU		EU		GE		GI	
		0	1	0	1	0	1	0	1	0	1
1998	N	494	178	623	49	116	556	647	25	178	494
	%	73.51	26.49	92.71	7.29	17.26	82.74	96.28	3.72	26.49	73.51
1999	N	535	206	685	56	124	617	718	23	206	535
	%	72.2	27.8	92.44	7.56	16.73	83.27	96.9	3.1	27.8	72.2
2000	N	579	198	718	59	119	658	749	28	198	579
	%	74.52	25.48	92.41	7.59	15.32	84.68	96.4	3.6	25.48	74.52
2001	N	630	200	776	54	124	706	806	24	200	630
	%	75.9	24.1	93.49	6.51	14.94	85.06	97.11	2.89	24.1	75.9
2002	N	644	219	797	66	140	723	834	29	219	644
	%	74.62	25.38	92.35	7.65	16.22	83.78	96.64	3.36	25.38	74.62
2003	N	754	151	876	29	84	821	895	10	151	754
	%	83.31	16.69	96.8	3.2	9.28	90.72	98.9	1.1	16.69	83.31
2005	N	1 025	231	1 215	41	108	1 148	1 239	17	231	1 025
	%	81.61	18.39	96.74	3.26	8.6	91.4	98.65	1.35	18.39	81.61
2006	N	1 114	244	1 327	31	117	1 241	1 336	22	244	1 114
	%	82.03	17.97	97.72	2.28	8.62	91.38	98.38	1.62	17.97	82.03
2007	N	1 294	242	1 508	28	119	1 417	1 526	10	242	1 294
	%	84.24	15.76	98.18	1.82	7.75	92.25	99.35	0.65	15.76	84.24
Hydm＝29		IE		IU		EU		GE		GI	
		0	1	0	1	0	1	0	1	0	1
1998	N	1 070	454	1 373	151	304	1 220	1 463	61	454	1 070
	%	70.21	29.79	90.09	9.91	19.95	80.05	96	4	29.79	70.21
1999	N	1 211	475	1 507	179	338	1 348	1 604	82	475	1 211
	%	71.83	28.17	89.38	10.62	20.05	79.95	95.14	4.86	28.17	71.83
2000	N	1 186	497	1 495	188	362	1 321	1 601	82	497	1 186
	%	70.47	29.53	88.83	11.17	21.51	78.49	95.13	4.87	29.53	70.47
2001	N	1 207	481	1 503	185	347	1 341	1 604	84	481	1 207
	%	71.5	28.5	89.04	10.96	20.56	79.44	95.02	4.98	28.5	71.5
2002	N	1 228	515	1 561	182	366	1 377	1 667	76	515	1 228
	%	70.45	29.55	89.56	10.44	21	79	95.64	4.36	29.55	70.45
2003	N	1 379	549	1 730	198	395	1 533	1 850	78	549	1 379
	%	71.52	28.48	89.73	10.27	20.49	79.51	95.95	4.05	28.48	71.52
2005	N	1 947	1 001	2 548	400	732	2 216	2 770	178	1 001	1 947
	%	66.04	33.96	86.43	13.57	24.83	75.17	93.96	6.04	33.96	66.04
2006	N	2 247	1 035	2 887	395	767	2 515	3 108	174	1 035	2 247
	%	68.46	31.54	87.96	12.04	23.37	76.63	94.7	5.3	31.54	68.46
2007	N	2 590	1 026	3 218	398	789	2 827	3 442	174	1 026	2 590
	%	71.63	28.37	88.99	11.01	21.82	78.18	95.19	4.81	28.37	71.63

表9　1998—2007 年中国制造业细分行业（Hydm＝30、31）各类出口企业数目及比例

Hydm＝30		IE		IU		EU		GE		GI	
		0	1	0	1	0	1	0	1	0	1
1998	N	3 778	1 374	4 487	665	1 072	4 080	4 853	299	1 374	3 778
	%	73.33	26.67	87.09	12.91	20.81	79.19	94.2	5.8	26.67	73.33
1999	N	4 067	1 519	4 847	739	1 198	4 388	5 250	336	1 519	4 067
	%	72.81	27.19	86.77	13.23	21.45	78.55	93.98	6.02	27.19	72.81
2000	N	4 150	1 673	4 947	876	1 329	4 494	5 422	401	1 673	4 150
	%	71.27	28.73	84.96	15.04	22.82	77.18	93.11	6.89	28.73	71.27
2001	N	4 777	1 820	5 658	939	1 450	5 147	6 159	438	1 820	4 777
	%	72.41	27.59	85.77	14.23	21.98	78.02	93.36	6.64	27.59	72.41
2002	N	5 233	2 065	6 265	1 033	1 631	5 667	6 829	469	2 065	5 233
	%	71.7	28.3	85.85	14.15	22.35	77.65	93.57	6.43	28.3	71.7
2003	N	5 762	2 344	6 895	1 211	1 856	6 250	7 527	579	2 344	5 762
	%	71.08	28.92	85.06	14.94	22.9	77.1	92.86	7.14	28.92	71.08
2005	N	8 258	3 509	10 106	1 661	2 693	9 074	11 035	732	3 509	8 258
	%	70.18	29.82	85.88	14.12	22.89	77.11	93.78	6.22	29.82	70.18
2006	N	9 514	3 711	11 518	1 707	2 846	10 379	12 494	731	3 711	9 514
	%	71.94	28.06	87.09	12.91	21.52	78.48	94.47	5.53	28.06	71.94
2007	N	11 111	3 995	13 235	1 871	3 169	11 937	14 323	783	3 995	11 111
	%	73.55	26.45	87.61	12.39	20.98	79.02	94.82	5.18	26.45	73.55
Hydm＝31		IE		IU		EU		GE		GI	
		0	1	0	1	0	1	0	1	0	1
1998	N	11 102	1 238	11 960	380	806	11 534	12 200	140	1 238	11 102
	%	89.97	10.03	96.92	3.08	6.53	93.47	98.87	1.13	10.03	89.97
1999	N	12 003	1 356	12 904	455	909	12 450	13 161	198	1 356	12 003
	%	89.85	10.15	96.59	3.41	6.8	93.2	98.52	1.48	10.15	89.85
2000	N	12 164	1 454	13 107	511	1 011	12 607	13 378	240	1 454	12 164
	%	89.32	10.68	96.25	3.75	7.42	92.58	98.24	1.76	10.68	89.32
2001	N	12 261	1 607	13 263	605	1 144	12 724	13 581	287	1 607	12 261
	%	88.41	11.59	95.64	4.36	8.25	91.75	97.93	2.07	11.59	88.41
2002	N	12 805	1 707	13 861	651	1 251	13 261	14 198	314	1 707	12 805
	%	88.24	11.76	95.51	4.49	8.62	91.38	97.84	2.16	11.76	88.24
2003	N	13 634	2 000	14 877	757	1 489	14 145	15 293	341	2 000	13 634
	%	87.21	12.79	95.16	4.84	9.52	90.48	97.82	2.18	12.79	87.21
2005	N	15 863	3 731	18 435	1 159	2 128	17 466	19 041	553	3 731	15 863
	%	80.96	19.04	94.08	5.92	10.86	89.14	97.18	2.82	19.04	80.96
2006	N	17 644	3 769	20 186	1 227	2 298	19 115	20 818	595	3 769	17 644
	%	82.4	17.6	94.27	5.73	10.73	89.27	97.22	2.78	17.6	82.4
2007	N	20 743	3 078	22 637	1 184	2 334	21 487	23 299	522	3 078	20 743
	%	87.08	12.92	95.03	4.97	9.8	90.2	97.81	2.19	12.92	87.08

表10 1998—2007年中国制造业细分行业（Hydm＝32、33）各类出口企业数目及比例

Hydm＝32		IE		IU		EU		GE		GI	
		0	1	0	1	0	1	0	1	0	1
1998	N	2 386	236	2 586	36	117	2 505	2 602	20	236	2 386
	%	91	9	98.63	1.37	4.46	95.54	99.24	0.76	9	91
1999	N	2 494	269	2 712	51	142	2 621	2 743	20	269	2 494
	%	90.26	9.74	98.15	1.85	5.14	94.86	99.28	0.72	9.74	90.26
2000	N	2 465	286	2 702	49	144	2 607	2 735	16	286	2 465
	%	89.6	10.4	98.22	1.78	5.23	94.77	99.42	0.58	10.4	89.6
2001	N	2 685	281	2 904	62	140	2 826	2 940	26	281	2 685
	%	90.53	9.47	97.91	2.09	4.72	95.28	99.12	0.88	9.47	90.53
2002	N	2 834	275	3 054	55	139	2 970	3 085	24	275	2 834
	%	91.15	8.85	98.23	1.77	4.47	95.53	99.23	0.77	8.85	91.15
2003	N	3 574	353	3 852	75	180	3 747	3 893	34	353	3 574
	%	91.01	8.99	98.09	1.91	4.58	95.42	99.13	0.87	8.99	91.01
2005	N	5 691	654	6 249	96	271	6 074	6 304	41	654	5 691
	%	89.69	10.31	98.49	1.51	4.27	95.73	99.35	0.65	10.31	89.69
2006	N	6 069	652	6 623	98	305	6 416	6 682	39	652	6 069
	%	90.3	9.7	98.54	1.46	4.54	95.46	99.42	0.58	9.7	90.3
2007	N	6 378	570	6 857	91	294	6 654	6 921	27	570	6 378
	%	91.8	8.2	98.69	1.31	4.23	95.77	99.61	0.39	8.2	91.8
Hydm＝33		IE		IU		EU		GE		GI	
		0	1	0	1	0	1	0	1	0	1
1998	N	1 700	324	1 965	59	206	1 818	2 004	20	324	1 700
	%	83.99	16.01	97.08	2.92	10.18	89.82	99.01	0.99	16.01	83.99
1999	N	1 829	367	2 127	69	236	1 960	2 176	20	367	1 829
	%	83.29	16.71	96.86	3.14	10.75	89.25	99.09	0.91	16.71	83.29
2000	N	1 915	423	2 265	73	261	2 077	2 311	27	423	1 915
	%	81.91	18.09	96.88	3.12	11.16	88.84	98.85	1.15	18.09	81.91
2001	N	1 607	271	1 834	44	141	1 737	1 861	17	271	1 607
	%	85.57	14.43	97.66	2.34	7.51	92.49	99.09	0.91	14.43	85.57
2002	N	2 266	461	2 659	68	275	2 452	2 697	30	461	2 266
	%	83.09	16.91	97.51	2.49	10.08	89.92	98.9	1.1	16.91	83.09
2003	N	2 672	563	3 131	104	339	2 896	3 196	39	563	2 672
	%	82.6	17.4	96.79	3.21	10.48	89.52	98.79	1.21	17.4	82.6
2005	N	4 151	835	4 856	130	426	4 560	4 939	47	835	4 151
	%	83.25	16.75	97.39	2.61	8.54	91.46	99.06	0.94	16.75	83.25
2006	N	4 781	905	5 550	136	466	5 220	5 635	51	905	4 781
	%	84.08	15.92	97.61	2.39	8.2	91.8	99.1	0.9	15.92	84.08
2007	N	5 726	797	6 409	114	450	6 073	6 481	42	797	5 726
	%	87.78	12.22	98.25	1.75	6.9	93.1	99.36	0.64	12.22	87.78

表 11　1998—2007 年中国制造业细分行业（Hydm＝34、35）各类出口企业数目及比例

Hydm＝34		IE		IU		EU		GE		GI	
		0	1	0	1	0	1	0	1	0	1
1998	N	4 997	1 859	6 092	764	1 415	5 441	6 569	287	1 859	4 997
	%	72. 89	27. 11	88. 86	11. 14	20. 64	79. 36	95. 81	4. 19	27. 11	72. 89
1999	N	5 509	1 978	6 607	881	1 536	5 952	7 167	321	1 978	5 509
	%	73. 58	26. 42	88. 23	11. 77	20. 51	79. 49	95. 71	4. 29	26. 42	73. 58
2000	N	5 581	2 237	6 730	1 088	1 779	6 039	7 408	410	2 237	5 581
	%	71. 39	28. 61	86. 08	13. 92	22. 76	77. 24	94. 76	5. 24	28. 61	71. 39
2001	N	6 309	2 556	7 617	1 248	2 057	6 808	8 391	474	2 556	6 309
	%	71. 17	28. 83	85. 92	14. 08	23. 2	76. 8	94. 65	5. 35	28. 83	71. 17
2002	N	6 656	2 833	8 112	1 377	2 311	7 178	8 978	511	2 833	6 656
	%	70. 14	29. 86	85. 49	14. 51	24. 35	75. 65	94. 61	5. 39	29. 86	70. 14
2003	N	6 508	2 865	7 930	1 443	2 351	7 022	8 824	549	2 865	6 508
	%	69. 43	30. 57	84. 6	15. 4	25. 08	74. 92	94. 14	5. 86	30. 57	69. 43
2005	N	9 306	4 083	11 343	2 046	3 264	10 125	12 590	799	4 083	9 306
	%	69. 5	30. 5	84. 72	15. 28	24. 38	75. 62	94. 03	5. 97	30. 5	69. 5
2006	N	10 778	4 482	12 991	2 269	3 591	11 669	14 380	880	4 482	10 778
	%	70. 63	29. 37	85. 13	14. 87	23. 53	76. 47	94. 23	5. 77	29. 37	70. 63
2007	N	12 829	4 816	15 246	2 399	3 966	13 679	16 789	856	4 816	12 829
	%	72. 71	27. 29	86. 4	13. 6	22. 48	77. 52	95. 15	4. 85	27. 29	72. 71
Hydm＝35		IE		IU		EU		GE		GI	
		0	1	0	1	0	1	0	1	0	1
1998	N	6 203	1 849	7 696	356	1 001	7 051	7 941	111	1 849	6 203
	%	77. 04	22. 96	95. 58	4. 42	12. 43	87. 57	98. 62	1. 38	22. 96	77. 04
1999	N	6 594	1 926	8 114	406	1 104	7 416	8 389	131	1 926	6 594
	%	77. 39	22. 61	95. 23	4. 77	12. 96	87. 04	98. 46	1. 54	22. 61	77. 39
2000	N	6 643	2 112	8 254	501	1 273	7 482	8 585	170	2 112	6 643
	%	75. 88	24. 12	94. 28	5. 72	14. 54	85. 46	98. 06	1. 94	24. 12	75. 88
2001	N	7 257	2 327	9 011	573	1 419	8 165	9 395	189	2 327	7 257
	%	75. 72	24. 28	94. 02	5. 98	14. 81	85. 19	98. 03	1. 97	24. 28	75. 72
2002	N	7 739	2 551	9 634	657	1 547	8 744	10 086	205	2 551	7 739
	%	75. 21	24. 79	93. 62	6. 38	15. 03	84. 97	98. 01	1. 99	24. 79	75. 21
2003	N	9 070	3 067	11 284	853	1 899	10 238	11 848	289	3 067	9 070
	%	74. 73	25. 27	92. 97	7. 03	15. 65	84. 35	97. 62	2. 38	25. 27	74. 73
2005	N	14 792	4 772	18 157	1 407	2 923	16 641	19 112	452	4 772	14 792
	%	75. 61	24. 39	92. 81	7. 19	14. 94	85. 06	97. 69	2. 31	24. 39	75. 61
2006	N	17 387	5 088	20 991	1 484	3 213	19 262	21 982	493	5 088	17 387
	%	77. 36	22. 64	93. 4	6. 6	14. 3	85. 7	97. 81	2. 19	22. 64	77. 36
2007	N	21 009	5 314	24 735	1 588	3 592	22 731	25 847	476	5 314	21 009
	%	79. 81	20. 19	93. 97	6. 03	13. 65	86. 35	98. 19	1. 81	20. 19	79. 81

表 12　1998—2007 年中国制造业细分行业（Hydm＝36、37）各类出口企业数目及比例

Hydm＝36		*IE*		*IU*		*EU*		*GE*		*GI*	
		0	1	0	1	0	1	0	1	0	1
1998	N	4 694	1 029	5 590	133	418	5 305	5 673	50	1 029	4 694
	%	82.02	17.98	97.68	2.32	7.3	92.7	99.13	0.87	17.98	82.02
1999	N	4 822	1 012	5 710	124	419	5 415	5 786	48	1 012	4 822
	%	82.65	17.35	97.87	2.13	7.18	92.82	99.18	0.82	17.35	82.65
2000	N	4 762	1 117	5 709	170	480	5 399	5 818	61	1 117	4 762
	%	81	19	97.11	2.89	8.16	91.84	98.96	1.04	19	81
2001	N	4 854	1 121	5 793	182	500	5 475	5 900	75	1 121	4 854
	%	81.24	18.76	96.95	3.05	8.37	91.63	98.74	1.26	18.76	81.24
2002	N	4 960	1 151	5 933	178	519	5 592	6 049	62	1 151	4 960
	%	81.17	18.83	97.09	2.91	8.49	91.51	98.99	1.01	18.83	81.17
2003	N	5 386	1 379	6 527	238	670	6 095	6 660	105	1 379	5 386
	%	79.62	20.38	96.48	3.52	9.9	90.1	98.45	1.55	20.38	79.62
2005	N	7 469	2 453	9 487	435	1 260	8 662	9 732	190	2 453	7 469
	%	75.28	24.72	95.62	4.38	12.7	87.3	98.09	1.91	24.72	75.28
2006	N	8 538	2 758	10 806	490	1 463	9 833	11 104	192	2 758	8 538
	%	75.58	24.42	95.66	4.34	12.95	87.05	98.3	1.7	24.42	75.58
2007	N	10 183	2 893	12 519	557	1 776	11 300	12 879	197	2 893	10 183
	%	77.88	22.12	95.74	4.26	13.58	86.42	98.49	1.51	22.12	77.88
Hydm＝37		*IE*		*IU*		*EU*		*GE*		*GI*	
		0	1	0	1	0	1	0	1	0	1
1998	N	4 642	799	5 272	169	383	5 058	5 377	64	799	4 642
	%	85.32	14.68	96.89	3.11	7.04	92.96	98.82	1.18	14.68	85.32
1999	N	5 115	898	5 826	187	444	5 569	5 931	82	898	5 115
	%	85.07	14.93	96.89	3.11	7.38	92.62	98.64	1.36	14.93	85.07
2000	N	5 112	1 075	5 940	247	551	5 636	6 095	92	1 075	5 112
	%	82.62	17.38	96.01	3.99	8.91	91.09	98.51	1.49	17.38	82.62
2001	N	5 371	1 135	6 241	265	636	5 870	6 402	104	1 135	5 371
	%	82.55	17.45	95.93	4.07	9.78	90.22	98.4	1.6	17.45	82.55
2002	N	5 629	1 345	6 685	289	722	6 252	6 870	104	1 345	5 629
	%	80.71	19.29	95.86	4.14	10.35	89.65	98.51	1.49	19.29	80.71
2003	N	6 283	1 626	7 511	398	932	6 977	7 751	158	1 626	6 283
	%	79.44	20.56	94.97	5.03	11.78	88.22	98	2	20.56	79.44
2005	N	8 352	2 575	10 242	685	1 493	9 434	10 705	222	2 575	8 352
	%	76.43	23.57	93.73	6.27	13.66	86.34	97.97	2.03	23.57	76.43
2006	N	9 283	2 846	11 386	743	1 666	10 463	11 873	256	2 846	9 283
	%	76.54	23.46	93.87	6.13	13.74	86.26	97.89	2.11	23.46	76.54
2007	N	10 749	3 025	12 954	820	1 869	11 905	13 476	298	3 025	10 749
	%	78.04	21.96	94.05	5.95	13.57	86.43	97.84	2.16	21.96	78.04

表 13　1998—2007 年中国制造业细分行业（Hydm=39、41）各类出口企业数目及比例

Hydm=39		IE		IU		EU		GE		GI	
		0	1	0	1	0	1	0	1	0	1
1998	N	58	46	104	0	13	91	104	0	46	58
	%	55.77	44.23	100	0	12.5	87.5	100	0	44.23	55.77
1999	N	61	53	114	0	15	99	114	0	53	61
	%	53.51	46.49	100	0	13.16	86.84	100	0	46.49	53.51
2000	N	55	57	111	1	16	96	111	1	57	55
	%	49.11	50.89	99.11	0.89	14.29	85.71	99.11	0.89	50.89	49.11
2001	N	—	—	—	—	—	—	—	—	—	—
	%	—	—	—	—	—	—	—	—	—	—
2002	N	63	44	107	0	10	97	107	0	44	63
	%	58.88	41.12	100	0	9.35	90.65	100	0	41.12	58.88
2003	N	6 941	3 117	8 686	1 372	2 292	7 766	9 463	595	3 117	6 941
	%	69.01	30.99	86.36	13.64	22.79	77.21	94.08	5.92	30.99	69.01
2005	N	10 099	4 847	12 810	2 136	3 628	11 318	14 014	932	4 847	10 099
	%	67.57	32.43	85.71	14.29	24.27	75.73	93.76	6.24	32.43	67.57
2006	N	11 302	5 264	14 276	2 290	3 950	12 616	15 660	906	5 264	11 302
	%	68.22	31.78	86.18	13.82	23.84	76.16	94.53	5.47	31.78	68.22
2007	N	13 312	5 676	16 502	2 486	4 383	14 605	18 043	945	5 676	13 312
	%	70.11	29.89	86.91	13.09	23.08	76.92	95.02	4.98	29.89	70.11
Hydm=41		IE		IU		EU		GE		GI	
		0	1	0	1	0	1	0	1	0	1
1998	N	1 848	1 616	2 669	795	1 266	2 198	3 101	363	1 616	1 848
	%	53.35	46.65	77.05	22.95	36.55	63.45	89.52	10.48	46.65	53.35
1999	N	2 001	1 768	2 882	887	1 392	2 377	3 362	407	1 768	2 001
	%	53.09	46.91	76.47	23.53	36.93	63.07	89.2	10.8	46.91	53.09
2000	N	2 032	2 012	3 016	1 028	1 624	2 420	3 508	536	2 012	2 032
	%	50.25	49.75	74.58	25.42	40.16	59.84	86.75	13.25	49.75	50.25
2001	N	2 196	2 283	3 344	1 135	1 842	2 637	3 935	544	2 283	2 196
	%	49.03	50.97	74.66	25.34	41.13	58.87	87.85	12.15	50.97	49.03
2002	N	2 460	2 378	3 687	1 151	1 888	2 950	4 322	516	2 378	2 460
	%	50.85	49.15	76.21	23.79	39.02	60.98	89.33	10.67	49.15	50.85
2003	N	1 341	1 045	1 863	523	828	1 558	2 156	230	1 045	1 341
	%	56.2	43.8	78.08	21.92	34.7	65.3	90.36	9.64	43.8	56.2
2005	N	2 135	1 449	2 877	707	1 129	2 455	3 240	344	1 449	2 135
	%	59.57	40.43	80.27	19.73	31.5	68.5	90.4	9.6	40.43	59.57
2006	N	2 367	1 587	3 207	747	1 218	2 736	3 615	339	1 587	2 367
	%	59.86	40.14	81.11	18.89	30.8	69.2	91.43	8.57	40.14	59.86
2007	N	2 751	1 660	3 644	767	1 304	3 107	4 065	346	1 660	2 751
	%	62.37	37.63	82.61	17.39	29.56	70.44	92.16	7.84	37.63	62.37

表 14   1998—2007 年中国制造业细分行业（Hydm = 43）各类出口企业数目及比例

Hydm = 43		IE		IU		EU		GE		GI	
		0	1	0	1	0	1	0	1	0	1
1998	N	1 301	1 670	1 880	1 091	1 531	1 440	2 510	461	1 670	1 301
	%	43.79	56.21	63.28	36.72	51.53	48.47	84.48	15.52	56.21	43.79
1999	N	1 376	1 939	2 009	1 306	1 817	1 498	2 724	591	1 939	1 376
	%	41.51	58.49	60.6	39.4	54.81	45.19	82.17	17.83	58.49	41.51
2000	N	1 388	2 148	2 019	1 517	1 992	1 544	2 834	702	2 148	1 388
	%	39.25	60.75	57.1	42.9	56.33	43.67	80.15	19.85	60.75	39.25
2001	N	1 498	2 546	2 212	1 832	2 391	1 653	3 168	876	2 546	1 498
	%	37.04	62.96	54.7	45.3	59.12	40.88	78.34	21.66	62.96	37.04
2002	N	1 602	2 791	2 405	1 988	2 588	1 805	3 425	968	2 791	1 602
	%	36.47	63.53	54.75	45.25	58.91	41.09	77.96	22.04	63.53	36.47
2003	N	98	4	101	1	2	100	102	0	4	98
	%	96.08	3.92	99.02	0.98	1.96	98.04	100	0	3.92	96.08
2005	N	407	19	420	6	13	413	421	5	19	407
	%	95.54	4.46	98.59	1.41	3.05	96.95	98.83	1.17	4.46	95.54
2006	N	487	20	504	3	12	495	507	0	20	487
	%	96.06	3.94	99.41	0.59	2.37	97.63	100	0	3.94	96.06
2007	N	611	26	635	2	12	625	636	1	26	611
	%	95.92	4.08	99.69	0.31	1.88	98.12	99.84	0.16	4.08	95.92

附录 3　1998—2007 年各细分行业描述性统计表

表 1　1998—2007 年制造业细分行业（Hydm=14）企业生产率等描述性统计表

		样本数	均值	标准差	中位数	最小值	最大值
1998	EX	4 113	0.084 9	0.255 9	0.000 0	0.000 0	2.961 0
	EM	4 129	2 404	11 353	0.000 0	0.000 0	284 191
	ATFP	4 129	3.965 4	7.611 8	4.108 6	−3.723 2	9.685 9
	LTFP	4 129	6.274 0	10.754 8	6.403 7	−2.408 5	13.154 2
1999	EX	4 259	0.086 7	0.251 4	0.000 0	0.000 0	1.910 6
	EM	4 273	2 783	13 185	0.000 0	0.000 0	406 891
	ATFP	4 273	4.055 2	7.559 6	4.221 9	−3.542 5	8.363 8
	LTFP	4 273	6.400 7	10.671 9	6.553 7	−1.195 7	11.033 7
2000	EX	4 063	0.097 4	0.273 0	0.000 0	0.000 0	3.183 6
	EM	4 091	3 220	15 817	0.000 0	0.000 0	544 334
	ATFP	4 091	4.193 9	7.554 3	4.381 8	−5.365 1	9.919 4
	LTFP	4 091	6.552 4	10.671 8	6.715 2	−3.047 6	11.843 9
2001	EX	4 076	0.104 0	0.364 3	0.000 0	0.000 0	11.541 7
	EM	4 095	3 364	16 863	0.000 0	0.000 0	587 225
	ATFP	4 095	4.371 4	7.471 8	4.495 8	−2.764 3	9.285 9
	LTFP	4 095	6.761 7	10.581 6	6.877 9	0.184 2	12.668 3
2002	EX	4 171	0.104 1	0.274 0	0.000 0	0.000 0	2.236 1
	EM	4 183	4 052	19 782	0.000 0	0.000 0	557 348
	ATFP	4 183	4.566 4	7.420 1	4.694 5	−3.107 8	9.279 0
	LTFP	4 183	6.964 4	10.525 4	7.068 1	−0.688 0	11.375 6
2003	EX	4 313	0.116 8	0.288 2	0.000 0	0.000 0	1.885 2
	EM	4 321	5 436	30 605	0.000 0	0.000 0	1 190 568
	ATFP	4 321	4.748 0	7.376 4	4.819 0	−3.049 0	9.625 7
	LTFP	4 321	7.153 7	10.475 2	7.215 3	−0.808 6	11.471 8
2004	EX	—	—	—	—	—	—
	EM	—	—	—	—	—	—
	ATFP	2 743	5.016 1	0.992 9	5.016 2	−0.383 8	8.870 2
	LTFP	2 746	7.476 6	1.053 7	7.458 7	2.339 9	11.130 5
2005	EX	5 317	0.1188	0.2864	0.000 0	0.000 0	2.705 9
	EM	5 321	7 501	47 083	0.000 0	0.000 0	2 264 483
	ATFP	5 321	5.027 9	7.238 1	5.018 2	−4.414 6	9.394 3
	LTFP	5 321	7.438 1	10.350 5	7.439 0	−1.834 8	13.239 3
2006	EX	5 849	0.110 4	0.279 3	0.000 0	0.000 0	5.172 3
	EM	5 853	8 083	45 151	0.000 0	0.000 0	1 614 496
	ATFP	5 853	5.165 5	7.233 7	5.167 3	−3.502 9	9.992 6
	LTFP	5 853	7.603 9	10.342 6	7.602 9	−1.070 6	11.853 9
2007	EX	6 476	0.100 0	0.263 1	0.000 0	0.000 0	1.951 0
	EM	6 477	8 570	46 170	0.000 0	0.000 0	1 647 543
	ATFP	6 477	5.333 8	7.187 1	5.327 3	−4.627 5	9.981 6
	LTFP	6 477	7.791 3	10.308 1	7.771 6	−2.417 3	13.077

注：EX 出口交货值；EM 出口占比；ATFP 近似全要素生产率；LTFP 劳动生产率。

表2　1998—2007年制造业细分行业（Hydm=15）企业生产率等描述性统计表

		样本数	均值	标准差	中位数	最小值	最大值
1998	EX	2 995	0.031 2	0.146 9	0.000 0	0.000 0	1.205 6
	EM	3 006	1 488	10 492	0.000 0	0.000 0	197 998
	ATFP	3 006	4.139 0	7.515 4	4.288 0	−3.262 9	9.102 9
	LTFP	3 006	6.515 6	10.659 0	6.661 4	−0.919 3	13.520 7
1999	EX	3 165	0.032 8	0.154 9	0.000 0	0.000 0	1.835 4
	EM	3 182	1 431	10 547	0.000 0	0.000 0	242 440
	ATFP	3 182	4.219 9	7.484 5	4.371 4	−3.649 2	8.716 7
	LTFP	3 182	6.648 3	10.610 2	6.768 9	−1.176 4	11.844 7
2000	EX	3 000	0.035 5	0.217 8	0.000 0	0.000 0	8.647 5
	EM	3 012	1 472	10 416	0.000 0	0.000 0	300 110
	ATFP	3 012	4.337 7	7.438 9	4.483 4	−3.204 7	8.480 5
	LTFP	3 012	6.776 9	10.555 6	6.887 0	−0.723 2	11.689 3
2001	EX	3 002	0.036 0	0.158 7	0.000 0	0.000 0	1.573 0
	EM	3 009	1 787	12 673	0.000 0	0.000 0	331 890
	ATFP	3 009	4.440 5	7.457 5	4.610 0	−2.827 0	8.805 5
	LTFP	3 009	6.909 1	10.586 0	7.037 1	−0.297 4	12.085 8
2002	EX	3 005	0.042 7	0.177 0	0.000 0	0.000 0	2.112 8
	EM	3 013	1 973	15 093	0.000 0	0.000 0	467 500
	ATFP	3 013	4.583 8	7.413 8	4.723 9	−2.033 2	9.075 0
	LTFP	3 013	7.075 5	10.545 0	7.170 2	0.401 2	12.061 8
2003	EX	3 018	0.050 2	0.202 4	0.000 0	0.000 0	3.023 8
	EM	3 019	2 576	18 510	0.000 0	0.000 0	599 290
	ATFP	3 019	4.723 5	7.372 4	4.862 7	−1.878 7	9.045 0
	LTFP	3 019	7.228 1	10.499 7	7.319 4	0.330 8	12.412 0
2004	EX	—	—	—	—	—	—
	EM	—	—	—	—	—	—
	ATFP	1 836	5.078 7	1.028 7	5.104 3	0.335 8	9.375 9
	LTFP	1 836	7.663 9	1.115 0	7.676 9	2.949 9	12.766 1
2005	EX	3 400	0.053 5	0.196 0	0.000 0	0.000 0	2.234 8
	EM	3 402	3 747	30 025	0.000 0	0.000 0	1 110 960
	ATFP	3 402	5.055 1	7.272 6	5.099 6	−2.513 2	9.514 9
	LTFP	3 402	7.585 4	10.400 7	7.601 6	0.143 5	12.891 1
2006	EX	3 811	0.045 7	0.178 0	0.000 0	0.000 0	2.366 0
	EM	3 811	4 308	42 970	0.000 0	0.000 0	1 651 280
	ATFP	3 811	5.238 5	7.209 8	5.256 6	0.228 1	8.820 6
	LTFP	3 811	7.779 1	10.327 3	7.800 2	2.990 7	12.333 4
2007	EX	4 319	0.034 8	0.158 6	0.000 0	0.000 0	1.982 7
	EM	4 320	3 939	49 670	0.000 0	0.000 0	2 118 364
	ATFP	4 320	5.420 4	7.203 6	5.442 5	−1.505 6	9.297 9
	LTFP	4 320	7.978 2	10.328 7	7.978 9	0.943 7	12.323 8

表3　1998—2007年制造业细分行业（Hydm＝16）企业生产率等描述性统计表

		样本数	均值	标准差	中位数	最小值	最大值
1998	EX	284	0.012 2	0.071 6	0.000 0	0.000 0	0.760 0
	EM	284	7 679	63 997	0.000 0	0.000 0	817 797
	ATFP	284	5.167 4	7.394 4	5.342 8	0.723 7	8.283 0
	LTFP	284	7.801 7	10.638 6	7.845 6	3.239 8	11.664 7
1999	EX	325	0.012 6	0.117 8	0.000 0	0.000 0	1.993 4
	EM	325	3 032	30 692	0.000 0	0.000 0	538 255
	ATFP	325	5.196 7	7.414 9	5.330 6	− 1.016 7	9.024 9
	LTFP	325	7.853 4	10.648 0	7.948 5	1.326 8	11.539 5
2000	EX	319	0.008 9	0.058 6	0.000 0	0.000 0	0.707 7
	EM	320	3 493	30 820	0.000 0	0.000 0	513 976
	ATFP	320	5.126 6	7.406 9	5.166 1	0.670 2	8.088 5
	LTFP	320	7.816 5	10.652 1	7.818 8	3.139 6	11.483 5
2001	EX	295	0.008 0	0.064 4	0.000 0	0.000 0	0.977 1
	EM	296	4 682	35 666	0.000 0	0.000 0	553 824
	ATFP	296	5.233 5	7.505 8	5.368 4	− 0.212 4	8.086 1
	LTFP	296	7.966 7	10.766 6	8.079 8	1.871 6	11.543 0
2002	EX	270	0.007 8	0.056 6	0.000 0	0.000 0	0.813 2
	EM	270	6 382	40 661	0.000 0	0.000 0	588 477
	ATFP	270	5.499 6	7.455 4	5.519 7	− 0.272 3	8.659 4
	LTFP	270	8.250 4	10.746 5	8.104 1	1.557 5	11.890 3
2003	EX	236	0.009 5	0.052 8	0.000 0	0.000 0	0.658 2
	EM	236	9 446	49 337	0.000 0	0.000 0	627 272
	ATFP	236	5.596 8	7.575 1	5.707 5	1.370 7	8.530 2
	LTFP	236	8.391 1	10.849 6	8.325 9	3.771 3	11.970 9
2004	EX	—	—	—	—	—	—
	EM	—	—	—	—	—	—
	ATFP	133	5.877 9	1.292 8	5.653 9	3.058 9	8.720 2
	LTFP	134	8.740 4	1.488 4	8.461 8	5.460 7	12.108 2
2005	EX	177	0.023 2	0.124 7	0.000 0	0.000 0	1.000 0
	EM	177	13 240	59 021	0.000 0	0.000 0	626 486
	ATFP	177	5.818 2	7.468 7	5.600 9	1.888 5	8.872 0
	LTFP	177	8.622 1	10.779 9	8.384 4	5.230 1	12.218 1
2006	EX	160	0.017 6	0.111 3	0.000 0	0.000 0	1.003 0
	EM	160	14 329	65 375	0.000 0	0.000 0	637 596
	ATFP	160	5.918 2	7.502 1	5.744 7	0.893 8	9.082 9
	LTFP	160	8.740 9	10.773 9	8.396 0	3.411 2	12.426 8
2007	EX	142	0.015 4	0.109 5	0.000 0	0.000 0	0.962 3
	EM	142	17 063	72 582	0.000 0	0.000 0	652 228
	ATFP	142	6.099 1	7.480 1	5.772 1	2.972 3	8.922 9
	LTFP	142	8.970 0	10.740 7	8.565 5	5.522 5	12.224 9

表4   1998—2007 年制造业细分行业（Hydm = 17）企业生产率等描述性统计表

		样本数	均值	标准差	中位数	最小值	最大值
1998	EX	9 814	0. 230 6	0. 353 6	0. 000 0	0. 000 0	1. 723 9
	EM	9 837	12 154	44 419	0. 000 0	0. 000 0	2 503 570
	ATFP	9 837	4. 134 6	7. 323 6	4. 187 2	− 4. 026 3	9. 306 5
	LTFP	9 837	6. 389 8	10. 461 0	6. 398 3	− 2. 600 7	13. 729 8
1999	EX	10 019	0. 223 5	0. 350 3	0. 000 0	0. 000 0	3. 027 4
	EM	10 052	12 618	46 911	0. 000 0	0. 000 0	2 384 286
	ATFP	10 052	4. 235 0	7. 279 3	4. 311 1	− 4. 617 7	9. 089 6
	LTFP	10 052	6. 511 0	10. 375 0	6. 558 6	− 2. 010 7	12. 372 2
2000	EX	10 195	0. 229 3	0. 357 1	0. 000 0	0. 000 0	1. 719 2
	EM	10 248	14 230	50 388	0. 000 0	0. 000 0	2 032 649
	ATFP	10 248	4. 390 7	7. 205 3	4. 446 0	− 4. 872 9	9. 092 9
	LTFP	10 248	6. 665 2	10. 308 9	6. 706 8	− 2. 009 0	11. 359 6
2001	EX	11 499	0. 221 2	0. 352 5	0. 000 0	0. 000 0	2. 396 5
	EM	11 550	13 671	56 314	0. 000 0	0. 000 0	2 218 018
	ATFP	11 550	4. 503 9	7. 163 7	4. 546 1	− 3. 598 4	9. 715 8
	LTFP	11 550	6. 782 1	10. 270 2	6. 802 1	− 0. 990 6	12. 596 7
2002	EX	12 605	0. 221 0	0. 361 9	0. 000 0	0. 000 0	7. 915 0
	EM	12 624	13 847	65 845	0. 000 0	0. 000 0	3 372 934
	ATFP	12 624	4. 631 1	7. 161 1	4. 674 4	− 3. 920 2	9. 728 1
	LTFP	12 624	6. 932 7	10. 283 7	6. 953 4	− 1. 479 1	13. 705 7
2003	EX	14 338	0. 236 9	0. 367 6	0. 000 0	0. 000 0	1. 745 2
	EM	14 363	15 556	75 830	0. 000 0	0. 000 0	3 781 492
	ATFP	14 363	4. 731 8	7. 107 0	4. 749 1	− 5. 219 9	11. 832 4
	LTFP	14 363	7. 028 3	10. 218 2	7. 024 8	− 2. 538 5	13. 002 1
2004	EX	—	—	—	—	—	—
	EM	—	—	—	—	—	—
	ATFP	10 410	4. 912 9	0. 821 5	4. 865 6	− 3. 398 3	11. 529 5
	LTFP	10 429	7. 222 6	0. 881 4	7. 169 2	− 0. 906 8	12. 679 4
2005	EX	22 037	0. 231 6	0. 375 0	0. 000 0	0. 000 0	5. 867 2
	EM	22 041	15 037	81 775	0. 000 0	0. 000 0	6 202 791
	ATFP	22 041	4. 939 7	7. 032 5	4. 913 9	− 2. 305 8	10. 120 3
	LTFP	22 041	7. 229 5	10. 147 0	7. 198 1	0. 629 0	11. 725 9
2006	EX	24 947	0. 209 0	0. 362 0	0. 000 0	0. 000 0	5. 527 2
	EM	24 959	14 742	85 454	0. 000 0	0. 000 0	7 041 644
	ATFP	24 959	5. 057 9	7. 036 0	5. 009 4	− 4. 315 7	10. 617 5
	LTFP	24 959	7. 373 1	10. 152 3	7. 323 3	− 1. 300 8	11. 632 3
2007	EX	27 531	0. 189 2	0. 350 4	0. 000 0	0. 000 0	2. 131 6
	EM	27 536	14 415	88 886	0. 000 0	0. 000 0	7 948 476
	ATFP	27 536	5. 172 9	7. 029 2	5. 119 1	− 2. 929 0	12. 577 6
	LTFP	27 536	7. 508 5	10. 137 1	7. 462 5	0. 116 1	15. 039 2

表5　1998—2007年制造业细分行业（Hydm=19）企业生产率等描述性统计表

		样本数	均值	标准差	中位数	最小值	最大值
1998	EX	2 807	0. 432 6	0. 449 6	0. 244 3	0. 000 0	3. 299 5
	EM	2 812	18 835	51 624	3 535	0. 000 0	748 946
	ATFP	2 812	4. 583 9	7. 325 0	4. 619 2	− 2. 201 2	9. 032 1
	LTFP	2 812	6. 722 9	10. 517 6	6. 699 6	− 0. 047 3	11. 976 0
1999	EX	2 935	0. 449 1	0. 456 9	0. 320 5	0. 000 0	3. 543 4
	EM	2 942	21 711	74 149	3 532	0. 000 0	2 220 190
	ATFP	2 942	4. 483 6	7. 295 5	4. 553 8	− 4. 492 1	8. 529 6
	LTFP	2 942	6. 572 6	10. 411 7	6. 597 6	− 2. 690 6	11. 095 8
2000	EX	2 957	0. 481 5	0. 460 9	0. 485 2	0. 000 0	3. 201 1
	EM	2 966	26 064	87 813	5 634	0. 000 0	2 763 134
	ATFP	2 966	4. 603 2	7. 212 0	4. 654 7	− 4. 556 6	9. 820 5
	LTFP	2 966	6. 702 4	10. 340 0	6. 702 4	− 2. 384 3	13. 144 9
2001	EX	3 376	0. 479 6	0. 458 1	0. 462 4	0. 000 0	2. 093 7
	EM	3 381	26 103	85 772	5 253	0. 000 0	2 654 317
	ATFP	3 381	4. 729 4	7. 169 3	4. 739 9	− 2. 908 6	9. 362 1
	LTFP	3 381	6. 790 4	10. 304 2	6. 743 2	− 0. 695 5	11. 615 4
2002	EX	3 759	0. 486 6	0. 460 0	0. 522 2	0. 000 0	2. 315 3
	EM	3 767	26 970	89 342	5 600	0. 000 0	2 116 205
	ATFP	3 767	4. 797 2	7. 148 3	4. 800 5	− 2. 114 7	7. 987 0
	LTFP	3 767	6. 850 4	10. 277 5	6. 793 8	− 0. 052 0	10. 519 6
2003	EX	4 373	0. 498 0	0. 459 8	0. 564 5	0. 000 0	1. 806 4
	EM	4 379	27 976	100 723	6 155	0. 000 0	2 846 440
	ATFP	4 379	4. 855 3	7. 135 0	4. 837 3	− 4. 943 2	8. 520 5
	LTFP	4 379	6. 892 6	10. 274 7	6. 818 3	− 2. 278 0	10. 924 9
2004	EX	—	—	—	—	—	—
	EM	—	—	—	—	—	—
	ATFP	3 073	4. 963 9	0. 840 7	4. 883 4	1. 131 3	8. 752 7
	LTFP	3 080	6. 980 1	0. 937 0	6. 829 7	2. 140 5	10. 794 9
2005	EX	6 153	0. 479 6	0. 461 2	0. 449 9	0. 000 0	2. 245 6
	EM	6 158	27 729	103 553	6 233	0. 000 0	5 286 225
	ATFP	6 158	4. 943 6	7. 082 5	4. 877 4	− 3. 382 5	8. 922 4
	LTFP	6 158	6. 938 2	10. 225 1	6. 808 2	0. 143 5	11. 292 6
2006	EX	6 762	0. 433 0	0. 458 1	0. 157 5	0. 000 0	2. 582 9
	EM	6 763	28 593	110 663	4 500	0. 000 0	5 916 025
	ATFP	6 763	5. 096 8	7. 072 2	5. 011 5	− 0. 131 6	9. 457 5
	LTFP	6 763	7. 107 5	10. 224 1	6. 954 4	1. 580 3	11. 181 8
2007	EX	7 368	0. 407 6	0. 459 5	0. 017 7	0. 000 0	3. 336 8
	EM	7 368	29 399	109 980	1 005	0. 000 0	5 115 576
	ATFP	7 368	5. 224 6	7. 055 4	5. 104 9	− 2. 550 4	9. 248 1
	LTFP	7 368	7. 255 0	10. 200 9	7. 095 9	− 0. 090 1	11. 442 6

表6　1998—2007 年制造业细分行业（Hydm = 20）企业生产率等描述性统计表

		样本数	均值	标准差	中位数	最小值	最大值
1998	EX	1 903	0. 127 9	0. 310 3	0. 000 0	0. 000 0	1. 889 6
	EM	1 908	2 899	16 467	0. 000 0	0. 000 0	597 800
	ATFP	1 908	4. 333 8	7. 485 9	4. 402 5	− 3. 224 8	8. 705 8
	LTFP	1 908	6. 546 0	10. 562 4	6. 622 4	− 0. 880 4	10. 375 2
1999	EX	2 166	0. 127 8	0. 310 9	0. 000 0	0. 000 0	2. 049 8
	EM	2 178	3 041	23 166	0. 000 0	0. 000 0	992 290
	ATFP	2 178	4. 409 2	7. 385 3	4. 494 4	− 1. 346 0	8. 384 7
	LTFP	2 178	6. 648 0	10. 435 5	6. 746 0	1. 103 7	10. 314 4
2000	EX	2 334	0. 155 5	0. 333 6	0. 000 0	0. 000 0	1. 338 9
	EM	2 339	4 059	27 606	0. 000 0	0. 000 0	1 196 360
	ATFP	2 339	4. 474 2	7. 299 5	4. 554 6	− 2. 755 1	8. 431 6
	LTFP	2 339	6. 713 5	10. 378 7	6. 782 7	− 0. 415 7	11. 270 1
2001	EX	2 612	0. 159 7	0. 336 5	0. 000 0	0. 000 0	1. 607 1
	EM	2 622	4 148	30 624	0. 000 0	0. 000 0	1 438 610
	ATFP	2 622	4. 636 7	7. 205 0	4. 731 1	− 1. 954 7	8. 247 3
	LTFP	2 622	6. 872 3	10. 260 5	6. 906 5	1. 196 2	10. 999 5
2002	EX	2 847	0. 175 6	0. 358 2	0. 000 0	0. 000 0	3. 553 3
	EM	2 850	4 896	34 772	0. 000 0	0. 000 0	1 662 900
	ATFP	2 850	4. 739 3	7. 187 5	4. 791 8	− 1. 149 8	8. 755 6
	LTFP	2 850	6. 984 9	10. 256 2	7. 002 4	1. 228 9	10. 763 8
2003	EX	3 359	0. 180 9	0. 356 3	0. 000 0	0. 000 0	1. 680 3
	EM	3 365	5 918	36 783	0. 000 0	0. 000 0	1 733 000
	ATFP	3 365	4. 822 5	7. 155 0	4. 866 9	− 2. 698 5	8. 514 0
	LTFP	3 365	7. 048 6	10. 222 4	7. 076 9	− 0. 069 6	10. 844 1
2004	EX	—	—	—	—	—	—
	EM	—	—	—	—	—	—
	ATFP	1 993	5. 061 7	0. 934 6	5. 033 3	− 1. 499 2	8. 976 2
	LTFP	1 996	7. 320 1	0. 951 6	7. 269 4	1. 120 1	11. 399 1
2005	EX	5 273	0. 168 2	0. 339 6	0. 000 0	0. 000 0	1. 765 0
	EM	5 274	7 199	43 925	0. 000 0	0. 000 0	2 154 316
	ATFP	5 274	5. 048 3	7. 045 4	5. 059 8	− 1. 341 2	8. 951 2
	LTFP	5 274	7. 285 6	10. 146 9	7. 259 3	1. 170 5	11. 364 3
2006	EX	6 258	0. 149 2	0. 324 0	0. 000 0	0. 000 0	3. 908 4
	EM	6 258	7 585	48 162	0. 000 0	0. 000 0	2 431 196
	ATFP	6 258	5. 160 5	7. 017 2	5. 154 5	− 0. 355 1	9. 700 0
	LTFP	6 258	7. 410 7	10. 129 9	7. 380 6	2. 737 5	11. 338 7
2007	EX	7 735	0. 128 4	0. 304 9	0. 000 0	0. 000 0	1. 571 1
	EM	7 736	7 300	56 100	0. 000 0	0. 000 0	3 460 405
	ATFP	7 736	5. 335 1	7. 028 5	5. 312 1	− 1. 535 0	9. 956 8
	LTFP	7 736	7. 604 7	10. 141 6	7. 556 3	1. 549 8	11. 821 6

表 7　1998—2007 年制造业细分行业（Hydm = 21）企业生产率等描述性统计表

		样本数	均值	标准差	中位数	最小值	最大值
1998	EX	1 241	0. 184 8	0. 387 7	0. 000 0	0. 000 0	5. 739 9
	EM	1 242	5 841	20 970	0. 000 0	0. 000 0	304 840
	ATFP	1 242	4. 495 1	7. 361 9	4. 559 2	− 0. 465 3	8. 778 1
	LTFP	1 242	6. 690 5	10. 479 1	6. 745 4	1. 518 6	11. 239 4
1999	EX	1 355	0. 198 7	0. 368 9	0. 000 0	0. 000 0	1. 388 4
	EM	1 356	7 407	24 582	0. 000 0	0. 000 0	251 410
	ATFP	1 356	4. 580 1	7. 253 0	4. 667 4	− 1. 597 8	8. 246 2
	LTFP	1 356	6. 786 4	10. 322 2	6. 842 9	1. 250 4	10. 233 4
2000	EX	1 388	0. 225 0	0. 392 2	0. 000 0	0. 000 0	2. 801 5
	EM	1 391	9 910	35 879	0. 000 0	0. 000 0	534 367
	ATFP	1 391	4. 579 0	7. 223 9	4. 649 9	− 2. 202 6	7. 939 6
	LTFP	1 391	6. 805 8	10. 292 9	6. 848 8	0. 095 1	9. 944 3
2001	EX	1 548	0. 228 0	0. 391 4	0. 000 0	0. 000 0	1. 388 9
	EM	1 550	9 793	35 988	0. 000 0	0. 000 0	574 340
	ATFP	1 550	4. 668 1	7. 191 2	4. 741 9	− 2. 478 3	8. 490 3
	LTFP	1 550	6. 884 5	10. 269 9	6. 928 9	− 0. 672 8	10. 173 6
2002	EX	1 670	0. 271 3	0. 415 1	0. 000 0	0. 000 0	1. 560 1
	EM	1 672	13 077	42 921	0. 000 0	0. 000 0	578 990
	ATFP	1 672	4. 744 2	7. 251 3	4. 819 1	− 4. 398 0	9. 410 0
	LTFP	1 672	6. 984 9	10. 317 6	7. 031 1	− 1. 836 8	11. 388 3
2003	EX	1 966	0. 297 0	0. 426 4	0. 000 0	0. 000 0	2. 334 6
	EM	1 971	16 878	56 512	0. 000 0	0. 000 0	763 751
	ATFP	1 971	4. 811 5	7. 151 1	4. 856 9	− 1. 552 8	8. 653 3
	LTFP	1 971	7. 049 6	10. 229 5	7. 098 4	0. 869 8	10. 959 7
2004	EX	—	—	—	—	—	—
	EM	—	—	—	—	—	—
	ATFP	1 367	4. 986 9	0. 866 0	4. 944 1	0. 648 8	8. 033 1
	LTFP	1 367	7. 221 5	0. 886 9	7. 175 2	3. 660 9	10. 857 0
2005	EX	3 008	0. 349 8	0. 436 4	0. 000 0	0. 000 0	1. 545 9
	EM	3 011	24 035	86 063	0. 000 0	0. 000 0	1 730 860
	ATFP	3 011	4. 942 8	7. 066 9	4. 934 0	− 2. 376 2	8. 580 5
	LTFP	3 011	7. 152 7	10. 157 2	7. 111 7	0. 457 2	11. 010 2
2006	EX	3 533	0. 325 0	0. 426 8	0. 000 0	0. 000 0	1. 628 1
	EM	3 534	24 420	88 013	0. 000 0	0. 000 0	2 050 750
	ATFP	3 534	5. 064 2	7. 042 2	5. 046 1	− 2. 530 5	9. 243 1
	LTFP	3 534	7. 284 9	10. 135 1	7. 248 1	0. 113 9	11. 391 4
2007	EX	4 039	0. 321 2	0. 439 7	0. 000 0	0. 000 0	4. 980 1
	EM	4 039	25 442	89 092	0. 000 0	0. 000 0	2 317 330
	ATFP	4 039	5. 203 0	7. 073 8	5. 152 3	− 2. 689 8	9. 266 3
	LTFP	4 039	7. 424 0	10. 190 5	7. 347 5	− 0. 683 7	12. 163 9

表 8　1998—2007 年制造业细分行业（Hydm = 22）企业生产率等描述性统计表

		样本数	均值	标准差	中位数	最小值	最大值
1998	EX	3 973	0. 058 3	0. 205 3	0. 000 0	0. 000 0	1. 250 0
	EM	3 978	2 187	12 496	0. 000 0	0. 000 0	265 948
	ATFP	3 978	4. 329 0	7. 251 9	4. 413 6	− 2. 671 8	8. 488 2
	LTFP	3 978	6. 614 0	10. 391 3	6. 674 0	− 0. 267 4	11. 985 7
1999	EX	4 276	0. 060 8	0. 211 4	0. 000 0	0. 000 0	2. 126 1
	EM	4 284	2 261	13 697	0. 000 0	0. 000 0	282 780
	ATFP	4 284	4. 374 5	7. 239 2	4. 458 6	− 5. 738 7	8. 243 2
	LTFP	4 284	6. 686 2	10. 339 7	6. 759 7	− 3. 471 7	10. 648 8
2000	EX	4 324	0. 058 1	0. 203 6	0. 000 0	0. 000 0	1. 394 2
	EM	4 338	2 642	17 523	0. 000 0	0. 000 0	567 106
	ATFP	4 338	4. 458 0	7. 200 8	4. 531 2	− 4. 649 0	8. 301 0
	LTFP	4 338	6. 789 4	10. 313 1	6. 858 5	− 2. 082 2	11. 538 7
2001	EX	4 724	0. 053 4	0. 197 2	0. 000 0	0. 000 0	1. 428 9
	EM	4 732	2 653	22 202	0. 000 0	0. 000 0	724 160
	ATFP	4 732	4. 588 9	7. 133 0	4. 646 1	− 1. 470 9	8. 295 3
	LTFP	4 732	6. 933 3	10. 235 0	6. 980 9	0. 395 7	10. 983 5
2002	EX	5 003	0. 047 8	0. 183 3	0. 000 0	0. 000 0	1. 428 9
	EM	5 009	2 937	28 456	0. 000 0	0. 000 0	1 138 650
	ATFP	5 009	4. 733 9	7. 117 8	4. 766 0	− 3. 381 0	8. 646 3
	LTFP	5 009	7. 096 4	10. 227 1	7. 121 6	− 0. 252 7	11. 897 8
2003	EX	5 307	0. 048 3	0. 185 6	0. 000 0	0. 000 0	1. 237 8
	EM	5 313	3 569	38 189	0. 000 0	0. 000 0	1 599 971
	ATFP	5 313	4. 815 5	7. 134 2	4. 858 5	− 4. 120 2	8. 952 1
	LTFP	5 313	7. 199 9	10. 233 0	7. 237 2	− 1. 173 2	11. 736 1
2004	EX	—	—	—	—	—	—
	EM	—	—	—	—	—	—
	ATFP	3 765	5. 007 8	0. 822 9	4. 984 5	0. 108 0	9. 177 3
	LTFP	3 769	7. 435 9	0. 869 7	7. 406 5	2. 238 1	11. 928 9
2005	EX	7 271	0. 057 7	0. 203 5	0. 000 0	0. 000 0	1. 525 5
	EM	7 280	4 257	42 134	0. 000 0	0. 000 0	2 143 753
	ATFP	7 280	4. 981 2	7. 062 7	4. 980 4	− 2. 249 1	9. 690 1
	LTFP	7 280	7. 380 9	10. 169 1	7. 371 2	0. 405 9	12. 393 2
2006	EX	7 750	0. 055 4	0. 200 7	0. 000 0	0. 000 0	2. 601 7
	EM	7 753	5 757	75 131	0. 000 0	0. 000 0	4 444 403
	ATFP	7 753	5. 109 1	7. 059 7	5. 105 1	− 1. 210 1	9. 427 6
	LTFP	7 753	7. 519 1	10. 166 3	7. 493 4	1. 287 6	11. 973 2
2007	EX	8 215	0. 054 2	0. 202 9	0. 000 0	0. 000 0	2. 336 1
	EM	8 217	6 290	87 318	0. 000 0	0. 000 0	5 899 548
	ATFP	8 217	5. 244 9	7. 073 1	5. 218 3	− 4. 351 4	9. 845 1
	LTFP	8 217	7. 660 9	10. 180 5	7. 624 9	− 1. 669 0	12. 822 4

表9 1998—2007年制造业细分行业（Hydm＝23）企业生产率等描述性统计表

		样本数	均值	标准差	中位数	最小值	最大值
1998	EX	3 268	0.024 6	0.140 7	0.000 0	0.000 0	1.738 7
	EM	3 272	1 085	12 563	0.000 0	0.000 0	428 945
	ATFP	3 272	3.957 3	7.350 2	4.034 9	−1.038 1	9.129 7
	LTFP	3 272	6.175 2	10.541 0	6.236 1	1.302 4	11.942 3
1999	EX	3 466	0.026 1	0.144 3	0.000 0	0.000 0	1.447 3
	EM	3 472	1 108	11 998	0.000 0	0.000 0	459 687
	ATFP	3 472	3.990 8	7.345 0	4.108 2	−2.939 3	7.590 7
	LTFP	3 472	6.264 1	10.523 6	6.345 4	−0.780 0	10.274 0
2000	EX	3 373	0.028 7	0.153 6	0.000 0	0.000 0	1.500 9
	EM	3 378	1 118	9 627	0.000 0	0.000 0	282 125
	ATFP	3 378	4.066 1	7.356 4	4.208 3	−1.459 4	8.265 0
	LTFP	3 378	6.376 8	10.530 7	6.470 3	0.551 8	10.432 2
2001	EX	3 425	0.030 8	0.155 6	0.000 0	0.000 0	1.340 1
	EM	3 434	1 702	19 893	0.000 0	0.000 0	784 229
	ATFP	3 434	4.227 6	7.314 7	4.326 0	−2.019 4	8.912 6
	LTFP	3 434	6.591 2	10.487 2	6.674 0	0.119 2	11.764 6
2002	EX	3 525	0.034 4	0.168 2	0.000 0	0.000 0	2.290 1
	EM	3 528	1 862	21 312	0.000 0	0.000 0	840 639
	ATFP	3 528	4.408 2	7.253 2	4.503 4	−3.751 2	8.692 8
	LTFP	3 528	6.814 4	10.419 2	6.918 1	−1.592 4	11.104 4
2003	EX	3 876	0.044 2	0.186 6	0.000 0	0.000 0	1.342 2
	EM	3 881	2 675	26 443	0.000 0	0.000 0	947 761
	ATFP	3 881	4.522 9	7.241 5	4.636 1	−2.315 6	8.917 8
	LTFP	3 881	6.949 6	10.400 7	7.042 3	−0.102 0	11.069 3
2004	EX	—	—	—	—	—	—
	EM	—	—	—	—	—	—
	ATFP	2 523	4.675 5	0.922 1	4.708 3	−1.543 7	9.217 5
	LTFP	2 527	7.168 2	1.025 6	7.206 9	1.657 8	11.957 6
2005	EX	4 642	0.052 5	0.196 1	0.000 0	0.000 0	1.245 7
	EM	4 648	3 349	31 072	0.000 0	0.000 0	1 176 672
	ATFP	4 648	4.711 5	7.118 5	4.733 9	−1.355 8	9.484 1
	LTFP	4 648	7.180 3	10.264 7	7.191 4	0.693 5	11.511 1
2006	EX	4 868	0.047 9	0.185 0	0.000 0	0.000 0	1.356 7
	EM	4 872	3 526	31 397	0.000 0	0.000 0	1 567 255
	ATFP	4 872	4.824 2	7.082 6	4.807 8	−2.454 2	9.127 3
	LTFP	4 872	7.303 5	10.216 4	7.289 6	−0.451 2	11.634 8
2007	EX	4 989	0.053 1	0.196 6	0.000 0	0.000 0	1.500 0
	EM	4 991	4 432	37 408	0.000 0	0.000 0	1 786 417
	ATFP	4 991	5.010 8	7.070 1	4.944 3	−1.017 3	8.962 0
	LTFP	4 991	7.513 4	10.176 9	7.445 4	1.624 0	11.374 9

表 10　1998—2007 年制造业细分行业（Hydm = 24）企业生产率等描述性统计表

		样本数	均值	标准差	中位数	最小值	最大值
1998	EX	1 564	0.529 2	0.446 7	0.663 9	0.000 0	2.144 2
	EM	1 565	20 158	48 680	6 900	0.000 0	691 640
	ATFP	1 565	4.441 5	7.247 7	4.490 3	− 3.634 3	7.976 2
	LTFP	1 565	6.500 7	10.406 2	6.479 9	− 1.747 4	10.871 2
1999	EX	1 702	0.523 7	0.448 5	0.639 5	0.000 0	1.534 2
	EM	1 703	19 741	51 855	6 212	0.000 0	938 222
	ATFP	1 703	4.424 5	7.156 3	4.473 7	− 1.194 3	8.341 5
	LTFP	1 703	6.479 1	10.257 1	6.508 3	0.805 8	10.736 7
2000	EX	1 770	0.554 8	0.445 9	0.751 2	0.000 0	1.728 1
	EM	1 774	22 183	51 226	7 351	0.000 0	1 101 450
	ATFP	1 774	4.473 8	7.150 1	4.527 1	− 0.848 4	8.332 4
	LTFP	1 774	6.528 9	10.262 1	6.547 1	1.323 4	11.145 7
2001	EX	1 953	0.557 4	0.445 3	0.747 2	0.000 0	2.377 5
	EM	1 958	21 938	52 274	6 825	0.000 0	879 270
	ATFP	1 958	4.577 8	7.094 7	4.626 1	− 0.821 0	8.438 6
	LTFP	1 958	6.618 8	10.215 5	6.634 5	0.618 9	10.203 3
2002	EX	2 212	0.564 8	0.437 2	0.764 5	0.000 0	1.558 1
	EM	2 216	22 930	57 162	7 598	0.000 0	855 430
	ATFP	2 216	4.675 1	7.066 1	4.701 3	− 2.753 0	8.254 6
	LTFP	2 216	6.727 8	10.173 1	6.712 9	0.130 3	10.491 1
2003	EX	2 461	0.597 0	0.437 3	0.828 7	0.000 0	1.738 9
	EM	2 465	25 779	64 741	8 631	0.000 0	1 014 660
	ATFP	2 465	4.699 1	7.079 7	4.709 5	− 2.175 7	8.321 0
	LTFP	2 465	6.738 4	10.180 2	6.733 5	− 0.834 9	9.990 4
2004	EX	—	—	—	—	—	—
	EM	—	—	—	—	—	—
	ATFP	1 725	4.797 2	0.797 7	4.767 7	1.395 4	7.647 4
	LTFP	1 727	6.868 9	0.847 0	6.833 1	3.845 5	10.426 2
2005	EX	3 331	0.556 8	0.444 6	0.747 2	0.000 0	1.800 3
	EM	3 332	28 132	81 436	8 151	0.000 0	1 781 430
	ATFP	3 332	4.808 4	7.029 3	4.783 6	− 0.883 6	8.705 8
	LTFP	3 332	6.870 6	10.141 3	6.833 2	1.099 0	10.448 0
2006	EX	3 578	0.528 7	0.445 5	0.657 2	0.000 0	2.029 6
	EM	3 578	29 979	96 143	7 998	0.000 0	2 339 059
	ATFP	3 578	4.892 2	7.005 5	4.855 2	0.209 2	8.548 1
	LTFP	3 578	6.981 1	10.113 0	6.933 4	2.174 3	11.240 3
2007	EX	4 041	0.503 3	0.451 1	0.567 3	0.000 0	2.394 1
	EM	4 042	30 895	109 475	7 242	0.000 0	3 580 520
	ATFP	4 042	4.982 8	6.986 8	4.931 8	− 0.200 9	8.854 3
	LTFP	4 042	7.093 8	10.096 9	7.019 3	2.291 8	11.552 3

表 11　1998—2007 年制造业细分行业（Hydm = 25）企业生产率等描述性统计表

		样本数	均值	标准差	中位数	最小值	最大值
1998	EX	906	0.024 0	0.132 0	0.000 0	0.000 0	1.391 8
	EM	906	6 526	55 082	0.000 0	0.000 0	1 269 320
	ATFP	906	4.778 3	7.193 0	4.794 1	0.177 0	8.795 5
	LTFP	906	7.211 1	10.342 6	7.254 2	2.857 7	13.770 9
1999	EX	915	0.014 3	0.096 1	0.000 0	0.000 0	1.549 4
	EM	917	10 625	92 772	0.000 0	0.000 0	1 513 490
	ATFP	917	4.789 9	7.277 6	4.802 5	− 1.912 2	9.034 1
	LTFP	917	7.287 6	10.419 9	7.244 3	0.577 2	10.805 4
2000	EX	910	0.018 2	0.109 6	0.000 0	0.000 0	1.095 5
	EM	912	18 868	194 498	0.000 0	0.000 0	4 802 290
	ATFP	912	4.916 1	7.322 8	4.866 6	− 0.939 2	9.840 7
	LTFP	912	7.424 6	10.511 7	7.333 1	2.286 8	12.921 6
2001	EX	957	0.016 5	0.095 6	0.000 0	0.000 0	1.024 2
	EM	957	17 684	171 052	0.000 0	0.000 0	3 635 810
	ATFP	957	5.026 0	7.238 4	5.002 5	− 0.421 3	8.404 6
	LTFP	957	7.569 4	10.428 6	7.451 6	2.731 5	11.887 2
2002	EX	1 078	0.017 4	0.112 4	0.000 0	0.000 0	1.785 7
	EM	1 078	19 563	195 612	0.000 0	0.000 0	4 709 350
	ATFP	1 078	5.140 4	7.292 9	5.128 1	− 0.631 5	11.302 0
	LTFP	1 078	7.697 6	10.465 1	7.655 1	1.922 1	11.544 4
2003	EX	1 258	0.014 8	0.104 8	0.000 0	0.000 0	1.331 6
	EM	1 258	23 624	241 575	0.000 0	0.000 0	5 874 250
	ATFP	1 258	5.430 9	7.227 4	5.383 7	− 0.442 7	8.867 3
	LTFP	1 258	8.003 1	10.419 1	7.934 3	0.991 2	12.126 7
2004	EX	—	—	—	—	—	—
	EM	—	—	—	—	—	—
	ATFP	823	5.722 9	1.049 0	5.690 9	− 3.815 5	10.298 2
	LTFP	824	8.375 9	1.166 2	8.307 1	− 0.783 4	11.930 3
2005	EX	1 913	0.014 6	0.098 8	0.000 0	0.000 0	1.775 4
	EM	1 914	17 206	329 851	0.000 0	0.000 0	12 100 000
	ATFP	1 914	5.591 2	7.274 1	5.605 3	− 0.314 3	9.951 7
	LTFP	1 914	8.209 2	10.443 3	8.175 6	2.489 7	13.462 6
2006	EX	2 053	0.013 8	0.096 3	0.000 0	0.000 0	1.282 0
	EM	2 055	13 457	329 224	0.000 0	0.000 0	14 100 000
	ATFP	2 055	5.751 4	7.302 5	5.736 8	0.427 6	10.199 6
	LTFP	2 055	8.408 5	10.458 6	8.368 7	2.342 4	12.906 2
2007	EX	2 092	0.008 2	0.075 0	0.000 0	0.000 0	1.181 4
	EM	2 093	16 865	353 890	0.000 0	0.000 0	13 200 000
	ATFP	2 093	5.975 4	7.299 4	5.991 9	− 1.993 7	10.280 6
	LTFP	2 093	8.675 2	10.450 2	8.683 9	0.876 7	12.799 6

表 12　1998—2007 年制造业细分行业（Hydm = 26）企业生产率等描述性统计表

		样本数	均值	标准差	中位数	最小值	最大值
1998	EX	9 418	0. 073 3	0. 214 5	0. 000 0	0. 000 0	3. 277 8
	EM	9 435	4 186	22 077	0. 000 0	0. 000 0	727 438
	ATFP	9 435	4. 455 2	7. 401 0	4. 527 4	− 3. 516 7	10. 188 9
	LTFP	9 435	6. 795 9	10. 521 3	6. 860 8	− 1. 215 9	12. 872 6
1999	EX	10 330	0. 075 0	0. 216 7	0. 000 0	0. 000 0	3. 459 2
	EM	10 340	4 382	23 547	0. 000 0	0. 000 0	877 949
	ATFP	10 340	4. 534 8	7. 349 3	4. 631 3	− 3. 448 3	9. 378 0
	LTFP	10 340	6. 898 8	10. 454 8	6. 958 0	− 1. 027 6	12. 067 6
2000	EX	10 455	0. 078 5	0. 222 6	0. 000 0	0. 000 0	4. 698 7
	EM	10 487	4 996	28 030	0. 000 0	0. 000 0	1 379 596
	ATFP	10 487	4. 615 1	7. 346 9	4. 702 0	− 4. 537 4	9. 025 1
	LTFP	10 487	6. 989 0	10. 458 8	7. 050 6	− 1. 812 0	11. 248 6
2001	EX	10 977	0. 078 4	0. 215 3	0. 000 0	0. 000 0	1. 487 5
	EM	11 009	5 329	28 789	0. 000 0	0. 000 0	1 006 518
	ATFP	11 009	4. 812 5	7. 291 0	4. 876 3	− 3. 319 8	9. 614 3
	LTFP	11 009	7. 208 5	10. 408 5	7. 250 3	− 0. 665 2	12. 564 9
2002	EX	11 813	0. 075 9	0. 214 2	0. 000 0	0. 000 0	3. 459 9
	EM	11 838	5 641	34 551	0. 000 0	0. 000 0	1 696 122
	ATFP	11 838	4. 961 3	7. 284 0	5. 024 7	− 3. 062 5	12. 111 0
	LTFP	11 838	7. 379 5	10. 396 9	7. 416 8	− 1. 022 3	13. 288 1
2003	EX	13 133	0. 083 5	0. 228 8	0. 000 0	0. 000 0	2. 416 8
	EM	13 160	6 355	37 953	0. 000 0	0. 000 0	2 368 924
	ATFP	13 160	5. 100 6	7. 249 0	5. 144 5	− 3. 820 1	9. 711 3
	LTFP	13 160	7. 510 7	10. 385 5	7. 544 9	− 1. 398 8	13. 044 0
2004	EX	—	—	—	—	—	—
	EM	—	—	—	—	—	—
	ATFP	9 111	5. 371 9	0. 960 0	5. 347 5	− 1. 843 3	9. 030 5
	LTFP	9 122	7. 829 1	1. 053 3	7. 801 7	0. 748 4	12. 746 9
2005	EX	18 172	0. 081 4	0. 223 5	0. 000 0	0. 000 0	2. 093 6
	EM	18 189	8 488	52 308	0. 000 0	0. 000 0	2 825 866
	ATFP	18 189	5. 371 1	7. 178 0	5. 375 1	− 3. 726 4	9. 699 4
	LTFP	18 189	7. 801 1	10. 317 1	7. 793 0	− 0. 632 6	12. 632 3
2006	EX	20 100	0. 076 9	0. 218 8	0. 000 0	0. 000 0	2. 975 5
	EM	20 127	9 322	56 125	0. 000 0	0. 000 0	1 979 115
	ATFP	20 127	5. 495 9	7. 178 2	5. 496 7	− 4. 505 4	9. 978 2
	LTFP	20 127	7. 952 3	10. 322 0	7. 941 0	− 1. 296 1	12. 734 5
2007	EX	22 456	0. 068 6	0. 208 9	0. 000 0	0. 000 0	2. 365 0
	EM	22 467	10 800	70 776	0. 000 0	0. 000 0	2 757 517
	ATFP	22 467	5. 661 8	7. 160 6	5. 662 2	− 4. 566 6	10. 953 1
	LTFP	22 467	8. 138 8	10. 304 8	8. 119 2	− 2. 005 5	13. 481 4

表13　1998—2007年制造业细分行业（Hydm＝27）企业生产率等描述性统计表

		样本数	均值	标准差	中位数	最小值	最大值
1998	EX	2 635	0.075 3	0.218 6	0.000 0	0.000 0	1.539 5
	EM	2 641	5 127	26 038	0.000 0	0.000 0	633 708
	ATFP	2 641	4.489 3	7.339 3	4.540 8	−2.158 1	10.579 0
	LTFP	2 641	6.837 9	10.482 8	6.853 8	−0.083 9	15.378 0
1999	EX	2 985	0.073 0	0.223 9	0.000 0	0.000 0	3.846 2
	EM	2 990	5 292	33 343	0.000 0	0.000 0	969 504
	ATFP	2 990	4.555 5	7.359 6	4.633 6	−3.235 9	9.035 3
	LTFP	2 990	6.932 8	10.471 6	6.994 8	−0.570 3	11.166 2
2000	EX	3 054	0.069 2	0.207 7	0.000 0	0.000 0	1.920 7
	EM	3 063	5 446	30 770	0.000 0	0.000 0	822 488
	ATFP	3 063	4.687 9	7.332 7	4.755 7	−4.563 5	8.585 8
	LTFP	3 063	7.081 7	10.455 8	7.135 2	−2.068 2	11.738 9
2001	EX	3 249	0.068 0	0.204 7	0.000 0	0.000 0	2.222 0
	EM	3 255	5 585	31 291	0.000 0	0.000 0	961 362
	ATFP	3 255	4.801 5	7.274 7	4.866 8	−1.040 2	8.360 4
	LTFP	3 255	7.228 3	10.401 7	7.283 1	1.088 9	10.825 9
2002	EX	3 444	0.068 8	0.203 4	0.000 0	0.000 0	1.263 6
	EM	3 455	5 785	30 572	0.000 0	0.000 0	620 440
	ATFP	3 455	4.906 0	7.303 5	4.983 6	−2.889 7	9.508 2
	LTFP	3 455	7.372 8	10.422 9	7.428 5	−0.143 0	11.238 6
2003	EX	3 856	0.077 5	0.219 6	0.000 0	0.000 0	1.258 3
	EM	3 859	7 695	50 946	0.000 0	0.000 0	1 526 255
	ATFP	3 859	4.990 1	7.221 0	5.041 5	−2.673 8	8.706 0
	LTFP	3 859	7.483 8	10.357 2	7.540 4	−1.096 3	11.558 2
2004	EX	—	—	—	—	—	—
	EM	—	—	—	—	—	—
	ATFP	2 649	5.195 5	0.925 5	5.207 6	−0.789 1	9.822 1
	LTFP	2 652	7.789 1	1.002 0	7.772 2	1.888 9	13.435 4
2005	EX	4 812	0.076 9	0.217 1	0.000 0	0.000 0	2.625 0
	EM	4 814	9 015	52 525	0.000 0	0.000 0	1 332 573
	ATFP	4 814	5.126 4	7.209 7	5.134 5	−2.244 5	9.749 5
	LTFP	4 814	7.706 3	10.319 3	7.701 1	−0.124 8	13.404 7
2006	EX	5 214	0.072 7	0.208 6	0.000 0	0.000 0	1.283 1
	EM	5 219	10 201	60 596	0.000 0	0.000 0	1 652 181
	ATFP	5 219	5.203 8	7.236 5	5.220 6	−2.786 3	9.316 4
	LTFP	5 219	7.807 9	10.334 2	7.810 1	0.157 6	12.324 3
2007	EX	5 590	0.068 9	0.206 2	0.000 0	0.000 0	1.740 6
	EM	5 590	11 377	71 980	0.000 0	0.000 0	2 141 824
	ATFP	5 590	5.385 4	7.201 3	5.403 5	−0.160 3	9.721 3
	LTFP	5 590	7.998 4	10.283 2	7.995 9	2.856 1	12.240 0

表 14　1998—2007 年制造业细分行业（Hydm = 28）企业生产率等描述性统计表

		样本数	均值	标准差	中位数	最小值	最大值
1998	EX	672	0. 120 6	0. 277 7	0. 000 0	0. 000 0	1. 236 2
	EM	672	8 942	33 827	0. 000 0	0. 000 0	483 915
	ATFP	672	4. 343 0	7. 381 5	4. 392 7	− 0. 793 4	7. 784 0
	LTFP	672	6. 879 8	10. 457 8	6. 925 6	1. 610 2	10. 050 1
1999	EX	739	0. 121 4	0. 286 1	0. 000 0	0. 000 0	2. 307 7
	EM	741	8 954	32 381	0. 000 0	0. 000 0	462 600
	ATFP	741	4. 426 0	7. 259 9	4. 540 7	− 0. 244 5	7. 767 9
	LTFP	741	6. 984 5	10. 360 6	7. 036 0	1. 932 1	10. 010 2
2000	EX	775	0. 113 0	0. 275 9	0. 000 0	0. 000 0	1. 515 1
	EM	777	9 005	34 886	0. 000 0	0. 000 0	544 370
	ATFP	777	4. 624 4	7. 248 9	4. 695 7	− 2. 735 7	8. 117 7
	LTFP	777	7. 156 4	10. 344 0	7. 117 2	0. 135 6	10. 767 9
2001	EX	829	0. 111 4	0. 272 3	0. 000 0	0. 000 0	1. 376 9
	EM	830	8 358	33 880	0. 000 0	0. 000 0	602 260
	ATFP	830	4. 625 1	7. 196 7	4. 666 0	− 0. 766 7	8. 324 2
	LTFP	830	7. 120 3	10. 330 4	7. 148 3	1. 679 1	10. 906 0
2002	EX	863	0. 121 0	0. 282 2	0. 000 0	0. 000 0	1. 381 7
	EM	863	9 543	40 204	0. 000 0	0. 000 0	527 040
	ATFP	863	4. 758 8	7. 168 6	4. 824 3	− 0. 894 8	7. 685 5
	LTFP	863	7. 292 1	10. 286 4	7. 302 6	2. 457 9	11. 022 3
2003	EX	905	0. 063 0	0. 203 6	0. 000 0	0. 000 0	1. 373 5
	EM	905	9 263	50 756	0. 000 0	0. 000 0	968 680
	ATFP	905	5. 018 8	7. 154 1	5. 102 7	− 0. 569 2	8. 847 7
	LTFP	905	7. 621 7	10. 281 3	7. 656 4	0. 585 7	10. 487 0
2004	EX	—	—	—	—	—	—
	EM	—	—	—	—	—	—
	ATFP	618	5. 205 3	0. 912 1	5. 170 5	0. 690 0	8. 467 8
	LTFP	620	7. 849 9	1. 020 0	7. 774 5	2. 678 4	12. 404 3
2005	EX	1 255	0. 059 8	0. 192 9	0. 000 0	0. 000 0	1. 111 0
	EM	1 256	12 732	95 384	0. 000 0	0. 000 0	2 851 610
	ATFP	1 256	5. 177 4	7. 118 5	5. 237 6	− 2. 813 6	8. 726 0
	LTFP	1 256	7. 803 3	10. 263 0	7. 810 0	0. 421 8	12. 850 5
2006	EX	1 357	0. 055 6	0. 180 4	0. 000 0	0. 000 0	1. 084 0
	EM	1 358	15 883	136 048	0. 000 0	0. 000 0	4 438 000
	ATFP	1 358	5. 337 4	7. 056 8	5. 370 9	− 0. 836 5	9. 314 1
	LTFP	1 358	7. 968 7	10. 216 8	7. 967 0	2. 008 7	13. 401 3
2007	EX	1 535	0. 047 0	0. 160 4	0. 000 0	0. 000 0	1. 038 1
	EM	1 536	22 373	211 285	0. 000 0	0. 000 0	7 464 350
	ATFP	1 536	5. 507 8	7. 095 8	5. 541 8	− 2. 061 5	8. 616 7
	LTFP	1 536	8. 143 1	10. 251 4	8. 171 3	0. 726 6	12. 142 9

表 15 1998—2007 年制造业细分行业（Hydm=29）企业生产率等描述性统计表

		样本数	均值	标准差	中位数	最小值	最大值
1998	*EX*	1 521	0.150 3	0.312 9	0.000 0	0.000 0	1.451 5
	EM	1 524	8 744	34 834	0.000 0	0.000 0	554 874
	ATFP	1 524	4.334 9	7.215 9	4.398 1	−3.672 7	7.873 9
	LTFP	1 524	6.528 7	10.345 8	6.590 7	−1.348 2	11.613 6
1999	*EX*	1 684	0.152 8	0.318 9	0.000 0	0.000 0	1.446 1
	EM	1 686	9 385	43 173	0.000 0	0.000 0	893 106
	ATFP	1 686	4.364 8	7.182 2	4.458 1	−1.095 3	7.543 4
	LTFP	1 686	6.594 5	10.275 4	6.671 0	0.751 5	10.543 6
2000	*EX*	1 678	0.160 9	0.322 6	0.000 0	0.000 0	1.287 3
	EM	1 683	11 002	51 007	0.000 0	0.000 0	972 893
	ATFP	1 683	4.451 0	7.128 3	4.491 7	−1.192 2	7.558 3
	LTFP	1 683	6.675 2	10.245 5	6.692 8	1.383 6	10.765 8
2001	*EX*	1 684	0.150 7	0.316 6	0.000 0	0.000 0	1.824 2
	EM	1 688	11 097	51 643	0.000 0	0.000 0	886 161
	ATFP	1 688	4.525 4	7.151 1	4.607 9	−0.466 2	8.404 9
	LTFP	1 688	6.782 8	10.264 5	6.821 2	0.345 6	10.150 9
2002	*EX*	1 736	0.152 1	0.312 8	0.000 0	0.000 0	1.564 8
	EM	1 743	12 147	56 504	0.000 0	0.000 0	848 685
	ATFP	1 743	4.625 8	7.209 5	4.716 2	−1.836 5	8.689 8
	LTFP	1 743	6.903 3	10.319 9	6.943 1	0.130 3	11.351 8
2003	*EX*	1 920	0.149 8	0.312 2	0.000 0	0.000 0	1.710 6
	EM	1 928	13 828	66 674	0.000 0	0.000 0	1 302 604
	ATFP	1 928	4.794 6	7.155 4	4.820 9	−1.518 8	8.921 1
	LTFP	1 928	7.077 2	10.284 1	7.089 1	0.345 3	11.299 8
2004	*EX*	—	—	—	—	—	—
	EM	—	—	—	—	—	—
	ATFP	1 594	4.933 7	0.827 5	4.903 3	0.844 8	8.597 4
	LTFP	1 594	7.219 6	0.907 4	7.170 7	3.274 9	10.928 7
2005	*EX*	2 945	0.192 8	0.352 4	0.000 0	0.000 0	2.854 3
	EM	2 948	18 855	108 479	0.000 0	0.000 0	2 288 310
	ATFP	2 948	4.949 9	7.075 5	4.943 7	−1.436 8	9.165 5
	LTFP	2 948	7.244 0	10.201 4	7.223 6	1.153 1	11.617 6
2006	*EX*	3 281	0.176 4	0.335 2	0.000 0	0.000 0	1.558 3
	EM	3 282	21 245	134 517	0.000 0	0.000 0	3 094 190
	ATFP	3 282	5.123 5	7.063 3	5.108 6	−0.094 8	9.057 7
	LTFP	3 282	7.428 1	10.201 0	7.377 8	2.741 6	11.669 1
2007	*EX*	3 614	0.163 9	0.329 0	0.000 0	0.000 0	2.086 9
	EM	3 616	23 505	164 474	0.000 0	0.000 0	4 244 120
	ATFP	3 616	5.269 1	7.056 8	5.221 7	−0.793 6	9.750 9
	LTFP	3 616	7.599 6	10.201 6	7.559 0	2.425 3	11.990 3

表 16　1998—2007 年制造业细分行业（Hydm = 30）企业生产率等描述性统计表

		样本数	均值	标准差	中位数	最小值	最大值
1998	EX	5 146	0. 168 3	0. 341 8	0. 000 0	0. 000 0	1. 668 0
	EM	5 152	6 138	25 678	0. 000 0	0. 000 0	830 500
	ATFP	5 152	4. 535 6	7. 285 0	4. 593 7	− 1. 615 0	10. 263 9
	LTFP	5 152	6. 868 3	10. 450 5	6. 890 7	0. 681 2	13. 452 6
1999	EX	5 584	0. 175 4	0. 349 9	0. 000 0	0. 000 0	2. 866 9
	EM	5 586	7 029	33 210	0. 000 0	0. 000 0	996 440
	ATFP	5 586	4. 529 8	7. 221 5	4. 580 1	− 2. 882 1	8. 576 5
	LTFP	5 586	6. 864 6	10. 347 7	6. 893 4	0. 058 3	10. 874 2
2000	EX	5 814	0. 189 1	0. 360 7	0. 000 0	0. 000 0	1. 599 3
	EM	5 823	8 280	37 988	0. 000 0	0. 000 0	1 230 108
	ATFP	5 823	4. 616 4	7. 198 1	4. 656 2	− 2. 826 7	8. 615 1
	LTFP	5 823	6. 957 4	10. 336 8	6. 968 3	− 0. 873 4	11. 010 8
2001	EX	6 584	0. 181 5	0. 356 0	0. 000 0	0. 000 0	2. 376 5
	EM	6 597	7 525	35 010	0. 000 0	0. 000 0	1 113 920
	ATFP	6 597	4. 720 1	7. 149 0	4. 755 7	− 2. 374 3	9. 048 1
	LTFP	6 597	7. 072 7	10. 278 9	7. 059 4	− 0. 290 0	11. 395 4
2002	EX	7 293	0. 184 2	0. 355 5	0. 000 0	0. 000 0	2. 5181
	EM	7 298	8 377	36 143	0. 000 0	0. 000 0	1 029 784
	ATFP	7 298	4. 807 9	7. 162 6	4. 850 4	− 2. 293 5	9. 691 3
	LTFP	7 298	7. 167 0	10. 291 3	7. 184 8	0. 535 8	12. 722 0
2003	EX	8 090	0. 190 0	0. 362 4	0. 000 0	0. 000 0	2. 638 7
	EM	8 106	9 820	44 506	0. 000 0	0. 000 0	1 369 620
	ATFP	8 106	4. 882 6	7. 126 3	4. 915 5	− 2. 830 8	9. 654 5
	LTFP	8 106	7. 238 7	10. 262 2	7. 243 2	− 0. 511 3	12. 164 2
2004	EX	—	—	—	—	—	—
	EM	—	—	—	—	—	—
	ATFP	5 547	5. 054 5	0. 828 4	5. 025 7	0. 062 9	10. 069 7
	LTFP	5 553	7. 451 4	0. 931 6	7. 398 2	1. 957 9	12. 532 5
2005	EX	11 764	0. 187 1	0. 354 7	0. 000 0	0. 000 0	2. 422 2
	EM	11 767	10 839	50 538	0. 000 0	0. 000 0	2 055 685
	ATFP	11 767	5. 029 2	7. 055 4	5. 009 6	− 0. 765 8	9. 843 0
	LTFP	11 767	7. 375 8	10. 196 7	7. 336 3	0. 629 0	11. 810 0
2006	EX	13 224	0. 173 2	0. 341 7	0. 000 0	0. 000 0	2. 756 0
	EM	13 225	11 352	56 735	0. 000 0	0. 000 0	2 572 795
	ATFP	13 225	5. 155 0	7. 056 6	5. 106 5	− 2. 660 2	9. 815 5
	LTFP	13 225	7. 511 5	10. 198 3	7. 449 0	− 0. 183 3	12. 457 3
2007	EX	15 103	0. 169 0	0. 341 5	0. 000 0	0. 000 0	1. 902 1
	EM	15 106	11 776	57 430	0. 000 0	0. 000 0	3 142 209
	ATFP	15 106	5. 278 3	7. 056 2	5. 207 2	− 2. 849 1	10. 823 3
	LTFP	15 106	7. 634 0	10. 200 3	7. 550 2	− 0. 213 7	11. 973 8

表 17　1998—2007 年制造业细分行业（Hydm = 31）企业生产率等描述性统计表

		样本数	均值	标准差	中位数	最小值	最大值
1998	EX	12 329	0.048 2	0.196 1	0.000 0	0.000 0	6.438 0
	EM	12 340	1 774	14 786	0.000 0	0.000 0	867 600
	ATFP	12 340	4.109 0	7.283 0	4.112 2	−4.174 9	10.426 0
	LTFP	12 340	6.382 8	10.409 0	6.376 5	−2.227 3	13.134 8
1999	EX	13 341	0.050 9	0.195 8	0.000 0	0.000 0	2.223 0
	EM	13 359	1 870	16 628	0.000 0	0.000 0	1 329 796
	ATFP	13 359	4.182 9	7.195 0	4.183 7	−4.911 2	9.086 3
	LTFP	13 359	6.475 8	10.297 3	6.486 9	−2.874 5	12.201 3
2000	EX	13 588	0.054 8	0.202 8	0.000 0	0.000 0	2.043 3
	EM	13 618	2 387	33 876	0.000 0	0.000 0	3 568 680
	ATFP	13 618	4.238 9	7.214 9	4.250 2	−4.026 4	8.902 0
	LTFP	13 618	6.536 9	10.322 4	6.551 0	−2.195 8	12.449 8
2001	EX	13 850	0.062 4	0.217 3	0.000 0	0.000 0	1.908 1
	EM	13 868	2 686	47 960	0.000 0	0.000 0	5 346 351
	ATFP	13 868	4.353 0	7.182 7	4.358 9	−4.985 2	9.861 8
	LTFP	13 868	6.671 2	10.298 2	6.679 1	−2.170 9	12.543 2
2002	EX	14 492	0.064 7	0.221 2	0.000 0	0.000 0	2.708 3
	EM	14 512	2 921	45 585	0.000 0	0.000 0	5 100 000
	ATFP	14 512	4.504 4	7.190 0	4.516 8	−3.862 4	9.420 2
	LTFP	14 512	6.843 9	10.301 9	6.857 9	−1.518 3	12.047 1
2003	EX	15 619	0.072 6	0.248 4	0.000 0	0.000 0	8.513 4
	EM	15 634	3 089	18 992	0.000 0	0.000 0	689 000
	ATFP	15 634	4.643 8	7.169 1	4.666 6	−3.574 1	8.909 1
	LTFP	15 634	7.004 7	10.305 4	7.024 6	−1.331 3	12.435 9
2004	EX	—	—	—	—	—	—
	EM	—	—	—	—	—	—
	ATFP	10 144	4.852 1	0.904 8	4.823 7	−2.001 5	9.187 3
	LTFP	10 175	7.253 5	0.981 5	7.220 2	0.575 2	12.060 2
2005	EX	19 577	0.087 5	0.249 1	0.000 0	0.000 0	3.395 7
	EM	19 594	4 688	28 309	0.000 0	0.000 0	1 337 090
	ATFP	19 594	4.918 2	7.134 4	4.913 3	−2.865 1	12.462 9
	LTFP	19 594	7.320 3	10.268 8	7.302 2	−0.510 4	14.499 4
2006	EX	21 401	0.084 8	0.247 1	0.000 0	0.000 0	2.478 3
	EM	21 413	5 243	30 490	0.000 0	0.000 0	1 242 800
	ATFP	21 413	5.071 6	7.124 7	5.061 0	−2.232 4	9.418 4
	LTFP	21 413	7.499 4	10.269 7	7.474 0	−0.029 2	13.823 5
2007	EX	23 817	0.074 6	0.234 6	0.000 0	0.000 0	1.962 3
	EM	23 821	5 586	40 996	0.000 0	0.000 0	2 418 150
	ATFP	23 821	5.253 7	7.137 3	5.235 1	−5.095 7	9.630 7
	LTFP	23 821	7.702 3	10.276 0	7.662 6	−2.733 7	12.711 7

表 18　1998—2007 年制造业细分行业（Hydm = 32）企业生产率等描述性统计表

		样本数	均值	标准差	中位数	最小值	最大值
1998	EX	2 614	0. 027 4	0. 132 0	0. 000 0	0. 000 0	1. 727 3
	EM	2 622	7 391	104 880	0. 000 0	0. 000 0	4 571 000
	ATFP	2 622	4. 429 7	7. 376 0	4. 495 3	− 3. 270 4	10. 901 8
	LTFP	2 622	6. 755 4	10. 484 5	6. 799 9	− 0. 811 2	16. 776 1
1999	EX	2 759	0. 034 1	0. 151 1	0. 000 0	0. 000 0	1. 397 1
	EM	2 763	7 184	118 988	0. 000 0	0. 000 0	5 771 559
	ATFP	2 763	4. 500 5	7. 299 9	4. 543 5	− 2. 679 1	9. 429 5
	LTFP	2 763	6. 873 2	10. 392 9	6. 892 4	− 0. 353 1	12. 793 0
2000	EX	2 745	0. 033 7	0. 146 2	0. 000 0	0. 000 0	1. 392 6
	EM	2 751	11 601	138 695	0. 000 0	0. 000 0	6 027 055
	ATFP	2 751	4. 618 0	7. 289 4	4. 662 9	− 3. 214 9	9. 101 6
	LTFP	2 751	6. 993 6	10. 380 2	7. 034 3	0. 176 0	10. 968 3
2001	EX	2 956	0. 031 2	0. 146 2	0. 000 0	0. 000 0	1. 220 7
	EM	2 966	7 613	76 435	0. 000 0	0. 000 0	3 279 292
	ATFP	2 966	4. 789 5	7. 255 1	4. 816 9	− 3. 087 0	8. 489 4
	LTFP	2 966	7. 165 8	10. 348 0	7. 200 0	− 0. 402 8	11. 393 9
2002	EX	3 103	0. 029 9	0. 142 6	0. 000 0	0. 000 0	1. 175 3
	EM	3 109	7 524	88 992	0. 000 0	0. 000 0	4 274 095
	ATFP	3 109	4. 939 0	7. 298 9	5. 010 0	− 3. 062 0	9. 419 6
	LTFP	3 109	7. 337 2	10. 387 2	7. 414 8	− 0. 528 9	12. 360 8
2003	EX	3 925	0. 032 7	0. 150 9	0. 000 0	0. 000 0	1. 258 1
	EM	3 927	8 663	90 497	0. 000 0	0. 000 0	4 374 398
	ATFP	3 927	5. 198 9	7. 271 6	5. 282 1	− 7. 849 4	10. 527 5
	LTFP	3 927	7. 599 5	10. 372 7	7. 659 7	− 5. 304 1	13. 232 7
2004	EX	—	—	—	—	—	—
	EM	—	—	—	—	—	—
	ATFP	2 736	5. 522 8	0. 989 3	5. 521 8	− 0. 993 4	10. 768 8
	LTFP	2 740	7. 982 1	1. 061 7	7. 949 8	1. 051 7	13. 719 8
2005	EX	6 337	0. 030 5	0. 138 3	0. 000 0	0. 000 0	1. 627 4
	EM	6 345	18 034	228 888	0. 000 0	0. 000 0	10 500 000
	ATFP	6 345	5. 495 0	7. 251 6	5. 527 9	− 1. 898 3	10. 792 6
	LTFP	6 345	7. 943 4	10. 367 6	7. 986 8	0. 693 5	13. 848 7
2006	EX	6 706	0. 029 6	0. 134 2	0. 000 0	0. 000 0	1. 382 4
	EM	6 721	26 485	324 299	0. 000 0	0. 000 0	14 100 000
	ATFP	6 721	5. 621 4	7. 196 1	5. 637 5	− 1. 974 9	11. 080 8
	LTFP	6 721	8. 102 7	10. 310 3	8. 114 6	0. 538 8	13. 402 5
2007	EX	6 945	0. 028 6	0. 136 8	0. 000 0	0. 000 0	1. 500 0
	EM	6 948	35 044	426 666	0. 000 0	0. 000 0	17 100 000
	ATFP	6 948	5. 824 5	7. 168 8	5. 834 2	− 2. 950 4	10. 087 1
	LTFP	6 948	8. 331 4	10. 288 0	8. 331 1	− 0. 683 7	12. 534 6

表 19　1998—2007 年制造业细分行业（Hydm＝33）企业生产率等描述性统计表

		样本数	均值	标准差	中位数	最小值	最大值
1998	EX	2 023	0.067 5	0.206 8	0.000 0	0.000 0	1.515 2
	EM	2 024	7 616	50 535	0.000 0	0.000 0	1 170 709
	ATFP	2 024	4.627 5	7.423 2	4.677 4	−4.033 1	9.114 1
	LTFP	2 024	7.019 1	10.510 4	7.058 3	−1.225 8	12.126 6
1999	EX	2 196	0.070 7	0.208 5	0.000 0	0.000 0	1.177 9
	EM	2 196	8 078	49 607	0.000 0	0.000 0	1 112 570
	ATFP	2 196	4.740 2	7.327 8	4.784 3	−2.237 2	10.864 4
	LTFP	2 196	7.146 6	10.395 6	7.181 9	0.317 2	12.360 7
2000	EX	2 335	0.071 9	0.212 4	0.000 0	0.000 0	1.840 0
	EM	2 338	10 084	61 619	0.000 0	0.000 0	1 231 150
	ATFP	2 338	4.819 1	7.291 5	4.858 3	−1.977 2	9.118 1
	LTFP	2 338	7.222 8	10.373 7	7.239 1	−0.030 1	10.790 5
2001	EX	1 873	0.046 9	0.169 4	0.000 0	0.000 0	1.233 8
	EM	1 878	8 589	56 117	0.000 0	0.000 0	964 183
	ATFP	1 878	4.997 0	7.233 8	5.030 4	−2.349 8	10.482 7
	LTFP	1 878	7.404 7	10.293 4	7.429 5	0.108 0	12.740 4
2002	EX	2 723	0.063 7	0.197 2	0.000 0	0.000 0	1.702 7
	EM	2 727	9 639	54 174	0.000 0	0.000 0	882 662
	ATFP	2 727	5.103 6	7.282 6	5.153 5	−1.756 0	11.292 3
	LTFP	2 727	7.518 7	10.353 2	7.546 1	1.472 2	13.557 4
2003	EX	3 228	0.068 6	0.226 8	0.000 0	0.000 0	5.877 2
	EM	3 235	11 131	64 662	0.000 0	0.000 0	1 383 696
	ATFP	3 235	5.264 6	7.315 5	5.264 5	−5.043 0	9.604 3
	LTFP	3 235	7.689 0	10.395 2	7.695 7	−2.268 8	11.647 7
2004	EX	—	—	—	—	—	—
	EM	—	—	—	—	—	—
	ATFP	2 357	5.546 7	1.055 4	5.494 9	−0.013 0	9.331 0
	LTFP	2 359	7.991 4	1.083 6	7.954 5	2.938 7	11.890 9
2005	EX	4 984	0.057 1	0.185 0	0.000 0	0.000 0	1.417 1
	EM	4 986	13 886	79 996	0.000 0	0.000 0	1 545 503
	ATFP	4 986	5.588 8	7.348 2	5.546 1	−0.355 2	10.078 8
	LTFP	4 986	7.998 9	10.437 1	7.945 5	1.792 2	13.619 7
2006	EX	5 682	0.054 2	0.180 5	0.000 0	0.000 0	1.296 1
	EM	5 686	19 910	159 709	0.000 0	0.000 0	6 740 924
	ATFP	5 686	5.864 5	7.343 5	5.802 1	0.055 8	10.303 3
	LTFP	5 686	8.295 6	10.445 0	8.241 8	2.668 8	12.761 5
2007	EX	6 517	0.043 5	0.163 3	0.000 0	0.000 0	1.500 0
	EM	6 523	17 515	137 314	0.000 0	0.000 0	4 726 976
	ATFP	6 523	6.006 0	7.340 3	5.972 3	−0.589 8	10.284 1
	LTFP	6 523	8.447 3	10.445 1	8.395 3	2.056 4	13.164 0

表 20   1998—2007 年制造业细分行业（Hydm = 34）企业生产率等描述性统计表

		样本数	均值	标准差	中位数	最小值	最大值
1998	EX	6 850	0. 160 7	0. 327 1	0. 000 0	0. 000 0	2. 883 0
	EM	6 856	6 630	38 830	0. 000 0	0. 000 0	1 362 157
	ATFP	6 856	4. 509 2	7. 311 8	4. 559 5	− 4. 096 1	9. 070 9
	LTFP	6 856	6. 747 5	10. 467 6	6. 767 3	− 1. 845 9	11. 661 5
1999	EX	7 483	0. 162 9	0. 333 0	0. 000 0	− 0. 01 3	2. 220 0
	EM	7 488	6 856	37 630	0. 000 0	− 98	1 346 341
	ATFP	7 488	4. 543 4	7. 266 4	4. 605 6	− 3. 040 9	9. 401 1
	LTFP	7 488	6. 791 3	10. 380 6	6. 833 3	− 0. 858 0	11. 450 5
2000	EX	7 797	0. 182 0	0. 349 1	0. 000 0	0. 000 0	1. 953 0
	EM	7 818	8 904	56 011	0. 000 0	0. 000 0	2 064 362
	ATFP	7 818	4. 607 3	7. 241 0	4. 656 7	− 3. 478 8	8. 667 7
	LTFP	7 818	6. 863 0	10. 359 3	6. 890 7	− 1. 167 2	11. 258 4
2001	EX	8 848	0. 185 4	0. 353 9	0. 000 0	0. 000 0	3. 636 4
	EM	8 865	7 743	38 546	0. 000 0	0. 000 0	1 028 337
	ATFP	8 865	4. 755 8	7. 189 8	4. 778 3	− 2. 844 2	8. 905 8
	LTFP	8 865	7. 014 3	10. 312 1	6. 998 3	− 0. 924 0	11. 661 0
2002	EX	9 479	0. 194 1	0. 357 2	0. 000 0	0. 000 0	2. 725 5
	EM	9 489	9 076	47 142	0. 000 0	0. 000 0	1 574 382
	ATFP	9 489	4. 868 1	7. 182 0	4. 891 8	− 3. 501 6	10. 543 1
	LTFP	9 489	7. 142 6	10. 297 5	7. 139 2	− 0. 474 3	12. 797 6
2003	EX	9 350	0. 203 0	0. 364 8	0. 000 0	0. 000 0	1. 909 0
	EM	9 373	11 043	65 116	0. 000 0	0. 000 0	3 273 202
	ATFP	9 373	4. 963 5	7. 158 7	4. 964 6	− 4. 454 4	10. 623 4
	LTFP	9 373	7. 237 3	10. 277 9	7. 215 7	− 2. 346 2	12. 813 4
2004	EX	—	—	—	—	—	—
	EM	—	—	—	—	—	—
	ATFP	6 076	5. 126 0	0. 877 8	5. 075 3	− 1. 156 2	9. 454 7
	LTFP	6 081	7. 411 9	0. 964 3	7. 345 7	1. 043 0	12. 781 7
2005	EX	13 371	0. 200 1	0. 362 7	0. 000 0	0. 000 0	1. 672 0
	EM	13 389	12 910	77 382	0. 000 0	0. 000 0	2 872 275
	ATFP	13 389	5. 104 2	7. 106 1	5. 069 8	− 3. 093 4	11. 145 3
	LTFP	13 389	7. 364 9	10. 241 2	7. 294 2	− 1. 588 8	13. 139 3
2006	EX	15 250	0. 192 8	0. 359 1	0. 000 0	0. 000 0	2. 795 6
	EM	15 260	14 089	82 553	0. 000 0	0. 000 0	3 961 536
	ATFP	15 260	5. 218 4	7. 073 6	5. 169 2	− 2. 711 7	10. 136 2
	LTFP	15 260	7. 504 3	10. 213 0	7. 420 5	− 1. 936 2	12. 651 9
2007	EX	17 643	0. 181 0	0. 349 0	0. 000 0	0. 000 0	1. 695 0
	EM	17 645	15 602	105 840	0. 000 0	0. 000 0	4 986 580
	ATFP	17 645	5. 358 6	7. 063 5	5. 298 9	− 0. 769 9	10. 077 3
	LTFP	17 645	7. 658 0	10. 200 5	7. 561 5	2. 312 0	13. 716 3

表 21　1998—2007 年制造业细分行业（Hydm=35）企业生产率等描述性统计表

		样本数	均值	标准差	中位数	最小值	最大值
1998	*EX*	8 043	0.085 6	0.229 5	0.000 0	0.000 0	1.864 2
	EM	8 052	4 044	27 705	0.000 0	0.000 0	1 435 080
	ATFP	8 052	4.249 3	7.323 3	4.322 0	−4.163 1	8.832 2
	LTFP	8 052	6.456 1	10.432 5	6.505 2	−2.665 8	12.006 1
1999	*EX*	8 512	0.089 1	0.239 8	0.000 0	0.000 0	4.400 0
	EM	8 520	4 246	30 281	0.000 0	0.000 0	1 610 050
	ATFP	8 520	4.298 2	7.295 0	4.405 4	−3.565 0	8.981 1
	LTFP	8 520	6.532 1	10.381 3	6.607 5	−1.113 9	10.827 0
2000	*EX*	8 736	0.101 1	0.252 4	0.000 0	0.000 0	2.103 0
	EM	8 755	5 422	38 395	0.000 0	0.000 0	1 926 210
	ATFP	8 755	4.437 9	7.243 9	4.520 4	−2.722 9	9.867 8
	LTFP	8 755	6.674 4	10.340 5	6.725 0	−1.452 5	11.764 2
2001	*EX*	9 555	0.103 0	0.255 9	0.000 0	0.000 0	1.455 0
	EM	9 584	5 404	45 004	0.000 0	0.000 0	2 711 328
	ATFP	9 584	4.563 7	7.248 6	4.640 8	−4.028 0	9.054 9
	LTFP	9 584	6.817 2	10.338 0	6.863 9	−1.768 9	12.838 6
2002	*EX*	10 282	0.108 6	0.264 6	0.000 0	−0.135 6	2.525 7
	EM	10 291	5 943	47 529	0.000 0	−2 030	3 178 472
	ATFP	10 291	4.733 3	7.195 6	4.784 4	−4.041 9	9.279 0
	LTFP	10 291	7.041	10.282 8	7.022 5	−1.650 2	11.091 9
2003	*EX*	12 117	0.114 9	0.273 4	0.000 0	0.000 0	1.689 6
	EM	12 137	6 808	54 754	0.000 0	0.000 0	4 261 819
	ATFP	12 137	4.896 7	7.139 2	4.912 9	−3.155 1	8.981 3
	LTFP	12 137	7.181 8	10.233 7	7.179 4	−0.873 1	11.300 3
2004	*EX*	—	—	—	—	—	—
	EM	—	—	—	—	—	—
	ATFP	8 814	5.087 1	0.871 5	5.049 0	−0.585 0	10.095 6
	LTFP	8 824	7.397 5	0.923 3	7.346 4	1.904 5	12.759 2
2005	*EX*	19 559	0.113 3	0.273 4	0.000 0	0.000 0	1.866 6
	EM	19 564	8 715	95 229	0.000 0	0.000 0	10 900 000
	ATFP	19 564	5.111 4	7.066 9	5.082 4	−3.402 4	9.787 3
	LTFP	19 564	7.396 3	10.172 9	7.354 5	−0.568 7	12.393 2
2006	*EX*	22 462	0.105 6	0.264 6	0.000 0	0.000 0	1.855 8
	EM	22 475	9 605	121 988	0.000 0	0.000 0	15 800 000
	ATFP	22 475	5.236 4	7.059 8	5.188 6	−1.937 6	10.670 0
	LTFP	22 475	7.557 0	10.164 5	7.495 2	1.667 3	12.754 6
2007	*EX*	26 320	0.098 7	0.257 5	0.000 0	0.000 0	3.356 6
	EM	26 323	10 580	135 177	0.000 0	0.000 0	18 500 000
	ATFP	26 323	5.381 7	7.063 8	5.322 2	−2.461 2	10.248 5
	LTFP	26 323	7.722 8	10.175 9	7.646 4	0.569 0	13.354 0

表 22　1998—2007 年制造业细分行业（Hydm＝36）企业生产率等描述性统计表

		样本数	均值	标准差	中位数	最小值	最大值
1998	EX	5 716	0.048 9	0.169 8	0.000 0	0.000 0	1.266 7
	EM	5 723	2 514	15 686	0.000 0	0.000 0	537 750
	ATFP	5 723	4.125 5	7.465 5	4.214 1	−4.361 5	8.915 5
	LTFP	5 723	6.327 1	10.568 7	6.387 6	−2.778 9	13.012 3
1999	EX	5 827	0.049 2	0.171 8	0.000 0	0.000 0	1.909 7
	EM	5 834	2 561	18 047	0.000 0	0.000 0	655 950
	ATFP	5 834	4.166 6	7.451 9	4.303 6	−4.014 9	9.143 1
	LTFP	5 834	6.401 0	10.526 6	6.498 3	−1.569 7	11.467 8
2000	EX	5 862	0.055 1	0.183 4	0.000 0	0.000 0	1.520 0
	EM	5 879	3 189	20 344	0.000 0	0.000 0	699 540
	ATFP	5 879	4.302 7	7.434 8	4.431 7	−4.741 7	8.809 6
	LTFP	5 879	6.543 3	10.503 8	6.643 4	−1.976 0	10.934 7
2001	EX	5 961	0.057 8	0.189 3	0.000 0	0.000 0	1.466 6
	EM	5 975	3 633	26 022	0.000 0	0.000 0	861 172
	ATFP	5 975	4.459 9	7.392 3	4.573 4	−3.127 7	11.566 8
	LTFP	5 975	6.723 7	10.461 7	6.809 4	−0.858 9	11.812 3
2002	EX	6 105	0.057 7	0.187 4	0.000 0	0.000 0	1.158 5
	EM	6 111	3 752	22 945	0.000 0	0.000 0	801 510
	ATFP	6 111	4.637 4	7.374 7	4.759 8	−4.894 7	10.597 1
	LTFP	6 111	6.930 8	10.456 4	7.029 9	−2.162 2	11.320 7
2003	EX	6 745	0.066 0	0.202 7	0.000 0	0.000 0	2.079 2
	EM	6 765	4 973	31 849	0.000 0	0.000 0	961 156
	ATFP	6 765	4.826 8	7.303 6	4.907 2	−5.352 2	10.728 2
	LTFP	6 765	7.139 6	10.387 6	7.201 7	−2.420 7	12.054 5
2004	EX	—	—	—	—	—	—
	EM	—	—	—	—	—	—
	ATFP	4 511	5.078 8	1.023 2	5.082 5	−2.092 4	9.006 9
	LTFP	4 516	7.425 5	1.054 5	7.419 4	−0.057 0	11.155 4
2005	EX	9 902	0.086 4	0.228 3	0.000 0	0.000 0	2.302 9
	EM	9 922	7 490	47 685	0.000 0	0.000 0	1 925 560
	ATFP	9 922	5.129 4	7.197 6	5.104 6	−3.688 6	10.293 3
	LTFP	9 922	7.450 0	10.285 9	7.434 0	−1.360 6	13.323 4
2006	EX	11 281	0.089 1	0.238 3	0.000 0	0.000 0	6.869 8
	EM	11 296	9 758	68 568	0.000 0	0.000 0	3 453 760
	ATFP	11 296	5.254 9	7.168 0	5.216 2	−3.276 8	9.778 4
	LTFP	11 296	7.600 2	10.264 4	7.557 8	−0.716 1	12.205 8
2007	EX	13 067	0.089 9	0.233 4	0.000 0	0.000 0	2.140 2
	EM	13 076	10 776	68 733	0.000 0	0.000 0	2 276 270
	ATFP	13 076	5.395 7	7.140 9	5.336 2	−3.008 0	10.291 0
	LTFP	13 076	7.760 8	10.242 7	7.699 3	−1.040 4	12.628 0

表23 1998—2007年制造业细分行业（Hydm＝37）企业生产率等描述性统计表

		样本数	均值	标准差	中位数	最小值	最大值
1998	EX	5 435	0.050 2	0.188 6	0.000 0	0.000 0	2.761 5
	EM	5 441	6 262	62 054	0.000 0	0.000 0	1 964 009
	ATFP	5 441	4.235 0	7.416 6	4.312 1	− 3.837 1	10.251 3
	LTFP	5 441	6.480 3	10.561 6	6.529 7	− 1.715 3	12.181 2
1999	EX	6 007	0.052 6	0.190 6	0.000 0	0.000 0	1.566 5
	EM	6 013	6 623	63 055	0.000 0	0.000 0	2 290 850
	ATFP	6 013	4.282 2	7.388 4	4.405 4	− 5.277 1	9.086 5
	LTFP	6 013	6.565 3	10.507 5	6.659 2	− 2.048 1	12.494 6
2000	EX	6 165	0.062 8	0.206 0	0.000 0	0.000 0	1.395 3
	EM	6 187	8 212	65 348	0.000 0	0.000 0	1 821 348
	ATFP	6 187	4.373 6	7.351 6	4.481 1	− 3.704 4	8.661 5
	LTFP	6 187	6.670 3	10.470 7	6.756 1	− 1.289 8	12.133 0
2001	EX	6 489	0.068 3	0.213 1	0.000 0	0.000 0	1.547 9
	EM	6 506	8 054	66 451	0.000 0	0.000 0	2 325 369
	ATFP	6 506	4.556 0	7.306 3	4.650 4	− 2.400 2	9.091 0
	LTFP	6 506	6.855 0	10.418 8	6.922 4	− 0.308 5	11.925 9
2002	EX	6 968	0.073 4	0.219 7	0.000 0	0.000 0	1.786 4
	EM	6 974	9 926	71 120	0.000 0	0.000 0	2 263 669
	ATFP	6 974	4.713 7	7.269 7	4.785 4	− 2.337 5	9.945 7
	LTFP	6 974	7.037 2	10.380 7	7.076 1	0.333 4	12.902 9
2003	EX	7 892	0.084 6	0.237 8	0.000 0	0.000 0	1.460 3
	EM	7 909	11 773	80 283	0.000 0	0.000 0	3 021 242
	ATFP	7 909	4.842 6	7.247 8	4.892 0	− 4.350 7	9.149 0
	LTFP	7 909	7.166 4	10.361 1	7.194 2	− 2.208 1	11.685 4
2004	EX	—	—	—	—	—	—
	EM	—	—	—	—	—	—
	ATFP	5 595	4.999 2	0.943 9	4.983 4	− 3.962 3	9.343 5
	LTFP	5 607	7.359 9	1.016 0	7.311 6	− 1.309 8	11.975 1
2005	EX	10 916	0.102 6	0.259 2	0.000 0	0.000 0	1.385 4
	EM	10 927	16 924	129 140	0.000 0	0.000 0	6 754 425
	ATFP	10 927	5.032 8	7.145 5	5.011 5	− 3.238 8	10.273 3
	LTFP	10 927	7.347 9	10.264 5	7.293 6	− 0.592 7	13.997 4
2006	EX	12 121	0.101 6	0.257 5	0.000 0	0.000 0	1.443 7
	EM	12 129	22 198	182 405	0.000 0	0.000 0	7 881 320
	ATFP	12 129	5.146 4	7.117 7	5.113 2	− 2.802 8	10.712 9
	LTFP	12 129	7.489 5	10.240 8	7.423 8	− 0.029 2	12.631 7
2007	EX	13 769	0.099 0	0.255 9	0.000 0	0.000 0	1.603 1
	EM	13 774	27 352	242 091	0.000 0	0.000 0	11 600 000
	ATFP	13 774	5.310 8	7.099 8	5.257 8	− 1.533 6	10.350 1
	LTFP	13 774	7.678 7	10.229 5	7.590 1	0.929 2	14.936 4

表 24 1998—2007 年制造业细分行业（Hydm = 39）企业生产率等描述性统计表

		样本数	均值	标准差	中位数	最小值	最大值
1998	EX	104	0.075 1	0.150 1	0.000 0	0.000 0	0.708 0
	EM	104	12 071	33 102	0.000 0	0.000 0	253 643
	ATFP	104	2.881 8	7.210 8	2.955 6	− 3.238 5	4.737 0
	LTFP	104	5.268 7	10.293 0	5.340 3	− 0.585 6	7.442 8
1999	EX	114	0.066 5	0.126 1	0.000 0	0.000 0	0.757 1
	EM	114	12 235	27 757	0.000 0	0.000 0	208 140
	ATFP	114	3.008 9	7.293 2	3.200 6	− 1.030 7	5.829 2
	LTFP	114	5.429 3	10.377 0	5.549 5	1.400 2	8.619 7
2000	EX	112	0.070 9	0.151 2	0.000 7	0.000 0	1.171 8
	EM	112	13 465	27 901	57	0	176 480
	ATFP	112	3.117 1	7.212 6	3.193 1	− 0.657 8	5.803 7
	LTFP	112	5.571 5	10.351 4	5.687 7	1.840 2	8.552 2
2001	EX	—	—	—	—	—	—
	EM	—	—	—	—	—	—
	ATFP	—	—	—	—	—	—
	LTFP	—	—	—	—	—	—
2002	EX	107	0.053 2	0.101 7	0.000 0	0.000 0	0.533 1
	EM	107	17 943	56 548	0.000 0	0.000 0	475 490
	ATFP	107	3.559 4	7.138 8	3.622 2	0.759 4	7.708 0
	LTFP	107	6.074 2	10.207 2	6.153 3	3.262 0	9.931 1
2003	EX	10 037	0.180 8	0.345 7	0.000 0	0.000 0	1.624 2
	EM	10 058	19 247	122 229	0.000 0	0.000 0	4 290 768
	ATFP	10 058	5.071 1	7.175 6	5.095 9	− 3.175 1	9.295 9
	LTFP	10 058	7.358 4	10.285 1	7.364 3	− 1.191 6	12.707 6
2004	EX	—	—	—	—	—	—
	EM	—	—	—	—	—	—
	ATFP	7 329	5.232 6	0.931 2	5.190 5	− 3.926 0	9.181 0
	LTFP	7 335	7.540 4	1.006 8	7.485 3	− 0.993 1	12.541 7
2005	EX	14 929	0.195 2	0.356 8	0.000 0	0.000 0	4.405 8
	EM	14 946	24 730	208 721	0.000 0	0.000 0	14 600 000
	ATFP	14 946	5.210 2	7.156 6	5.185 6	− 2.460 3	10.264 6
	LTFP	14 946	7.469 0	10.290 9	7.423 4	0.693 5	12.408 0
2006	EX	16 556	0.190 2	0.351 6	0.000 0	0.000 0	4.292 6
	EM	16 566	27 649	231 509	0.000 0	0.000 0	17 800 000
	ATFP	16 566	5.340 4	7.129 2	5.289 7	− 4.167 6	10.149 7
	LTFP	16 566	7.616 5	10.277 7	7.536 3	− 0.124 5	12.798 3
2007	EX	18 984	0.182 8	0.347 6	0.000 0	0.000 0	1.764 2
	EM	18 988	30 897	274 193	0.000 0	0.000 0	23 500 000
	ATFP	18 988	5.452 8	7.119 0	5.389 5	− 3.030 5	9.675 2
	LTFP	18 988	7.739 8	10.270 2	7.641 0	− 1.024 7	12.862 7

表 25 1998—2007 年制造业细分行业（Hydm = 41）企业生产率等描述性统计表

		样本数	均值	标准差	中位数	最小值	最大值
1998	EX	3 457	0.299 1	0.410 2	0.000 0	0.000 0	2.013 5
	EM	3 464	45 286	271 183	0.000 0	0.000 0	7 614 793
	ATFP	3 464	4.594 7	7.537 6	4.662 6	−3.570 2	10.341 7
	LTFP	3 464	6.879 6	10.677 9	6.912 6	−1.262 6	11.994 6
1999	EX	3 763	0.306 1	0.418 6	0.000 0	0.000 0	1.972 7
	EM	3 769	53 083	283 551	0.000 0	0.000 0	9 306 419
	ATFP	3 769	4.636 1	7.496 0	4.683 2	−4.371 1	12.442 6
	LTFP	3 769	6.941 5	10.612 1	6.945 1	−1.956 6	13.617 3
2000	EX	4 026	0.333 0	0.454 8	0.000 0	0.000 0	9.692 3
	EM	4 044	71 006	338 335	0.000 0	0.000 0	6 502 059
	ATFP	4 044	4.760 2	7.439 4	4.785 1	−2.384 7	11.825 0
	LTFP	4 044	7.062 8	10.569 1	7.034 5	−0.017 4	13.490 2
2001	EX	4 462	0.330 8	0.419 2	0.040	0.000 0	1.574 1
	EM	4 479	81 830	517 416	100	0	17 200 000
	ATFP	4 479	4.861 7	7.443 6	4.875 3	−4.913 2	12.081 0
	LTFP	4 479	7.177 3	10.569 6	7.152 8	−2.360 1	13.032 5
2002	EX	4 832	0.315 9	0.414 3	0.000 0	0.000 0	2.258 9
	EM	4 838	111 825	828 913	0.000 0	0.000 0	37 700 000
	ATFP	4 838	4.985 1	7.385 0	4.981 6	−1.904 2	12.867 2
	LTFP	4 838	7.314 1	10.504 1	7.274 0	0.633 3	15.107 9
2003	EX	2 375	0.282 7	0.410 0	0.000 0	0.000 0	2.684 0
	EM	2 386	35 417	234 052	0.000 0	0.000 0	5 089 405
	ATFP	2 386	4.910 7	7.347 0	4.933 2	−3.681 1	9.595 7
	LTFP	2 386	7.135 3	10.432 3	7.126 4	−0.753 8	13.200 8
2004	EX	—	—	—	—	—	—
	EM	—	—	—	—	—	—
	ATFP	1 739	5.061 5	1.031 8	5.030 8	−0.690 9	9.069 8
	LTFP	1 743	7.308 0	1.069 4	7.260 4	1.816 9	11.166 0
2005	EX	3 576	0.256 2	0.396 0	0.000 0	0.000 0	1.826 6
	EM	3 584	40 846	324 798	0.000 0	0.000 0	8 303 520
	ATFP	3 584	5.152 5	7.234 5	5.103 3	−1.911 7	10.012 8
	LTFP	3 584	7.356 9	10.340 6	7.283 1	1.190 6	12.186 2
2006	EX	3 939	0.249 7	0.450 8	0.000 0	0.000 0	14.833 3
	EM	3 954	44 546	351 338	0.000 0	0.000 0	8 933 539
	ATFP	3 954	5.265 8	7.212 9	5.206 3	−2.686 9	9.748 6
	LTFP	3 954	7.490 2	10.314 6	7.432 4	−0.478 1	12.247 6
2007	EX	4 406	0.234 2	0.381 4	0.000 0	0.000 0	2.562 9
	EM	4 411	45 191	369 365	0.000 0	0.000 0	11 900 000
	ATFP	4 411	5.379 1	7.207 6	5.298 0	−3.978 9	10.337 4
	LTFP	4 411	7.629 3	10.314 2	7.535 2	−1.147 0	12.280 3

表 26　1998—2007 年制造业细分行业（Hydm = 43）企业生产率等描述性统计表

		样本数	均值	标准差	中位数	最小值	最大值
1998	EX	2 967	0.442 5	0.451 8	0.300 7	0.000 0	2.549 7
	EM	2 971	11 255	29 957	2 850	0.000 0	751 980
	ATFP	2 971	4.571 1	7.416 7	4.589 3	− 1.817 2	9.062 9
	LTFP	2 971	6.654 7	10.616 2	6.631 8	0.115 2	12.708 9
1999	EX	3 313	0.473 2	0.456 3	0.473 1	0.000 0	3.922 4
	EM	3 315	12 597	34 452	4 290	0.000 0	750 200
	ATFP	3 315	4.515 5	7.259 5	4.559 4	− 1.466 3	9.055 0
	LTFP	3 315	6.560 9	10.379 8	6.566 5	0.759 3	13.191 9
2000	EX	3 528	0.494 6	0.460 6	0.543 7	0.000 0	3.007 3
	EM	3 536	14 037	42 652	5 033	0.000 0	912 707
	ATFP	3 536	4.586 3	7.243 4	4.625 8	− 2.299 6	9.096 0
	LTFP	3 536	6.623 8	10.357 3	6.624 8	0.277 4	13.142 2
2001	EX	4 035	0.521 2	0.455 6	0.669 2	0.000 0	1.560 9
	EM	4 044	13 618	43 334	5 407	0.000 0	1 443 520
	ATFP	4 044	4.683 7	7.180 5	4.703 0	− 2.101 6	9.384 8
	LTFP	4 044	6.706 9	10.291 7	6.683 1	0.280 4	13.073 2
2002	EX	4 392	0.522 6	0.456 4	0.675 1	0.000 0	1.900 4
	EM	4 393	14 863	54 072	5 304	0.000 0	1 973 420
	ATFP	4 393	4.766 7	7.157 6	4.771 6	− 2.312 8	11.013 6
	LTFP	4 393	6.797 0	10.266 8	6.783 8	− 0.546 0	13.349 0
2003	EX	102	0.015 1	0.103 9	0.000 0	0.000 0	0.971 0
	EM	102	2 529	17 845	0.000 0	0.000 0	134 000
	ATFP	102	5.708 5	7.309 0	5.615 5	2.338 5	9.228 0
	LTFP	102	7.906 2	10.448 1	7.943 5	3.168 6	11.304 5
2004	EX	—	—	—	—	—	—
	EM	—	—	—	—	—	—
	ATFP	112	5.710 2	1.095 9	5.630 5	2.839 7	9.149 5
	LTFP	112	7.979 0	1.108 1	7.953 9	4.769 4	11.102 4
2005	EX	422	0.012 9	0.090 2	0.000 0	0.000 0	1.000 0
	EM	426	940	7 946	0.000 0	0.000 0	114 305
	ATFP	426	5.770 1	7.477 3	5.711 9	− 0.239 2	10.905 9
	LTFP	426	8.082	10.547 1	8.023 0	2.379 9	12.039 8
2006	EX	507	0.016 0	0.100 4	0.000 0	0.000 0	0.909 1
	EM	507	822	7 218	0.000 0	0.000 0	123 840
	ATFP	507	5.909 0	7.256 9	5.868 7	2.670 0	9.265 1
	LTFP	507	8.192 0	10.401 2	8.223 6	4.193 0	11.801 0
2007	EX	637	0.012 4	0.086 9	0.000 0	0.000 0	1.000 0
	EM	637	771	7 415	0.000 0	0.000 0	123 840
	ATFP	637	6.082 2	7.360 5	6.069 7	0.762 8	9.879 2
	LTFP	637	8.415 2	10.502 8	8.376 9	3.523 9	12.547 1

附录4　多重异质性描述性统计表

表1　1999 年多重异质性描述性统计表

Hydm	CO	Eyear	lnMIC	InP	RDP	lnIt	AdP	NF	FF
13	0.466 9	42.267 1	9.069 1	0.006 2		6.431 6	0.063 6	0.498 2	0.091 2
14	0.532 7	38.854 8	8.666 8	0.010 8		6.465 7	0.076 9	0.461 8	0.159 0
15	0.450 7	45.137 3	9.094 9	0.016 0		7.006 5	0.093 0	0.462 4	0.115 4
16	0.275 6	41.359 0	11.223 3	0.017 1		7.340 4	0.037 6	0.826 7	0.017 0
17	0.725 0	38.467 7	9.657 5	0.020 2		6.642 7	0.028 0	0.213 8	0.167 1
18	0.841 6	26.297 1	9.522 6	0.016 6		5.974 3	0.033 5	0.085 6	0.389 7
19	0.783 8	22.989 3	9.488 1	0.016 7		6.117 4	0.033 0	0.112 8	0.360 3
20	0.554 5	32.969 8	8.958 6	0.011 1		6.194 9	0.049 5	0.264 0	0.192 6
21	0.657 8	29.554 4	9.070 4	0.014 3		6.473 2	0.052 4	0.173 8	0.237 6
22	0.603 0	33.203 6	9.352 2	0.012 8		6.688 7	0.037 8	0.210 9	0.126 0
23	0.512 3	44.308 3	8.195 0	0.008 1		6.249 6	0.042 2	0.588 4	0.104 9
24	0.855 0	31.978 4	9.394 7	0.024 4		6.181 0	0.038 4	0.137 2	0.415 1
25	0.456 5	46.118 5	9.978 6	0.012 3		7.061 3	0.052 2	0.255 1	0.082 0
26	0.595 6	35.954 6	9.483 8	0.028 6		6.535 5	0.047 9	0.309 3	0.114 4
27	0.502 4	39.529 3	9.425 0	0.067 3		7.131 3	0.126 2	0.390 9	0.157 1
28	0.793 3	25.214 2	10.251 4	0.034 2		7.358 6	0.032 0	0.230 4	0.236 6
29	0.738 0	30.351 3	9.489 9	0.033 1		6.640 8	0.047 4	0.189 5	0.157 9
30	0.740 2	26.787 9	9.318 8	0.021 0		6.383 6	0.036 9	0.147 5	0.271 2
31	0.514 3	38.639 8	9.175 9	0.013 9		6.575 0	0.047 6	0.284 2	0.089 2
32	0.538 1	34.724 7	9.854 4	0.014 2		7.049 9	0.030 2	0.215 0	0.058 5
33	0.547 8	40.078 1	9.921 6	0.016 0		6.670 9	0.024 7	0.206 1	0.104 3
34	0.734 0	28.439 9	9.255 6	0.020 3		6.481 3	0.037 5	0.176 1	0.166 7
35	0.674 9	38.656 3	9.179 7	0.036 3		6.655 0	0.044 8	0.295 0	0.099 5
36	0.599 7	38.033 7	9.032 2	0.054 6		6.555 2	0.051 0	0.403 7	0.088 3
37	0.584 1	39.737 7	9.268 3	0.048 0		7.057 2	0.055 8	0.389 0	0.114 5
39	0.156 7	77.880 6	11.025 0	0.167 7		8.058 0	0.030 0	0.932 8	0.000 0
40	0.741 3	28.805 7	9.577 9	0.051 3		6.710 9	0.052 9	0.196 9	0.191 5
41	0.776 2	25.879 1	9.934 8	0.099 4		7.159 2	0.049 0	0.229 2	0.424 3
42	0.696 2	32.549 8	9.255 9	0.080 7		6.694 9	0.057 0	0.380 3	0.247 1
43	0.766 0	29.343 8	9.208 0	0.016 4		5.989 2	0.045 1	0.139 8	0.298 4
Total	0.631 3	35.344 7	9.317 4	0.027 4		6.612 0	0.048 5	0.287 8	0.166 3

（续上表）

Hydm	CL	LL	FPall	AW	lnedu	IP	EP	ROA	ROE
13	0. 009 5	0. 759 9	0. 067 8	6. 093 4	4. 035 4	1. 336 5	0. 195 8	0. 044 6	0. 044 4
14	0. 011 5	0. 657 7	3. 753 8	6. 543 0	4. 206 4	0. 370 8	0. 261 1	0. 012 6	0. 011 3
15	0. 012 3	0. 719 5	0. 176 8	7. 286 4	4. 613 2	1. 192 8	0. 207 7	0. 016 1	0. 016 7
16	0. 494 3	0. 286 9	0. 007 8	12. 926 3	6. 450 5	0. 352 3	0. 096 5	0. 132 1	0. 045 2
17	0. 004 2	0. 684 3	0. 100 2	6. 867 7	5. 057 3	0. 426 9	0. 343 6	0. 030 4	0. 027 8
18	0. 006 1	0. 673 1	0. 436 3	8. 441 1	4. 991 9	1. 703 7	0. 676 4	0. 053 3	0. 039 9
19	0. 003 8	0. 703 9	0. 198 0	7. 353 1	4. 810 8	0. 107 8	0. 891 8	0. 050 8	0. 051 8
20	0. 011 6	0. 694 6	0. 103 3	6. 843 6	4. 305 2	0. 297 9	0. 216 6	0. 065 6	0. 065 2
21	0. 011 5	0. 683 6	0. 131 4	7. 958 2	4. 431 0	0. 280 6	0. 204 1	0. 094 1	0. 095 8
22	0. 009 2	0. 745 5	1. 624 9	6. 870 5	4. 648 1	0. 303 0	0. 370 7	0. 051 3	0. 049 7
23	0. 067 7	0. 554 4	0. 091 1	7. 788 9	4. 305 9	0. 320 8	0. 100 0	0. 018 9	0. 014 7
24	0. 006 1	0. 639 7	0. 077 2	8. 446 3	4. 857 8	0. 184 6	0. 274 1	0. 043 8	0. 032 6
25	0. 059 7	0. 610 3	0. 094 3	9. 452 6	4. 899 3	0. 196 0	0. 330 5	0. 072 8	0. 070 9
26	0. 018 4	0. 688 6	0. 706 0	8. 397 1	4. 733 2	1. 581 5	0. 364 0	0. 045 4	0. 044 7
27	0. 036 7	0. 501 5	0. 008 4	8. 183 9	4. 964 1	0. 430 1	0. 944 4	0. 028 7	0. 030 0
28	0. 023 7	0. 595 3	0. 183 5	8. 617 8	5. 359 9	0. 361 5	0. 206 5	0. 023 5	0. 025 5
29	0. 012 7	0. 652 6	0. 147 3	7. 629 6	4. 968 5	0. 198 3	0. 349 0	0. 051 5	0. 047 5
30	0. 010 6	0. 662 0	0. 561 9	10. 374 9	4. 500 9	0. 379 7	0. 680 9	0. 048 9	0. 046 6
31	0. 012 1	0. 759 4	0. 082 9	6. 734 0	4. 787 5	0. 545 5	0. 356 7	0. 043 4	0. 042 1
32	0. 016 8	0. 682 8	0. 041 4	7. 173 6	4. 902 7	0. 496 6	0. 167 5	0. 044 7	0. 045 3
33	0. 043 3	0. 695 4	0. 067 9	8. 112 8	4. 777 0	0. 512 7	0. 142 4	0. 056 7	0. 052 8
34	0. 017 6	0. 670 0	0. 069 0	8. 543 0	4. 591 3	0. 177 7	0. 325 1	0. 059 5	0. 057 3
35	0. 027 0	0. 624 7	0. 062 5	7. 910 9	4. 916 3	0. 543 6	0. 280 6	0. 042 3	0. 039 8
36	0. 048 8	0. 580 1	0. 081 5	7. 848 1	4. 916 2	0. 453 6	0. 207 1	0. 029 5	0. 026 1
37	0. 110 4	0. 518 7	0. 530 3	9. 217 7	5. 034 8	0. 322 4	0. 174 2	0. 033 0	0. 031 5
39	0. 723 9	0. 044 8	0. 002 8	6. 667 8	7. 590 1	0. 222 3	0. 007 0	− 0. 031 0	− 0. 045 7
40	0. 018 1	0. 601 0	0. 179 8	8. 848 7	4. 911 7	0. 254 3	0. 208 0	0. 0 38 5	0. 0 36 3
41	0. 057 1	0. 385 9	1. 038 1	12. 496 7	5. 352 8	0. 430 5	0. 325 4	0. 036 5	0. 030 1
42	0. 069 3	0. 378 6	0. 256 3	10. 362 2	5. 038 7	0. 298 2	0. 111 3	0. 032 1	0. 028 3
43	0. 007 0	0. 676 1	4. 568 5	7. 832 2	4. 541 3	1. 161 5	1. 362 3	0. 066 8	0. 066 2
Total	0. 025 4	0. 654 4	0. 503 5	7. 938 1	4. 754 1	0. 642 1	0. 357 4	0. 042 3	0. 039 8

表2 2000年多重异质性描述性统计表

Hydm	CO	Eyear	lnMIC	InP	RDP	lnIt	AdP	NF	FF
13	0.486 8	30.336 2	9.192 5	0.005 3		6.572 8	0.070 2	0.420 3	0.103 9
14	0.546 4	30.326 4	8.877 3	0.014 9		6.564 9	0.076 2	0.382 4	0.173 3
15	0.455 3	32.826 7	9.249 3	0.018 2		7.199 8	0.093 7	0.386 9	0.123 2
16	0.265 3	40.836 7	11.170 4	0.022 2		7.280 6	0.035 6	0.801 7	0.014 6
17	0.730 6	26.435 7	9.799 2	0.019 7		6.836 3	0.023 3	0.177 5	0.171 5
18	0.851 8	21.380 4	9.601 5	0.012 7		6.094 3	0.034 6	0.063 1	0.393 0
19	0.792 4	23.288 4	9.657 0	0.016 1		6.377 1	0.036 2	0.088 8	0.363 5
20	0.593 8	24.847 2	9.130 8	0.025 1		6.351 5	0.047 6	0.202 1	0.199 8
21	0.668 2	20.720 1	9.218 5	0.010 5		6.574 9	0.053 1	0.131 5	0.248 3
22	0.619 9	26.514 1	9.477 5	0.010 6		6.889 6	0.035 7	0.171 0	0.130 4
23	0.533 1	37.785 1	8.312 1	0.005 7		6.402 1	0.039 5	0.527 2	0.112 9
24	0.862 7	21.647 2	9.485 5	0.018 2		6.244 1	0.040 2	0.112 3	0.427 9
25	0.463 2	40.857 3	10.171 0	0.015 9		7.300 6	0.056 3	0.223 6	0.086 6
26	0.605 9	28.697 9	9.582 6	0.026 8		6.733 0	0.054 0	0.254 0	0.120 7
27	0.494 1	32.094 3	9.589 3	0.072 8		7.339 3	0.136 0	0.322 9	0.159 0
28	0.803 4	26.012 0	10.369 4	0.037 3		7.532 5	0.024 7	0.177 5	0.241 0
29	0.750 4	25.873 7	9.542 4	0.031 1		6.653 7	0.042 0	0.149 7	0.167 1
30	0.748 3	22.490 0	9.450 9	0.023 3		6.527 8	0.034 4	0.113 6	0.281 4
31	0.510 9	30.506 8	9.240 4	0.014 7		6.710 0	0.047 5	0.234 1	0.092 4
32	0.532 2	27.056 6	9.994 2	0.013 4		7.314 4	0.026 5	0.184 2	0.060 4
33	0.552 4	24.319 1	10.032 5	0.024 7		6.814 3	0.023 5	0.165 1	0.109 1
34	0.752 6	25.509 5	9.360 8	0.019 0		6.472 3	0.038 3	0.135 5	0.179 7
35	0.692 7	31.981 9	9.314 4	0.038 4		6.743 7	0.043 9	0.242 3	0.106 3
36	0.616 9	34.108 7	9.146 2	0.057 3		6.680 2	0.053 5	0.345 0	0.096 9
37	0.606 0	28.509 8	9.390 2	0.050 4		7.062 9	0.040 6	0.332 3	0.124 8
39	0.149 6	49.252 0	11.130 9	0.152 2		7.749 3	0.030 7	0.960 6	0.000 0
40	0.751 4	25.708 4	9.754 1	0.053 2		6.790 7	0.046 6	0.156 3	0.199 4
41	0.796 1	21.781 6	10.102 9	0.108 1		7.308 7	0.045 1	0.179 4	0.446 1
42	0.716 7	26.830 7	9.344 6	0.078 8		6.732 2	0.056 1	0.304 8	0.253 2
43	0.784 7	23.727 4	9.333 0	0.012 9		6.133 4	0.042 3	0.101 3	0.306 7
Total	0.645 3	27.950 0	9.445 5	0.028 4		6.744 1	0.047 6	0.235 3	0.175 8

（续上表）

Hydm	CL	LL	FPall	AW	lnedu	IP	EP	ROA	ROE
13	0.005 8	0.740 8	0.074 3	6.957 4	4.079 4	0.883 0	0.324 1	0.058 0	0.054 5
14	0.009 4	0.652 1	0.412 5	7.406 3	4.293 5	0.841 8	0.279 3	0.040 6	0.041 5
15	0.011 7	0.693 8	0.037 6	7.086 2	4.702 1	0.283 6	0.415 5	0.021 6	0.017 9
16	0.466 5	0.285 7	0.007 3	13.776 4	6.439 8	0.071 8	0.485 4	0.030 6	0.026 3
17	0.004 8	0.654 4	0.119 2	7.501 0	5.095 5	0.725 2	0.954 5	0.044 6	0.042 4
18	0.005 9	0.644 8	0.304 0	8.837 4	5.033 6	0.234 9	0.150 0	0.056 6	0.049 7
19	0.003 5	0.696 3	0.249 5	8.078 4	4.929 5	0.317 5	0.258 1	0.059 2	0.058 6
20	0.008 6	0.648 6	-0.384 9	7.166 1	4.297 6	0.437 4	0.338 8	0.088 8	0.093 7
21	0.009 3	0.666 2	0.121 2	8.228 5	4.518 7	0.176 7	0.156 8	0.089 7	0.088 5
22	0.007 9	0.729 5	0.251 1	7.850 3	4.723 4	0.486 3	0.405 7	0.055 0	0.053 2
23	0.067 5	0.538 0	-0.864 0	8.764 4	4.373 3	0.116 4	0.212 7	0.021 7	0.016 8
24	0.004 3	0.626 4	6.833 3	9.352 3	4.961 8	2.450 5	0.188 0	0.053 8	0.050 0
25	0.066 5	0.579 1	0.031 8	10.237 9	4.932 0	0.479 7	0.115 8	0.073 3	0.069 9
26	0.016 4	0.673 8	0.075 7	9.135 7	4.743 9	11.959 7	0.384 0	0.048 9	0.045 6
27	0.030 9	0.492 9	0.094 2	9.725 7	5.063 7	0.644 6	0.154 4	0.042 7	0.040 2
28	0.021 6	0.574 3	0.219 8	9.649 9	5.263 5	0.357 0	0.014 5	0.045 1	0.044 3
29	0.012 9	0.653 4	0.110 4	7.624 4	4.949 4	0.291 6	0.323 1	0.050 8	0.041 6
30	0.008 8	0.642 2	0.234 3	9.380 6	4.569 7	0.205 1	0.396 4	0.048 2	0.044 5
31	0.010 9	0.742 6	0.048 5	7.117 5	4.803 3	0.669 6	0.444 4	0.049 3	0.045 2
32	0.016 3	0.661 0	0.149 2	8.108 1	4.971 2	0.435 4	0.556 1	0.045 2	0.046 4
33	0.027 2	0.675 3	0.074 1	8.570 4	4.819 3	0.482 8	0.175 4	0.0529	0.0498
34	0.015 9	0.645 9	0.166 7	9.332 6	4.647 1	0.634 9	0.209 2	0.060 3	0.059 1
35	0.022 6	0.605 4	0.081 2	8.860 9	4.960 4	0.321 2	1.181 0	0.049 3	0.047 0
36	0.045 1	0.553 5	0.063 6	8.892 0	4.974 7	0.276 6	0.399 4	0.036 2	0.037 1
37	0.103 6	0.502 2	0.055 8	9.576 7	5.117 5	0.299 2	0.257 7	0.039 3	0.035 3
39	0.732 3	0.031 5	0.001 9	7.540 0	7.690 0	0.219 8	0.036 3	-0.022 7	-0.034 9
40	0.015 9	0.589 3	0.148 0	10.802 1	4.995 9	0.561 0	0.160 0	0.046 0	0.043 8
41	0.046 9	0.383 3	0.347 4	19.581 5	5.467 6	1.062 8	0.232 0	0.039 1	0.034 8
42	0.061 8	0.373 1	0.248 6	11.358 9	5.072 9	0.238 1	0.110 0	0.043 4	0.037 4
43	0.005 9	0.665 9	0.292 4	8.298 3	4.607 2	0.245 3	0.485 2	0.075 5	0.080 4
Total	0.022 8	0.635 4	0.194 6	8.839 3	4.812 9	1.424 9	0.411 8	0.049 4	0.046 8

表3 2001年多重异质性描述性统计表

Hydm	CO	Eyear	lnMIC	InP	RDP	lnIt	AdP	NF	FF
13	0.505 2	26.757 6	9.325 8	0.006 5		6.650 6	0.049 5	0.324 1	0.115 4
14	0.565 1	24.911 0	9.103 3	0.014 7		6.756 8	0.077 8	0.285 3	0.191 3
15	0.459 6	31.359 3	9.326 1	0.020 7		7.339 1	0.095 8	0.304 2	0.130 9
16	0.256 3	40.911 7	11.395 3	0.018 7		7.218 7	0.046 3	0.775 0	0.018 8
17	0.760 4	22.366 2	9.797 1	0.017 0		6.934 7	0.023 8	0.119 9	0.175 5
18	0.868 4	18.752 7	9.596 7	0.012 6		6.070 1	0.033 5	0.041 6	0.384 0
19	0.822 8	19.063 5	9.746 4	0.014 7		6.388 7	0.028 1	0.056 5	0.354 9
20	0.626 1	19.975 3	9.258 0	0.025 6		6.544 0	0.045 9	0.131 8	0.199 1
21	0.703 4	19.301 9	9.311 7	0.012 6		6.703 7	0.051 4	0.094 8	0.263 4
22	0.641 5	23.760 9	9.533 9	0.010 4		6.824 9	0.032 8	0.123 3	0.134 7
23	0.558 4	32.524 4	8.530 1	0.007 1		6.412 8	0.038 4	0.448 4	0.122 5
24	0.873 5	20.696 9	9.532 9	0.022 0		6.465 1	0.034 9	0.078 1	0.413 5
25	0.463 5	20.066 3	10.324 5	0.014 3		7.592 3	0.051 9	0.176 2	0.096 4
26	0.631 8	25.033 5	9.640 6	0.031 3		6.879 3	0.049 3	0.188 9	0.133 8
27	0.489 4	26.414 3	9.686 5	0.078 4		7.560 6	0.143 9	0.246 6	0.157 4
28	0.813 6	19.325 0	10.227 6	0.033 0		7.610 6	0.021 6	0.129 9	0.218 1
29	0.747 9	24.197 7	9.596 1	0.031 4		6.766 6	0.044 4	0.127 7	0.186 3
30	0.767 5	19.422 9	9.492 2	0.021 7		6.513 5	0.033 5	0.080 2	0.281 9
31	0.526 8	31.012 5	9.318 4	0.015 6		6.802 1	0.047 2	0.188 4	0.098 0
32	0.544 1	22.938 1	10.080 8	0.013 7		7.319 4	0.028 2	0.146 7	0.064 5
33	0.632 7	21.728 0	10.163 3	0.022 5		6.955 2	0.021 9	0.112 6	0.110 1
34	0.775 8	21.765 9	9.434 9	0.020 4		6.494 1	0.035 5	0.097 8	0.189 5
35	0.719 6	26.613 3	9.370 8	0.036 3		6.732 2	0.042 7	0.190 8	0.112 6
36	0.642 3	29.731 9	9.254 8	0.056 3		6.830 4	0.052 2	0.278 2	0.111 9
37	0.634 8	26.527 8	9.490 8	0.046 7		7.099 5	0.041 2	0.255 9	0.137 4
39	0.773 0	22.645 6	9.760 6	0.048 4		6.784 7	0.082 1	0.113 1	0.203 3
40	0.807 7	19.686 9	10.163 1	0.102 5		7.295 8	0.043 6	0.127 8	0.456 2
41	0.710 1	24.424 2	9.394 4	0.085 3		6.788 1	0.057 2	0.251 7	0.264 1
42	0.810 5	19.889 6	9.344 0	0.015 1		6.111 4	0.039 6	0.063 3	0.303 5
43	0.672 2	24.482 8	9.519 3	0.028 2		6.811 0	0.047 0	0.175 2	0.185 2
Total	0.505 2	26.757 6	9.325 8	0.006 5		6.650 6	0.049 5	0.324 1	0.115 4

（续上表）

Hydm	CL	LL	FPall	AW	lnedu	IP	EP	ROA	ROE
13	0.005 7	0.628 0	0.123 2	7.749 5	4.110 4	1.036 6	0.178 8	0.068 6	0.061 6
14	0.009 9	0.541 2	0.151 1	8.340 2	4.395 3	0.287 9	0.162 7	0.047 8	0.045 1
15	0.010 3	0.603 6	0.202 4	10.197 8	4.729 6	1.287 1	0.158 9	0.014 0	0.012 9
16	0.471 9	0.237 5	0.020 7	17.264 9	6.670 3	0.289 7	0.039 6	0.017 6	0.019 4
17	0.004 0	0.521 7	0.157 6	8.361 2	5.032 2	1.258 3	0.071 0	0.045 4	0.044 0
18	0.004 9	0.440 2	− 0.005 3	9.532 9	5.017 9	0.172 1	0.199 7	0.058 1	0.056 0
19	0.003 1	0.432 0	0.280 8	8.491 7	4.975 1	0.285 2	0.208 4	0.063 4	0.065 9
20	0.007 1	0.512 1	0.171 5	7.434 2	4.310 4	0.273 8	0.088 6	0.082 7	0.086 6
21	0.007 4	0.446 2	0.217 0	9.212 7	4.588 7	0.275 9	0.084 9	0.075 2	0.072 4
22	0.007 4	0.571 9	0.110 6	23.592 4	4.679 7	2.635 1	0.164 3	0.057 8	0.057 8
23	0.062 9	0.448 7	0.085 1	9.819 2	4.450 4	0.089 7	0.028 6	0.023 3	0.017 5
24	0.002 5	0.419 0	0.447 8	9.608 8	4.912 7	0.148 0	0.121 7	0.060 3	0.059 7
25	0.070 1	0.477 1	0.031 7	11.024 3	5.022 5	0.251 0	0.064 1	0.053 3	0.050 9
26	0.013 8	0.558 0	1.349 2	10.209 8	4.721 9	0.255 6	0.128 6	0.100 4	0.053 0
27	0.024 4	0.425 2	0.115 4	10.975 2	5.132 5	0.376 6	0.330 2	0.038 0	0.036 1
28	0.015 8	0.472 3	0.326 1	9.890 7	5.192 2	0.139 6	0.067 6	0.034 0	0.033 4
29	0.010 7	0.468 8	0.245 6	8.424 3	4.998 7	0.095 4	0.079 3	0.058 6	0.056 2
30	0.006 2	0.462 5	1.983 3	9.956 1	4.551 4	0.250 0	0.164 9	0.058 7	0.056 6
31	0.010 0	0.612 1	0.924 5	8.268 7	4.832 7	0.633 7	0.145 5	0.074 8	0.046 9
32	0.014 8	0.519 2	0.032 6	8.984 6	5.018 3	0.538 4	0.067 4	0.048 2	0.045 0
33	0.015 1	0.515 6	0.088 0	9.402 2	4.860 1	0.144 4	0.065 3	0.047 0	0.039 7
34	0.013 3	0.483 9	0.159 6	10.485 4	4.660 5	0.490 5	0.351 4	0.065 1	0.063 3
35	0.019 8	0.498 1	0.069 7	10.000 5	4.947 3	0.201 3	0.066 5	0.056 8	0.054 9
36	0.041 8	0.463 5	0.046 4	10.201 6	5.008 9	0.379 1	0.025 0	0.038 4	0.035 6
37	0.077 0	0.412 8	0.087 9	10.381 3	5.097 8	0.665 8	0.090 7	0.049 3	0.046 9
39	0.015 4	0.439 5	0.159 2	11.108 9	4.980 5	28.115 7	0.063 0	0.054 3	0.051 2
40	0.037 3	0.248 6	0.389 5	15.290 1	5.470 1	0.226 9	0.083 9	0.041 2	0.035 6
41	0.057 5	0.258 2	0.712 5	13.133 2	5.098 2	1.861 9	0.398 7	0.042 8	0.036 0
42	0.003 8	0.472 9	0.362 5	10.697 0	4.638 5	0.156 2	0.104 7	0.974 3	0.074 4
43	0.018 5	0.498 3	0.398 7	10.181 2	4.824 2	2.143 0	0.136 8	0.083 3	0.050 6
Total	0.005 7	0.628 0	0.123 2	7.749 5	4.110 4	1.036 6	0.178 8	0.068 6	0.061 6

表4　2002年多重异质性描述性统计表

Hydm	CO	Eyear	lnMIC	InP	RDP	lnIt	AdP	NF	FF
13	0. 521 1	22. 238 7	9. 508 9	0. 006 3		6. 708 6	0. 046 8	0. 248 0	0. 129 6
14	0. 572 0	22. 978 2	9. 295 6	0. 015 5		6. 834 0	0. 077 5	0. 215 4	0. 206 5
15	0. 466 1	25. 074 9	9. 398 6	0. 019 8		7. 357 8	0. 098 0	0. 242 8	0. 137 8
16	0. 257 8	42. 222 6	11. 513 5	0. 027 4		7. 531 2	0. 048 5	0. 756 1	0. 017 4
17	0. 776 8	20. 044 9	9. 850 2	0. 015 6		7. 043 0	0. 021 6	0. 088 0	0. 181 3
18	0. 880 0	17. 460 4	9. 613 7	0. 009 1		6. 127 4	0. 030 6	0. 029 8	0. 380 0
19	0. 855 8	17. 693 4	9. 794 3	0. 010 5		6. 451 8	0. 026 6	0. 036 9	0. 365 7
20	0. 641 3	17. 731 5	9. 309 1	0. 023 4		6. 536 9	0. 043 4	0. 103 5	0. 196 5
21	0. 722 7	16. 892 2	9. 425 5	0. 013 1		6. 882 3	0. 048 4	0. 071 3	0. 273 3
22	0. 656 6	20. 857 2	9. 607 6	0. 010 1		6. 778 7	0. 032 4	0. 095 0	0. 133 4
23	0. 573 6	28. 857 6	8. 729 5	0. 006 4		6. 462 5	0. 035 7	0. 385 4	0. 126 6
24	0. 887 0	18. 257 0	9. 557 2	0. 017 3		6. 406 9	0. 036 5	0. 058 4	0. 424 2
25	0. 445 8	18. 795 8	10. 352 8	0. 008 2		7. 629 6	0. 055 0	0. 136 4	0. 089 2
26	0. 638 0	21. 747 9	9. 746 6	0. 030 4		6. 950 3	0. 047 8	0. 151 3	0. 137 1
27	0. 488 9	22. 722 8	9. 817 7	0. 077 7		7. 753 6	0. 139 8	0. 191 5	0. 160 2
28	0. 830 6	18. 060 8	10. 348 9	0. 033 7		7. 786 1	0. 021 1	0. 097 9	0. 238 7
29	0. 761 8	21. 019 8	9. 670 3	0. 028 2		6. 871 3	0. 040 8	0. 101 0	0. 190 5
30	0. 780 1	18. 139 3	9. 531 8	0. 020 0		6. 604 2	0. 034 4	0. 059 6	0. 273 9
31	0. 534 4	22. 737 6	9. 417 0	0. 016 6		6. 861 7	0. 046 8	0. 151 0	0. 099 8
32	0. 551 3	21. 130 3	10. 219 9	0. 016 0		7. 358 3	0. 029 1	0. 117 6	0. 062 7
33	0. 549 3	21. 169 3	10. 104 3	0. 027 8		7. 048 0	0. 024 6	0. 115 9	0. 097 2
34	0. 784 9	19. 721 3	9. 508 7	0. 017 6		6. 580 8	0. 036 0	0. 073 6	0. 191 8
35	0. 735 3	23. 661 3	9. 507 0	0. 038 2		6. 765 9	0. 049 6	0. 152 9	0. 118 5
36	0. 648 2	26. 549 5	9. 415 9	0. 058 1		6. 991 1	0. 053 7	0. 227 9	0. 120 2
37	0. 618 7	23. 570 9	9. 692 6	0. 047 2		7. 211 1	0. 037 8	0. 232 9	0. 146 9
39	0. 140 4	46. 729 0	11. 473 6	0. 177 5		7. 837 6	0. 028 1	0. 912 3	0. 008 8
40	0. 784 2	20. 726 8	9. 837 1	0. 045 3		6. 817 9	0. 044 8	0. 089 3	0. 205 8
41	0. 800 4	18. 154 3	10. 249 8	0. 095 1		7. 202 2	0. 046 8	0. 104 1	0. 457 0
42	0. 719 0	22. 712 2	9. 516 0	0. 078 1		6. 849 0	0. 068 1	0. 205 0	0. 275 4
43	0. 813 4	18. 115 9	9. 375 3	0. 015 3		6. 139 7	0. 045 9	0. 047 1	0. 315 4
Total	0. 682 8	21. 312 3	9. 624 5	0. 027 4		6. 875 1	0. 044 5	0. 138 0	0. 191 1

（续上表）

Hydm	CL	LL	FPall	AW	lnedu	IP	EP	ROA	ROE
13	0.005 8	0.564 9	0.101 0	7.669 3	4.153 1	1.069 9	0.175 3	0.065 8	0.068 1
14	0.010 2	0.483 9	0.121 7	8.681 2	4.461 9	1.211 8	0.262 5	0.053 0	0.052 9
15	0.011 6	0.555 8	0.164 1	8.284 8	4.691 2	0.291 6	0.071 0	0.029 3	0.030 4
16	0.487 8	0.219 5	−0.003 6	20.502 7	6.914 6	0.231 7	0.027 6	0.032 2	0.031 8
17	0.003 5	0.442 4	0.119 1	10.307 6	5.002 1	0.321 0	0.114 5	0.050 8	0.051 0
18	0.003 6	0.384 5	0.296 3	9.822 9	5.050 3	0.369 5	0.160 2	0.056 6	0.059 9
19	0.002 5	0.391 7	0.434 1	9.052 0	4.912 2	0.537 9	0.152 3	0.067 1	0.069 3
20	0.006 6	0.451 7	0.253 9	7.851 9	4.206 1	0.327 3	0.093 4	0.086 8	0.086 0
21	0.006 2	0.384 8	0.275 4	9.583 9	4.633 6	0.285 6	0.154 9	0.073 6	0.081 1
22	0.007 2	0.525 8	0.097 1	9.055 4	4.677 2	0.236 8	0.205 4	0.061 2	0.062 0
23	0.062 3	0.412 5	0.089 3	10.931 0	4.557 4	0.431 2	0.066 6	0.031 1	0.026 5
24	0.002 1	0.387 2	0.467 1	10.186 1	4.926 2	0.236 4	0.157 1	0.051 8	0.047 3
25	0.065 6	0.420 5	0.040 1	10.930 5	5.004 6	0.526 1	0.131 1	−0.259 5	−0.259 5
26	0.014 6	0.499 6	0.092 7	10.774 1	4.734 3	2.787 7	0.112 2	0.069 1	0.071 1
27	0.022 5	0.385 1	0.089 0	11.712 8	5.197 6	0.506 9	0.131 1	0.044 2	0.040 7
28	0.015 4	0.391 6	0.160 3	10.184 8	5.257 2	0.346 7	0.017 3	0.044 3	0.042 5
29	0.010 4	0.428 6	0.086 3	8.774 0	5.018 0	0.263 6	0.126 5	0.060 2	0.059 8
30	0.006 0	0.411 3	0.257 6	10.269 5	4.570 4	0.268 0	0.121 9	0.063 6	0.060 0
31	0.010 5	0.553 9	0.050 4	8.711 9	4.869 4	0.332 7	0.086 9	0.053 6	0.051 4
32	0.011 7	0.457 7	0.023 3	9.211 0	4.969 0	7.900 5	0.131 4	0.046 2	0.058 6
33	0.013 9	0.479 6	0.009 9	9.907 3	4.835 3	0.362 4	0.133 3	0.050 7	0.050 5
34	0.011 5	0.421 0	0.196 2	10.581 7	4.697 4	0.302 3	0.145 3	0.063 0	0.063 3
35	0.018 8	0.438 7	0.083 7	10.624 7	4.987 1	0.288 0	0.205 1	0.059 7	0.060 9
36	0.039 9	0.405 1	0.116 2	11.021 7	5.026 3	0.297 1	0.052 9	0.046 0	0.044 8
37	0.090 2	0.359 1	0.113 0	11.676 3	5.227 1	1.164 7	0.229 7	0.055 5	0.053 5
39	0.728 1	0.017 5	0.000 2	10.300 9	7.808 0	−0.273 1	0.217 5	−0.001 0	−0.014 3
40	0.013 4	0.393 5	0.808 3	11.991 4	5.005 0	3.476 3	0.136 0	0.055 8	0.056 2
41	0.030 3	0.234 8	0.490 1	16.499 0	5.536 3	2.807 0	0.307 8	0.038 2	0.041 6
42	0.048 9	0.254 0	0.068 1	26.980 7	5.183 3	0.184 3	0.110 1	0.046 6	0.041 3
43	0.003 7	0.423 8	0.351 0	9.623 2	4.681 3	0.228 3	0.382 0	0.089 3	0.078 8
Total	0.018 5	0.442 4	0.194 8	10.432 3	4.855 9	1.026 7	0.150 3	−0.121 1	−0.121 1

表5　2003 年多重异质性描述性统计表

Hydm	CO	Eyear	lnMIC	InP	RDP	lnIt	AdP	NF	FF
13	0. 543 9	18. 591 4	9. 764 2	0. 007 5			0. 040 5	0. 164 7	0. 137 9
14	0. 590 4	19. 465 9	9. 540 6	0. 017 7			0. 077 4	0. 156 8	0. 222 8
15	0. 485 9	21. 026 9	9. 563 9	0. 019 8			0. 090 3	0. 171 3	0. 157 5
16	0. 290 2	34. 325 5	11. 762 8	0. 032 2			0. 045 9	0. 678 4	0. 027 5
17	0. 809 8	17. 222 5	9. 948 0	0. 015 1			0. 020 6	0. 058 3	0. 199 2
18	0. 899 0	16. 074	9. 734 1	0. 008 9			0. 030 9	0. 021 8	0. 391 4
19	0. 873 8	15. 973 2	9. 916 3	0. 008 5			0. 025 5	0. 020 8	0. 372 5
20	0. 665 5	15. 087 1	9. 481 3	0. 012 6			0. 036 7	0. 071 4	0. 188 8
21	0. 748 3	16. 598 7	9. 595 4	0. 011 9			0. 101 1	0. 050 8	0. 278 6
22	0. 683 3	18. 483 3	9. 738 5	0. 010 0			0. 031 5	0. 068 0	0. 139 0
23	0. 617 5	25. 134 4	8. 982 8	0. 009 2			0. 033 2	0. 310 7	0. 133 7
24	0. 909 0	16. 659 8	9. 707 1	0. 016 1			0. 033 8	0. 030 6	0. 444 0
25	0. 442 9	16. 821 6	10. 637 5	0. 011 8			0. 043 3	0. 105 1	0. 079 4
26	0. 641 8	18. 908 1	9. 861 7	0. 030 1			0. 045 2	0. 106 3	0. 140 5
27	0. 497 7	20. 249 1	9. 910 5	0. 070 2			0. 123 5	0. 134 1	0. 168 8
28	0. 868 7	15. 370 3	10. 500 0	0. 031 5			0. 017 7	0. 058 7	0. 202 8
29	0. 788 2	19. 227 7	9. 767 7	0. 023 2			0. 036 1	0. 069 9	0. 198 9
30	0. 796 3	16. 522 2	9. 680 4	0. 018 9			0. 031 2	0. 038 1	0. 275 7
31	0. 559 6	19. 906 3	9. 584 6	0. 017 4			0. 043 9	0. 109 7	0. 101 9
32	0. 570 8	16. 794 9	10. 444 0	0. 013 5			0. 021 9	0. 073 6	0. 062 4
33	0. 561 6	16. 834 6	10. 268 1	0. 027 4			0. 021 3	0. 081 7	0. 099 5
34	0. 814 8	17. 703 6	9. 693 6	0. 016 7			0. 031 6	0. 049 5	0. 186 2
35	0. 760 0	21. 422 4	9. 689 2	0. 034 6			0. 038 0	0. 109 6	0. 131 8
36	0. 689 2	23. 291 2	9. 646 3	0. 053 8			0. 045 0	0. 178 4	0. 138 3
37	0. 647 7	20. 899 2	9. 901 5	0. 048 2			0. 033 8	0. 170 6	0. 155 7
39	0. 800 0	18. 238 0	9. 998 3	0. 043 2			0. 040 5	0. 061 0	0. 213 2
40	0. 835 4	16. 796 8	10. 446 8	0. 082 3			0. 040 4	0. 077 0	0. 481 1
41	0. 760 6	20. 141 2	9. 728 7	0. 073 3			0. 053 6	0. 137 2	0. 320 1
42	0. 872 7	16. 521 5	9. 553 6	0. 011 7			0. 035 2	0. 033 3	0. 337 4
43	0. 682 2	14. 373 8	9. 824 0	0. 004 1			0. 016 6	0. 018 7	0. 168 2
Total	0. 707 5	18. 708 0	9. 797 1	0. 026 0			0. 040 3	0. 097 6	0. 199 3

（续上表）

Hydm	CL	LL	FPall	AW	lnedu	IP	EP	ROA	ROE
13	0.004 2	0.484 9	0.111 9	8.311 0	4.156 5	2.271 4	0.163 9	0.077 1	0.06 4
14	0.008 2	0.404 0	0.248 1	10.094 6	4.577 1	0.792 8	0.132 8	0.050 4	0.006 4
15	0.009 4	0.494 7	0.383 3	9.110 0	4.706 6	0.456 5	0.151 4	0.044 7	0.005 6
16	0.478 4	0.203 9	0.174 1	25.171 0	7.154 6	0.142 7	0.022 7	0.045 6	0.008 3
17	0.003 8	0.380 6	0.178 2	9.681 3	4.967 3	0.445 6	0.183 4	0.068 9	0.005 0
18	0.002 7	0.358 8	0.265 3	10.665 7	5.118 7	0.460 1	0.132 2	0.064 0	0.004 7
19	0.002 2	0.344 2	0.412 1	9.584 2	4.999 7	0.454 4	0.252 5	0.073 5	0.004 6
20	0.004 9	0.370 5	−0.004 1	8.406 1	4.235 3	0.424 5	0.192 5	0.088 4	0.005 3
21	0.005 9	0.324 5	0.546 1	10.480 9	4.708 4	0.493 3	0.129 8	0.073 3	0.005 2
22	0.004 7	0.462 3	0.132 8	9.494 8	4.639 7	0.419 5	0.092 4	0.065 9	0.005 7
23	0.050 4	0.381 0	0.095 9	11.783 3	4.609 7	0.232 6	0.094 7	0.037 1	0.007 6
24	0.002 8	0.338 2	0.408 3	10.771 9	4.982 8	0.313 3	0.129 1	0.057 8	0.004 4
25	0.069 5	0.368 9	0.003 2	12.023 0	5.033 7	1.224 0	0.221 2	0.080 2	0.008 0
26	0.013 0	0.456 7	−1.096 3	11.660 9	4.738 0	4.256 0	0.202 6	1 49 7	0.004 4
27	0.017 0	0.364 5	0.113 2	12.612 9	5.173 3	0.364 2	0.182 8	0.047 0	0.004 7
28	0.008 5	0.333 0	0.170 4	11.480 8	4.920 9	0.430 0	0.216 4	0.055 7	0.005 3
29	0.008 4	0.382 9	0.603 2	9.936 8	4.949 7	0.393 3	0.100 6	0.076 3	0.002 3
30	0.004 5	0.366 3	0.850 8	11.023 6	4.628 3	0.465 2	0.140 3	0.064 0	0.006 4
31	0.009 2	0.480 1	−0.048 1	9.348 1	4.885 0	0.496 5	0.084 1	0.064 3	0.003 8
32	0.008 5	0.411 0	0.044 0	10.171 6	4.979 0	1.166 2	0.543 7	0.817 4	0.009 1
33	0.013 1	0.433 3	0.090 1	10.487 4	4.791 4	0.443 0	0.213 5	0.062 5	0.009 6
34	0.010 6	0.382 6	0.139 4	11.262 3	4.741 3	0.507 2	0.123 0	0.460 2	0.006 6
35	0.018 0	0.384 8	0.098 1	11.819 2	4.992 9	0.365 1	0.164 4	0.080 2	0.005 9
36	0.041 8	0.357 0	0.059 1	12.372 8	5.099 1	0.894 8	0.086 6	0.054 4	0.007 0
37	0.073 5	0.325 1	0.095 1	12.257 9	5.241 1	0.384 2	0.344 1	0.258 6	0.007 3
39	0.009 5	0.349 9	0.293 3	12.364 4	5.014 1	0.374 2	0.154 6	0.063 1	0.005 3
40	0.024 1	0.245 0	0.457 5	16.893 1	5.587 5	0.598 0	0.205 0	4.115 1	0.006 6
41	0.041 0	0.250 1	0.248 5	15.134 9	5.230 6	0.274 1	0.213 7	0.054 5	0.015 6
42	0.004 2	0.354 8	0.262 3	10.100 4	4.666 9	0.468 4	0.237 2	0.077 6	0.005 0
43	0.000 0	0.467 3	0.074 3	10.635 2	3.980 8	0.898 0	0.079 9	0.071 1	0.002 6
Total	0.015 6	0.391 9	0.104 5	10.946 1	4.873 8	0.885 3	0.170 5	0.250 6	0.005 8

表6　2004年多重异质性描述性统计表

Hydm	CO	Eyear	lnMIC	InP	RDP	lnIt	AdP	NF	FF
13	0.560 0	15.603 5	9.902 2	0.011 8		6.699 6	0.000 8	0.133 1	0.145 0
14	0.599 6	17.210 4	9.707 7	0.023 7		6.910 0	0.006 7	0.144 0	0.218 5
15	0.500 0	18.555 1	9.743 1	0.025 7		7.439 2	0.012 1	0.169 3	0.157 7
16	0.293 6	31.619 3	11.939 5	0.033 0		8.041 4	0.003 7	0.674 3	0.032 1
17	0.858 7	13.862 8	9.851 8	0.021 4		6.800 6	0.000 3	0.036 5	0.208 2
18	0.899 8	13.414 7	9.705 0	0.021 7		6.117 9	0.001 1	0.022 3	0.410 6
19	0.886 6	13.710 9	9.861 5	0.016 7		6.449 6	0.000 7	0.020 8	0.370 8
20	0.696 6	12.708 6	9.495 5	0.015 6		6.383 9	0.000 6	0.057 6	0.178 6
21	0.797 3	13.724 5	9.741 4	0.018 5		6.706 0	0.001 9	0.038 1	0.333 1
22	0.728 5	15.612 2	9.773 2	0.013 7		6.848 2	0.000 3	0.052 4	0.155 4
23	0.668 2	21.127 9	9.091 7	0.017 0		6.480 2	0.000 6	0.270 7	0.125 0
24	0.927 4	14.297 9	9.710 0	0.027 6		6.321 1	0.001 0	0.023 9	0.444 5
25	0.449 5	14.045 4	10.600 5	0.012 2		7.289 0	0.000 5	0.079 8	0.078 8
26	0.675 8	15.980 2	9.906 8	0.037 3		6.862 8	0.001 6	0.080 9	0.154 4
27	0.522 7	17.390 4	9.968 3	0.090 6		7.870 5	0.011 9	0.090 6	0.182 8
28	0.887 1	12.854 5	10.349 1	0.041 8		7.522 9	0.000 2	0.041 5	0.191 4
29	0.817 4	16.178 3	9.747 3	0.032 5		6.710 3	0.000 7	0.056 0	0.238 0
30	0.830 3	13.888 2	9.685 8	0.025 4		6.531 1	0.000 5	0.031 9	0.273 1
31	0.609 1	16.856 0	9.731 4	0.024 5		6.866 3	0.000 7	0.091 6	0.115 1
32	0.616 5	13.398 1	10.454 8	0.019 8		7.106 0	0.000 2	0.050 9	0.069 7
33	0.629 1	14.292 3	10.309 6	0.035 5		6.898 4	0.000 2	0.056 9	0.118 1
34	0.832 0	14.879 6	9.674 9	0.023 3		6.508 7	0.000 6	0.048 2	0.191 2
35	0.792 5	17.07 0	9.650 0	0.047 0		6.595 1	0.000 8	0.083 2	0.146 0
36	0.737 9	17.728 4	9.662 6	0.069 1		6.769 3	0.001 6	0.126 1	0.183 2
37	0.671 9	17.509 5	9.899 5	0.063 0		7.041 8	0.000 8	0.150 0	0.165 3
39	0.826 8	15.234 2	9.946 0	0.058 3		6.669 5	0.001 2	0.050 8	0.236 5
40	0.857 5	13.970 7	10.327 9	0.105 4		6.783 1	0.001 5	0.052 7	0.497 3
41	0.763 1	16.613 5	9.684 2	0.083 9		6.572 9	0.002 2	0.111 2	0.323 3
42	0.872 7	14.266 3	9.618 1	0.019 8		6.320 6	0.000 6	0.045 6	0.350 4
43	0.786 6	12.518 1	10.021 9	0.018 6		6.771 2	0.000 5	0.033 4	0.249 4
Total	0.743 9	15.516 5	9.824 4	0.036 1		6.766 9	0.001 3	0.076 9	0.211 0

（续上表）

Hydm	CL	LL	FPall	AW	lnedu	IP	EP	ROA	ROE
13	0.004 9	0.240 6	0.025 5	10.121 3	2.400 8	0.761 7	0.206 1	0.099 5	0.104 8
14	0.007 6	0.222 2	0.178 0	12.105 9	2.686 6	0.569 3	0.134 6	0.056 7	0.058 7
15	0.011 3	0.297 7	−0.241 2	11.453 8	2.961 5	1.192 0	0.097 2	0.052 0	0.058 1
16	0.431 2	0.169 7	0.010 3	35.104 7	5.289 1	0.278 3	0.226 0	0.146 3	0.145 3
17	0.002 4	0.113 2	0.231 8	11.583 0	2.630 4	0.498 1	0.198 2	0.051 3	0.050 9
18	0.002 6	0.100 7	0.327 8	12.149 2	2.632 7	0.311 5	0.332 4	0.050 2	0.051 8
19	0.001 1	0.104 6	0.072 1	11.205 1	2.594 1	0.349 7	0.285 6	0.088 5	0.089 1
20	0.003 9	0.119 1	0.167 8	10.131 7	2.246 6	0.378 6	0.213 6	0.093 0	0.095 5
21	0.003 9	0.101 2	0.383 3	12.056 3	2.508 4	0.428 1	0.196 8	0.091 9	0.097 2
22	0.003 6	0.207 3	0.287 5	11.484 9	2.576 5	0.342 0	0.083 2	0.066 2	0.067 2
23	0.049 8	0.186 9	0.098 7	13.633 3	2.544 2	0.242 3	0.120 2	0.034 0	0.032 9
24	0.002 1	0.104 8	0.439 4	12.031 1	2.505 1	0.257 7	0.175 1	0.053 3	0.054 4
25	0.049 7	0.195 5	0.064 0	13.146 3	3.204 9	1.022 0	0.114 2	0.069 6	0.071 7
26	0.015 0	0.207 7	0.123 6	13.872 9	2.717 8	0.686 6	0.081 3	0.077 3	0.079 2
27	0.014 7	0.188 2	0.114 8	14.429 1	3.158 6	0.439 5	0.101 8	0.047 6	0.048 6
28	0.005 8	0.098 6	0.142 7	12.039 3	2.864 2	25.299 7	0.203 5	0.023 8	0.022 0
29	0.007 5	0.159 8	0.599 6	15.870 3	2.766 0	0.306 0	0.100 5	0.079 6	0.079 3
30	0.005 9	0.137 1	0.023 0	12.517 2	2.333 2	0.892 2	0.153 0	0.061 8	0.062 6
31	0.009 4	0.242 9	0.111 5	11.468 3	2.788 8	0.567 9	0.147 4	0.071 5	0.070 4
32	0.006 8	0.179 8	0.080 5	11.732 9	2.938 6	1.280 4	0.984 9	0.064 7	0.071 4
33	0.012 9	0.178 6	−0.019 1	12.504 9	2.748 3	0.951 7	0.141 2	0.072 1	0.066 2
34	0.011 8	0.149 7	0.167 1	13.016 5	2.540 6	0.447 9	0.155 6	0.066 3	0.065 7
35	0.017 2	0.155 7	0.164 8	13.651 8	2.766 4	0.485 7	0.153 8	0.072 5	0.073 7
36	0.031 9	0.152 3	0.181 7	15.380 9	2.862 5	0.477 1	0.080 2	0.063 2	0.064 1
37	0.070 3	0.143 3	0.139 5	14.434 2	3.064 4	0.504 5	0.112 2	0.061 1	0.060 0
39	0.011 4	0.140 2	0.160 1	14.058	2.783 0	0.535 1	0.170 2	0.061 7	0.061 7
40	0.021 7	0.070 8	−10.255 3	18.995 7	3.074 6	0.405 6	0.207 5	0.046 2	0.046 5
41	0.039 0	0.100 8	0.249 5	17.842 1	2.836 3	0.329 0	0.293 2	0.059 9	0.056 8
42	0.012 0	0.126 5	0.289 4	11.944 4	2.553 2	0.307 9	0.161 8	0.065 4	0.063 3
43	0.007 7	0.162 0	0.226 8	13.873 0	2.261 4	0.778 5	0.253 3	0.105 6	0.086 8
Total	0.014 9	0.161 1	−0.213 4	12.977 0	2.733 0	0.684 7	0.182 0	0.065 9	0.066 6

表7　2005 年多重异质性描述性统计表

Hydm	CO	Eyear	lnMIC	InP	RDP	lnIt	AdP	NF	FF
13	0. 570 4	13. 606 8	10. 140 4	0. 016 8	0. 000 4	6. 845 0	0. 000 8	0. 068 9	0. 143 2
14	0. 606 8	14. 756 8	9. 972 2	0. 031 0	0. 001 2	7. 079 3	0. 005 5	0. 070 6	0. 224 8
15	0. 499 0	16. 596 1	9. 976 5	0. 029 2	0. 000 7	7. 587 5	0. 009 1	0. 095 2	0. 159 7
16	0. 278 9	29. 915 8	12. 255 6	0. 042 8	0. 001 8	8. 133 6	0. 002 9	0. 626 3	0. 031 6
17	0. 846 5	13. 201 1	10. 102 4	0. 020 9	0. 000 4	6. 933 6	0. 000 3	0. 022 6	0. 215 0
18	0. 898 3	12. 852 6	9. 908 1	0. 027 4	0. 000 3	6. 264 2	0. 001 0	0. 013 2	0. 418 5
19	0. 883 6	12. 992 9	10. 069 8	0. 027 8	0. 000 4	6. 560 0	0. 000 7	0. 007 7	0. 380 7
20	0. 690 7	11. 491 5	9. 721 9	0. 016 8	0. 000 2	6. 506 7	0. 000 6	0. 030 9	0. 166 9
21	0. 810 0	12. 784 0	9. 944 1	0. 023 2	0. 000 5	6. 857 1	0. 001 5	0. 021 1	0. 329 5
22	0. 729 9	14. 472 5	9. 934 1	0. 014 5	0. 000 3	6. 940 1	0. 000 3	0. 029 2	0. 158 9
23	0. 680 9	19. 435 2	9. 363 9	0. 022 9	0. 000 6	6. 658 4	0. 000 5	0. 200 4	0. 127 2
24	0. 926 6	13. 764 4	9. 902 2	0. 032 1	0. 000 6	6. 477 8	0. 000 8	0. 015 7	0. 455 9
25	0. 449 7	12. 904 3	10. 874 5	0. 016 2	0. 000 4	7. 418 5	0. 000 4	0. 057 3	0. 078 4
26	0. 668 2	14. 888 6	10. 142 1	0. 036 1	0. 002 0	7. 045 6	0. 001 3	0. 051 5	0. 157 9
27	0. 513 0	15. 913 3	10. 158 2	0. 086 6	0. 018 7	7. 928 5	0. 011 0	0. 052 9	0. 177 0
28	0. 881 3	12. 498 1	10. 706 0	0. 037 1	0. 000 7	7. 792 2	0. 000 2	0. 026 0	0. 208 3
29	0. 828 3	15. 110 2	9. 963 1	0. 031 3	0. 001 2	6. 885 6	0. 001 0	0. 033 3	0. 238 3
30	0. 826 2	13. 217 6	9. 877 7	0. 025 0	0. 000 6	6. 664 5	0. 000 4	0. 017 0	0. 269 1
31	0. 613 6	15. 412 8	9. 910 4	0. 028 9	0. 000 7	7. 025 5	0. 000 6	0. 056 8	0. 115 8
32	0. 605 5	12. 518 1	10. 718 3	0. 019 3	0. 000 3	7. 378 9	0. 000 2	0. 032 9	0. 072 1
33	0. 604 5	13. 307 4	10. 537 5	0. 033 1	0. 000 7	7. 102 2	0. 000 2	0. 041 0	0. 120 4
34	0. 837 8	13. 987 0	9. 900 9	0. 026 8	0. 000 7	6. 633 3	0. 000 6	0. 027 2	0. 194 2
35	0. 797 1	16. 118 1	9. 863 3	0. 040 7	0. 001 7	6. 757 4	0. 001 0	0. 051 2	0. 147 4
36	0. 738 3	16. 370 8	9. 912 5	0. 063 6	0. 004 2	6. 885 3	0. 001 3	0. 083 2	0. 191 2
37	0. 678 5	16. 328 0	10. 137 2	0. 053 5	0. 002 5	7. 173 8	0. 000 7	0. 101 2	0. 179 7
39	0. 829 7	14. 429 9	10. 171 3	0. 055 6	0. 002 5	6. 809 5	0. 001 2	0. 031 4	0. 243 7
40	0. 850 7	13. 471 9	10. 567 9	0. 100 3	0. 009 2	6. 877 8	0. 001 2	0. 037 7	0. 511 4
41	0. 761 5	15. 904 1	9. 944 7	0. 103 9	0. 012 5	6. 596 5	0. 002 0	0. 077 9	0. 327 2
42	0. 877 0	13. 471 5	9. 805 1	0. 022 4	0. 001 0	6. 510 0	0. 000 7	0. 025 3	0. 346 5
43	0. 767 1	10. 979 4	10. 299 6	0. 014 2	0. 000 4	6. 666 0	0. 000 1	0. 009 1	0. 223 7
Total	0. 741 9	14. 449 4	10. 046 5	0. 036 4	0. 001 9	6. 910 3	0. 001 2	0. 047 4	0. 214 7

（续上表）

Hydm	CL	LL	FPall	AW	lnedu	IP	EP	ROA	ROE
13	0.003 4	0.255 2	0.125 1	11.773 2	2.611 5	1.077 9	0.300 2	0.135 4	0.179 7
14	0.007 4	0.225 9	0.227 2	13.451 8	2.861 9	0.843 3	0.240 5	0.083 2	0.098 8
15	0.008 2	0.298 7	0.263 9	12.746 7	3.148 7	0.626 6	0.185 2	0.085 8	0.097 7
16	0.473 7	0.142 1	0.006 7	37.317 8	5.627 2	0.491 6	0.033 6	0.068 6	0.066 7
17	0.001 9	0.145 9	0.141 0	12.264 0	2.762 1	0.562 9	0.209 9	0.075 3	0.086 9
18	0.001 9	0.133 4	0.555 4	13.031 3	2.786 9	0.471 3	0.217 6	0.072 3	0.080 4
19	0.000 8	0.128 0	0.510 0	12.534 9	2.732 1	0.475 8	0.204 1	0.106 3	0.129 5
20	0.002 6	0.151 5	0.212 5	11.465 1	2.499 0	0.693 5	0.227 0	0.128 4	0.150 7
21	0.002 3	0.129 8	0.390 2	13.836 8	2.653 6	0.532 6	0.240 8	0.098 9	0.122 4
22	0.002 9	0.224 0	0.135 3	12.725 8	2.697 5	0.480 0	0.165 4	0.079 9	0.091 4
23	0.044 1	0.195 8	2.372 1	14.539 5	2.737 1	0.333 2	0.139 4	0.044 5	0.050 9
24	0.001 5	0.135 3	0.363 4	13.188 8	2.597 4	0.474 2	0.104 7	0.068 8	0.080 1
25	0.045 7	0.252 8	0.044 3	15.417 8	3.515 9	1.663 5	0.288 0	0.063 5	0.070 1
26	0.011 6	0.227 1	0.194 3	15.561 4	2.912 0	0.632 4	0.214 5	0.094 4	0.111 8
27	0.014 3	0.213 6	0.130 9	15.499 6	3.323 3	1 156.084 0	0.258 8	0.064 0	0.073 5
28	0.008 4	0.117 2	0.213 7	13.633 2	3.053 2	0.787 7	0.276 7	0.064 0	0.071 5
29	0.006 9	0.185 6	0.346 0	13.245 0	2.874 5	0.607 3	0.219 6	0.091 1	0.101 1
30	0.003 7	0.166 0	0.107 6	13.889 4	2.525 2	0.429 9	0.182 6	0.077 2	0.089 3
31	0.006 9	0.252 1	0.095 3	12.584 3	2.950 5	9.594 7	0.148 9	0.090 4	0.101 0
32	0.006 5	0.214 1	0.038 4	13.632 6	3.171 5	4.411 6	0.205 6	0.051 1	0.074 0
33	0.011 8	0.214 5	− 0.016 4	14.059 1	2.891 4	0.836 5	0.204 3	0.083 3	0.086 8
34	0.008 7	0.177 2	0.149 7	14.289 0	2.736 2	0.662 9	0.208 8	0.084 0	0.094 2
35	0.012 8	0.182 7	0.095 2	14.636 9	2.938 6	2.526 6	0.202 6	0.091 0	0.100 0
36	0.029 2	0.168 2	0.105 9	16.981 1	3.035 6	2.236 7	0.212 5	0.082 1	0.093 1
37	0.052 8	0.162 9	0.121 9	15.498 2	3.214 5	0.572 5	0.176 2	0.072 9	0.080 6
39	0.008 3	0.157 9	− 0.027 5	15.458 0	2.947 5	0.490 1	0.240 7	0.090 6	0.095 6
40	0.019 7	0.092 2	2.333 3	20.119 7	3.270 1	43.605 1	0.267 4	0.143 8	0.150 4
41	0.033 3	0.123 6	0.259 0	19.002 1	2.998 9	0.375 4	0.128 4	0.070 7	0.078 0
42	0.007 0	0.153 4	0.233 8	13.177 3	2.767 0	0.402 9	0.198 1	0.100 6	0.112 9
43	0.004 6	0.196 3	0.989 2	15.613 4	2.385 6	0.737 5	0.406 3	0.102 1	0.238 7
Total	0.011 8	0.184 4	0.283 9	14.165 4	2.902 6	25.561 9	0.208 6	0.088 4	0.101 9

表8 2006年多重异质性描述性统计表

Hydm	CO	Eyear	lnMIC	InP	RDP	lnIt	AdP	NF	FF
13	0.569 9	12.418 9	10.259 3	0.017 3	0.000 5	6.952 7	0.000 6	0.049 6	0.139 5
14	0.610 8	13.474 1	10.143 7	0.032 9	0.004 2	7.034 4	0.004 9	0.049 2	0.222 1
15	0.486 7	15.070 1	10.132 9	0.032 1	0.001 1	7.659 8	0.007 6	0.069 0	0.164 5
16	0.284 9	26.608 9	12.271 4	0.027 7	0.001 8	8.354 8	0.002 0	0.581 0	0.039 1
17	0.845 8	12.101 1	10.172 2	0.027 0	0.000 5	6.950 4	0.000 3	0.015 0	0.203 1
18	0.897 3	12.045 8	10.001 0	0.028 6	0.000 3	6.315 3	0.000 8	0.009 9	0.405 4
19	0.878 1	11.957 9	10.175 6	0.034 0	0.000 4	6.607 9	0.000 5	0.004 8	0.363 8
20	0.685 9	10.443 8	9.823 0	0.019 8	0.000 2	6.748 2	0.000 5	0.022 7	0.144 7
21	0.817 1	12.716 7	10.044 3	0.034 4	0.000 6	6.865 9	0.001 1	0.013 6	0.310 3
22	0.738 8	13.472 7	10.050 8	0.015 1	0.000 3	7.046 8	0.000 3	0.019 9	0.157 1
23	0.690 4	17.992 2	9.533 8	0.023 1	0.000 6	6.732 8	0.000 6	0.166 0	0.127 1
24	0.916 3	12.834 8	9.985 7	0.037 6	0.000 7	6.435 6	0.000 7	0.010 5	0.439 0
25	0.468 1	12.091 6	10.996 3	0.013 3	0.002 6	7.571 9	0.001 6	0.042 1	0.077 8
26	0.667 2	13.615 1	10.273 4	0.035 9	0.001 9	7.103 8	0.001 2	0.038 6	0.155 1
27	0.509 8	14.966 8	10.281 4	0.085 6	0.020 8	8.001 9	0.009 4	0.040 6	0.175 8
28	0.880 9	11.777 1	10.814 8	0.040 8	0.001 1	7.890 4	0.000 1	0.020 7	0.203 3
29	0.833 0	14.421 1	10.090 3	0.031 0	0.001 4	6.885 7	0.000 6	0.023 6	0.229 0
30	0.827 5	12.297 3	9.979 2	0.028 1	0.000 7	6.667 4	0.000 4	0.013 1	0.253 7
31	0.616 8	14.149 5	10.056 9	0.029 5	0.000 7	7.116 2	0.000 4	0.043 1	0.112 3
32	0.611 7	11.806 2	10.840 7	0.023 2	0.000 5	7.461 8	0.000 1	0.027 6	0.076 7
33	0.599 5	12.125 0	10.813 5	0.034 3	0.001 0	7.168 6	0.000 2	0.035 8	0.119 7
34	0.836 1	13.221 8	10.028 8	0.025 4	0.000 8	6.681 0	0.000 5	0.019 3	0.192 6
35	0.796 4	14.867 5	9.978 5	0.042 4	0.001 9	6.811 5	0.000 6	0.038 8	0.142 5
36	0.740 0	15.045 6	10.038 7	0.071 0	0.005 1	6.887 2	0.001 2	0.062 2	0.194 3
37	0.681 1	15.013 1	10.275 4	0.056 4	0.002 8	7.254 9	0.000 6	0.080 2	0.189 9
39	0.832 4	13.417 5	10.328 2	0.059 2	0.002 9	6.848 3	0.001 1	0.024 1	0.239 4
40	0.849 4	12.680 8	10.698 4	0.106 2	0.009 9	6.909 8	0.000 9	0.029 9	0.502 0
41	0.770 3	14.868 9	10.089 1	0.109 1	0.011 0	6.640 9	0.001 6	0.061 7	0.324 2
42	0.874 4	12.495 8	9.876 5	0.044 5	0.001 1	6.512 4	0.000 6	0.018 0	0.336 6
43	0.739 1	9.943 3	10.447 4	0.007 9	0.000 5	6.604 1	0.000 1	0.007 6	0.223 1
Total	0.743 1	13.363 2	10.168 2	0.039 2	0.002 2	6.957 3	0.001 0	0.035 7	0.209 3

（续上表）

Hydm	CL	LL	FPall	AW	lnedu	IP	EP	ROA	ROE
13	0.003 1	0.226 4	0.217 1	13.417 8	2.677 7	18.279 7	0.169 3	0.142 7	0.190 4
14	0.006 6	0.197 5	0.183 4	14.962 6	2.935 6	0.662 7	0.191 4	0.101 1	0.123 5
15	0.006 6	0.267 5	0.027 8	13.995 9	3.193 9	18.950 5	0.231 2	0.097 3	0.116 4
16	0.463 7	0.117 3	0.008 0	41.253 4	5.513 1	0.036 6	-0.081 0	0.086 9	0.082 8
17	0.001 7	0.123 1	0.028 5	13.827 1	2.778 6	0.549 9	0.150 5	0.085 6	0.097 8
18	0.001 8	0.112 1	0.331 4	14.707 9	2.790 0	0.359 4	0.132 4	0.083 2	0.095 1
19	0.000 7	0.095 8	0.416 6	14.046 5	2.727 0	0.403 8	0.185 0	0.122 9	0.150 0
20	0.002 2	0.146 8	0.391 2	12.758 9	2.538 2	7.199 5	0.170 2	0.145 1	0.167 6
21	0.001 4	0.107 4	0.241 9	15.557 3	2.713 7	0.510 8	0.169 8	0.105 3	0.122 1
22	0.002 9	0.194 6	0.133 1	14.862 8	2.690 2	0.816 7	0.124 4	0.094 3	0.106 3
23	0.037 4	0.165 4	0.105 6	16.192 0	2.877 7	0.384 4	0.088 0	0.053 2	0.061 5
24	0.000 8	0.110 1	0.474 7	14.592 1	2.653 1	0.283 1	0.095 6	0.079 2	0.091 9
25	0.042 1	0.246 3	0.328 4	18.437 4	3.577 4	0.769 8	0.130 1	0.073 6	0.084 2
26	0.010 4	0.202 9	0.095 4	17.597 4	2.925 5	3.271 1	0.120 2	0.106 6	0.127 4
27	0.011 5	0.195 2	0.076 7	16.966 8	3.398 1	12.725 2	0.134 9	0.068 0	0.079 2
28	0.005 7	0.097 0	0.146 6	15.808 0	3.176 7	0.354 6	0.098 4	0.067 5	0.072 6
29	0.005 4	0.155 4	0.207 1	14.586 5	2.906 7	0.465 1	0.099 6	0.111 5	0.129 6
30	0.002 6	0.144 4	0.172 1	15.860 5	2.544 1	0.383 5	0.126 8	0.084 7	0.094 0
31	0.005 7	0.222 5	0.077 3	14.369 4	2.962 6	6.629 5	0.139 5	0.107 2	0.124 7
32	0.005 6	0.197 7	0.054 0	15.781 5	3.180 1	9.815 1	0.183 1	0.076 0	0.097 0
33	0.011 3	0.185 2	0.036 3	16.220 9	2.967 2	0.935 6	0.152 8	0.102 6	0.116 9
34	0.006 5	0.146 7	0.137 5	16.181 7	2.783 1	3.528 2	0.198 5	0.088 9	0.099 9
35	0.010 5	0.156 9	0.053 3	16.588 5	2.971 4	0.448 9	0.129 8	0.104 9	0.116 1
36	0.024 2	0.141 7	0.279 8	18.620 9	3.096 6	2.489 2	0.140 7	0.100 9	0.109 4
37	0.045 0	0.135 5	0.143 0	17.516 7	3.319 2	0.398 8	0.141 9	0.074 7	0.082 2
39	0.007 5	0.132 3	0.371 0	17.528 0	3.028 8	1.894 9	0.137 8	0.077 9	0.092 3
40	0.015 9	0.074 1	0.329 5	22.678 3	3.296 6	0.425 9	0.165 5	0.058 8	0.065 0
41	0.027 9	0.101 4	0.285 5	21.165 2	3.100 8	0.358 9	0.144 2	0.075 5	0.081 7
42	0.007 3	0.137 4	0.267 8	15.015 3	2.811 5	0.311 8	0.142 5	0.103 7	0.125 2
43	0.003 8	0.155 0	0.125 0	17.195 2	2.474 7	0.609 4	0.386 7	0.123 0	0.309 3
Total	0.010 0	0.159 4	0.174 1	15.999 1	2.942 3	3.420 8	0.146 7	0.095 4	0.111 6

附录5　多重异质性（内销为主 VS. 出口为主）比较结果表

表1　2007年多重异质性（内销为主 VS. 出口为主）比较结果表

Hydm	CO	Eyear	lnMIC	InP	RDP	lnIt	AdP	NF	FF
13	高	高	高*	0	低	—	低	低	高
14	高	高*	0	高	0	—	低	0	高
15	高	0	0	高	0	—	低	0	高
16	0	0	0	低	0	—	低	0	低
17	高	高	0	高	低	—	低*	高	高
18	高	高	高	高	0	—	低	低	高
19	高	高	高	高	低*	—	低	0	高
20	高	高	高	高	0	—	0	低	高
21	高	0	高	高	0	—	低	0	高
22	高	高	0	高*	低	—	0	高	高
23	高	低	高	高*	低	—	低*	低	高
24	高	高	高	高	0	—	低	低	高
25	0	0	0	0	低	—	0	低	高
26	0	高	低	高	0	—	低*	高	高
27	高	0	0	高	低	—	低	0	高
28	高	高	0	0	低	—	低	高*	高
29	高	高	高	0	低	—	低	0	高
30	高	高	高	高	0	—	0	低	高
31	高	0	低	高	0	—	0	低	高
32	高	0	0	高	0	—	0	0	高
33	高	高	0	高	0	—	低	高*	高
34	高	高	高	高	0	—	0	低	高
35	高	低	高	高	低	—	0	低	高
36	高	低*	高	高	低	—	低*	0	高
37	高	0	高	高	低	—	0	低	高
39	高	低	高	高	低	—	低	低	高
40	高	0	高	低	低	—	0	低	高
41	高	低	高	低	低	—	低	低	高
42	高	高	0	高	低	—	低	低	高

（续上表）

Hydm	CL	LL	FPall	AW	lnedu	IP	EP	ROA	ROE
13	低	低	0	高	低	低	低	低	低
14	低	0	高	高	低	低	低	低	低
15	高	低	0	高	低	0	低	0	低
16	0	0	低	低	0	0	0	0	低*
17	低	低	高	高	低	低	低	低	低
18	低	低	高	高	低	低	低	低	低
19	低	低	高	0	低	低	低	低	低
20	0	低*	高*	高	0	低	0	低	低
21	低	低	高	0	0	低	低	低	低
22	低	低	高	高	0	低	低*	低	低
23	低	低	高	高	0	0	低	低	低
24	0	0	0	高	0	低	低	低	低
25	低	低	0	0	0	低	低	低	低
26	低	低	高	0	低*	低	低	0	低
27	0	低	高	高	低	低	0	低	低
28	低	0	高	高	0	低	低	低	低
29	低	低	高	高	低	低	低	低	低
30	低	低	高	高	低	低	低	低	低
31	低	低	高	高	低	低	低	低	低
32	0	0	高	高*	低	低	低	低	低
33	低	低	0	高	0	低	低	低	低
34	低	低	高	高	0	低	低	低	低
35	低	低	高	高	0	低	低	低	低
36	低	低	0	高	低	低	0	低	低
37	低	低	0	高	0	低	低*	低	低
39	低	低	0	高	低	低	低	低	低
40	低	低	高	高	0	0	0	低	低
41	低	低	0	低*	低	低	低	低	低
42	低	0	高	0	0	低	低	低	低

　　注：高、低表示在0.05的显著性水平下显著，高*、低*表示在0.1的显著性水平下显著，0表示无显著差异。

表2　1998年多重异质性（内销为主 VS. 出口为主）比较结果表

Hydm	CO	Eyear	lnMIC	InP	RDP	lnIt	AdP	NF	FF
13	高	0	0	0	—	0	0	高*	高
14	高	高	高	低	—	0	低*	高	高
15	0	高*	低	低	—	低*	高*	高	0
16	0	低*	—	—	—	—	—	高	低
17	高	0	高	高	—	0	0	高	高
18	高	0	高	高	—	0	低	低	高
19	高	0	高	低	—	高*	低	低	高
20	高	低*	高	0	—	0	0	0	高
21	高	0	高	0	—	高	0	0	高
22	高	0	高	0	—	0	0	高	高
23	高	0	高	0	—	高	低	0	高
24	高	0	高	低	—	0	低	低	高
25	0	0	0	低	—	0	0	高	高
26	高	0	低	高*	—	高*	0	高	高
27	高	0	0	0	—	0	低	0	高
28	高	高*	低	0	—	低	0	低*	高
29	高	0	高	0	—	0	低	0	高
30	高	低	0	0	—	高*	0	低	高
31	高	高*	低	高*	—	0	高	高	高
32	低	高	0	低	—	0	高	高	0
33	低	高	高	0	—	0	0	高	高
34	高	低	高	高*	—	高	低	低	高
35	高	0	0	0	—	0	0	0	高
36	高	低	高	低	—	0	0	高	高
37	高	低	高	0	—	高*	0	高	高
39	—	—	—	—	—	—	—	—	—
40	高	0	高	低	—	高	0	低	高
41	高	0	高	低	—	高	低	低	高
42	高	0	高	低	—	高*	低	低	高

（续上表）

Hydm	CL	LL	FPall	AW	lnedu	IP	EP	ROA	ROE
13	低*	低	0	低	0	—	—	低	低
14	0	0	高	0	低	—	—	低	低
15	0	低	0	低		—	—	低	低
16	0	0	低	高*	高	—	—	低	低
17	低	低	高	高	高	—	—	低	低
18	低	低*	0	0	高	—	—	低	低*
19	低	低	高*	高	高	—	—	低	低
20	0	低	0	0	高	—	—	低	低
21	低	低	高	0	高	—	—	低	低
22	0	低	高	0	0	—	—	低	低
23	0	0	高		高*	—	—	低	低
24	低	0	高	0	高	—	—	低	低
25	低	0	低*	低	0	—	—	0	0
26	高	低	0	0	低	—	—	0	低
27	低	0	高*	0	低	—	—	0	0
28	0	低	高	高	低	—	—		
29	0	低	高	高	高	—	—	低	低
30	低	低	高	高*	高	—	—	低	低
31	低	低	0	高	高	—	—	低	低
32	0	低	0	0	低*	—	—	低	低
33	0	0	高	低	0	—	—	低	低
34	低	低	0	高	0	—	—	低	低
35	0	低	0	0	高	—	—	低*	0
36	低	低	高*	0	0	—	—	低	低
37	0	低	高	低	低	—	—	低	低
39	—	—	—	—	—			—	—
40	0	低	高	0	高	—	—	低	低
41	低	高	高	0	高	—	—	0	0
42	低	高	高	高	高	—	—	低	0

　　注：高、低表示在 0.05 的显著性水平下显著，高*、低* 表示在 0.1 的显著性水平下显著，0 表示无显著差异。

附录 6　多重异质性变迁与出口企业绩效回归结果

表 1　2006 年多重异质性与出口企业绩效回归结果

	(a) ROA	(b) ROA	(c) IP	(d) IP	(e) ROE	(f) ROE	(g) EP	(h) EP
CO	0.017 5*** (16.67)	0.020 6*** (19.37)	−8.682* (−2.21)	−8.378* (−2.16)	0.008 43*** (5.02)	0.012 4*** (7.31)	0.030 9** (2.86)	0.023 4* (2.17)
Eyear	−0.000 154*** (−3.51)	−0.000 196*** (−3.65)	−0.128* (−2.35)	−0.123* (−2.34)	−0.000 313*** (−4.84)	−0.000 371*** (−4.62)	−0.003 01*** (−3.59)	−0.003 16*** (−3.61)
lnMIC	0.008 34*** (21.26)	0.007 92*** (19.90)	0.716 (0.80)	0.221 (0.28)	0.010 1*** (19.55)	0.009 74*** (18.17)	0.061 1*** (12.73)	0.074 9*** (14.68)
lnP	−0.021 2*** (−10.79)	−0.024 1*** (−12.02)	29.91 (1.71)	30.03 (1.73)	−0.041 0*** (−16.94)	−0.044 9*** (−18.14)	0.018 0 (0.82)	0.012 8 (0.58)
AdP	−0.259*** (−4.81)	−0.314*** (−5.19)	−34.61 (−1.81)	−35.71 (−1.83)	−0.367*** (−5.22)	−0.439*** (−5.54)	0.088 1 (0.57)	0.110 (0.71)
NF	−0.017 8*** (−7.71)	−0.030 7*** (−13.40)	0.995 (0.55)	1.077 (0.59)	−0.011 1*** (−3.94)	−0.027 9*** (−9.75)	0.004 21 (0.14)	−0.001 39 (−0.04)
CL	−0.021 9*** (−6.16)	−0.026 2*** (−7.22)	−6.441* (−2.04)	−6.172* (−1.97)	−0.036 5*** (−10.03)	−0.041 9*** (−11.37)	−0.095 2*** (−3.92)	−0.102*** (−4.18)
FPall	−0.000 081 6* (−2.25)	−0.000 098 3** (−2.60)	−0.000 739 (−0.62)	−0.000 709 (−0.60)	−0.000 075 6* (−2.17)	−0.000 097 2** (−2.70)	−0.000 098 0* (−2.00)	−0.000 102 (−1.88)
AW	−0.001 57*** (−28.45)	−0.001 62*** (−28.79)	−0.103 (−1.62)	−0.124 (−1.78)	−0.001 92*** (−25.98)	−0.001 98*** (−26.26)	−0.002 30*** (−6.00)	−0.001 71*** (−4.46)
ATFP	0.073 2*** (68.24)		2.078* (2.02)		0.094 0*** (63.88)		−0.043 1*** (−6.23)	
LTFP		0.058 3***		2.947*		0.074 5***		−0.071 1***

（续上表）

	(a) ROA	(b) ROA	(c) IP	(d) IP	(e) ROE	(f) ROE	(g) EP	(h) EP
	(−60.39)	(−63.02)	(−0.78)	(−1.31)	(−55.76)	(−57.01)	(−3.72)	(−0.65)
R^2	0.093 0	0.070 3	0.000 2	0.000 3	0.079 5	0.059 3	0.001 5	0.002 0
N	235 734	236 171	192 104	192 404	235 734	236 171	192 213	192 513

注：t statistics in parentheses，$* p < 0.05$，$* * p < 0.01$，$* * * p < 0.001$。

表2　2005年多重异质性与出口企业绩效回归结果

	(a) ROA	(b) ROA	(c) IP	(d) IP	(e) ROE	(f) ROE	(g) EP	(h) EP
CO	0.019 9*** (9.31)	0.022 2*** (10.26)	-1.023 (-0.18)	-1.150 (-0.20)	0.013 8*** (6.78)	0.016 5*** (7.95)	0.011 7 (1.06)	0.002 18 (0.20)
Eyear	-0.000 338*** (-6.63)	-0.000 507*** (-7.31)	-0.673 (-1.41)	-0.656 (-1.36)	-0.000 520*** (-6.76)	-0.000 718*** (-6.55)	-0.008 47*** (-12.15)	-0.009 18*** (-12.89)
lnMIC	0.006 61*** (3.17)	0.006 66*** (4.39)	9.773 (1.72)	9.801 (1.66)	0.008 50*** (6.10)	0.008 39*** (7.84)	0.117*** (12.42)	0.140*** (13.83)
InP	-0.024 3*** (-8.38)	-0.026 1*** (-8.55)	29.64 (1.07)	29.75 (1.07)	-0.039 0*** (-13.30)	-0.041 2*** (-13.59)	-0.018 9 (-0.72)	-0.019 9 (-0.76)
AdP	-0.171* (-2.84)	-0.206** (-2.96)	738.8 (0.91)	740.1 (0.91)	-0.252** (-3.15)	-0.293** (-3.21)	0.290 (1.16)	0.327 (1.30)
NF	-0.010 5*** (-3.91)	-0.022 6*** (-9.13)	62.32 (1.13)	62.74 (1.14)	-0.002 16 (-0.47)	-0.016 6*** (-3.60)	0.292*** (5.96)	0.294*** (5.95)
CL	-0.024 6*** (-7.93)	-0.026 0*** (-8.38)	-41.11 (-1.25)	-40.82 (-1.24)	-0.040 3*** (-9.98)	-0.041 8*** (-10.30)	-0.151* (-2.30)	-0.163* (-2.50)
FPall	0.000 018 1 (0.46)	0.000 017 9 (0.47)	-0.000 322 (-0.42)	-0.000 334 (-0.43)	0.000 006 46 (0.27)	0.000 006 41 (0.27)	-0.000 003 04 (-0.12)	-0.000 011 0 (-0.45)
AW	-0.000 591** (-2.88)	-0.000 621** (-2.82)	-0.109 (-1.22)	-0.107 (-1.31)	-0.000 813** (-2.94)	-0.000 853** (-2.91)	-0.002 64** (-2.82)	-0.002 00** (-2.72)
ATFP	0.070 2*** (13.19)		-4.228 (-1.46)		0.083 3*** (23.26)		-0.054 6*** (-8.16)	
LTFP		0.054 3*** (20.51)		-3.286 (-1.34)		0.064 8*** (31.07)		-0.106*** (-11.38)
_cons	-0.342*** (-32.40)	-0.386*** (-37.38)	-64.18 (-1.75)	-61.88 (-1.85)	-0.404*** (-37.49)	-0.457*** (-38.13)	-0.563*** (-6.96)	-0.281*** (-3.39)
R^2	0.012 3	0.009 0	0.000 3	0.000 3	0.031 8	0.023 3	0.003 7	0.004 8
N	211 181	211 683	181 081	181 434	211 181	211 683	181 046	181 399

注：t statistics in parentheses $*p<0.05$, $**p<0.01$, $***p<0.001$。

表3 2004年多重异质性与出口绩效回归结果

	(a) ROA	(b) ROA	(c) IP	(d) IP	(e) ROE	(f) ROE	(g) EP	(h) EP
CO	0.010 3*** (8.47)	0.012 3*** (9.72)	-1.098 (-1.42)	-1.121 (-1.41)	0.006 40*** (4.35)	0.008 42*** (5.50)	0.026 2 (1.74)	0.019 8 (1.30)
Eyear	-0.000 266*** (-6.18)	-0.000 431*** (-9.84)	-0.037 9 (-1.92)	-0.037 8 (-1.93)	-0.000 325*** (-5.79)	-0.000 503*** (-8.97)	-0.007 58*** (-13.78)	-0.008 19*** (-13.58)
lnMIC	0.008 35*** (16.50)	0.007 80*** (15.47)	0.564 (1.50)	0.602 (1.47)	0.008 24*** (14.93)	0.007 76*** (14.14)	0.086 9*** (10.96)	0.111*** (11.54)
InP	-0.026 9*** (-8.58)	-0.029 6*** (-9.22)	-1.078 (-1.42)	-1.041 (-1.44)	-0.031 9*** (-9.49)	-0.035 1*** (-10.17)	0.095 6 (0.57)	0.109 (0.65)
AdP	-0.202*** (-4.91)	-0.248*** (-5.82)	-5.094 (-1.29)	-4.491 (-1.30)	-0.243*** (-5.40)	-0.293*** (-6.37)	-0.014 8 (-0.06)	0.205 (0.81)
NF	-0.012 4*** (-5.03)	-0.023 7*** (-9.90)	0.232* (2.54)	0.302** (2.93)	-0.010 8*** (-4.33)	-0.023 3*** (-9.40)	0.001 87 (0.12)	0.001 83 (0.12)
CL	-0.021 4*** (-7.31)	-0.022 2*** (-7.47)	-0.652 (-1.26)	-0.650 (-1.26)	-0.026 1*** (-8.69)	-0.026 9*** (-8.81)	-0.074 3* (-2.31)	-0.076 4* (-2.39)
FPall	0.000 002 36*** (41.03)	0.000 002 71*** (41.46)	0.000 013 0 (1.89)	0.000 010 6* (2.19)	0.000 000 146 (1.24)	0.000 000 523*** (3.56)	-0.000 003 72*** (-17.35)	-0.000 003 92*** (-17.66)
AW	-0.000 344 (-1.90)	-0.000 346 (-1.72)	-0.001 99 (-1.02)	-0.001 11 (-0.98)	-0.000 382 (-1.87)	-0.000 383 (-1.70)	-0.001 10 (-1.38)	-0.000 551 (-1.24)
ATFP	0.051 7*** (48.14)		-0.460 (-1.18)		0.055 3*** (44.92)		-0.095 1*** (-13.63)	
LTFP		0.038 0*** (38.74)		-0.449 (-1.18)		0.040 5*** (36.44)		-0.146*** (-14.45)
_cons	-0.278*** (-40.61)	-0.289*** (-37.13)	-1.188 (-1.58)	-0.586 (-1.82)	-0.290*** (-37.47)	-0.302*** (-34.39)	-0.129* (-2.52)	0.230*** (6.42)
R^2	0.091 2	0.066 9	0.000 3	0.000 3	0.080 7	0.058 3	0.006 6	0.010 2
N	103 895	104 042	103 831	103 977	103 895	104 042	103 886	104 032

注:t statistics in parentheses, $* p < 0.05$, $* * p < 0.01$, $* * * p < 0.001$。

表 4　2002 年多重异质性与出口企业绩效回归结果

	(a) ROA	(b) ROA	(c) IP	(d) IP	(e) ROE	(f) ROE	(g) EP	(h) EP
CO	0.919 (1.00)	0.832 (1.00)	-1.578 (-1.54)	-1.562 (-1.53)	0.920 (1.00)	0.833 (1.00)	0.017 5 (0.52)	0.010 2 (0.31)
Eyear	-0.000 899 (-0.95)	0.000 007 22 (0.05)	-0.003 22 (-1.57)	-0.003 41 (-1.56)	-0.000 899 (-0.95)	0.000 006 38 (0.05)	-0.000 374* (-2.17)	-0.000 440* (-2.29)
lnMIC	-0.017 3 (-0.83)	-0.231 (-0.99)	0.641 (1.55)	0.710 (1.50)	-0.016 7 (-0.81)	-0.231 (-0.99)	0.051 9*** (6.15)	0.074 0*** (7.26)
lnP	1.522 (0.99)	1.579 (0.98)	-2.499 (-1.84)	-2.463 (-1.85)	1.518 (0.98)	1.574 (0.98)	-0.085 7 (-1.84)	-0.089 6 (-1.95)
AdP	1.443 (0.94)	1.348 (0.93)	13.18 (0.93)	13.10 (0.94)	1.418 (0.92)	1.322 (0.91)	-0.072 9 (-0.80)	-0.024 7 (-0.28)
NF	0.611 (0.98)	1.256 (0.98)	0.723 (0.94)	0.631 (0.81)	0.611 (0.98)	1.255 (0.98)	0.030 9 (0.35)	0.007 29 (0.08)
CL	-12.64 (-1.00)	-12.42 (-1.00)	2.034 (0.53)	2.019 (0.53)	-12.65 (-1.00)	-12.43 (-1.00)	0.336 (1.12)	0.409 (1.35)
FPall	-0.000 150 (-1.06)	0.000 145 (0.76)	-0.005 39 (-1.19)	-0.005 55 (-1.22)	-0.000 151 (-1.06)	0.000 143 (0.75)	0.000 508 (0.71)	0.000 461 (0.64)
AW	0.001 31 (0.88)	0.000 583 (0.92)	-0.015 5 (-1.56)	-0.012 7 (-1.38)	0.001 14 (0.82)	0.000 411 (0.80)	-0.003 24*** (-3.68)	-0.002 49*** (-3.40)
ATFP	-1.210 (-0.96)		-0.135 (-0.32)		-1.207 (-0.96)		-0.052 4*** (-4.26)	
LTFP		-0.316 (-0.89)		-0.328 (-0.67)		-0.313 (-0.88)		-0.108*** (-6.95)
_cons	5.170 (0.96)	3.691 (0.94)	-3.924 (-1.50)	-2.946 (-1.33)	5.152 (0.96)	3.670 (0.94)	-0.075 7 (-0.97)	0.223** (2.87)
R^2	0.000 7	0.000 5	0.000 3	0.000 3	0.000 7	0.000 5	0.000 4	0.000 8
N	131 077	133 077	104 930	105 726	131 845	133 077	105 156	105 957

注:t statistics in parentheses,$* p < 0.05$,$* * p < 0.01$,$* * * p < 0.001$。

表5　2000年多重异质性与出口企业绩效回归结果

	(a) ROA	(b) ROA	(c) IP	(d) IP	(e) ROE	(f) ROE	(g) EP	(h) EP
CO	-0.002 75* (-2.37)	-0.001 77 (-1.45)	-0.263* (-2.53)	-0.306** (-2.71)	-0.006 68*** (-4.61)	-0.005 48*** (-3.64)	-1.114*** (-6.52)	-1.103*** (-6.53)
Eyear	0.000 002 23 (0.40)	-0.000 004 28 (-0.76)	-0.000 287 (-1.61)	-0.000 356 (-1.92)	0.000 020 0* (2.04)	0.000 013 4 (1.36)	-0.000 564* (-2.48)	-0.000 635** (-2.74)
lnMIC	0.000 685 (1.56)	0.000 385 (0.79)	0.071 1** (2.92)	0.071 4* (2.50)	0.000 703 (1.15)	0.000 362 (0.60)	0.180** (2.87)	0.219** (3.26)
InP	-0.015 8*** (-6.71)	-0.019 0*** (-7.70)	-0.314** (-3.22)	-0.356** (-3.05)	-0.012 9*** (-4.43)	-0.016 2*** (-5.44)	0.597 (1.10)	0.576 (1.07)
AdP	-0.027 8** (-2.91)	-0.036 2*** (-3.36)	-0.023 1 (-0.10)	-0.082 1 (-0.37)	-0.043 5** (-2.99)	-0.051 4** (-3.28)	-0.481** (-2.59)	-0.451* (-2.50)
NF	-0.020 1*** (-18.76)	-0.030 9*** (-28.35)	0.795*** (4.42)	0.872*** (4.34)	-0.021 4*** (-13.75)	-0.032 5*** (-22.32)	0.099 3 (0.53)	0.038 6 (0.22)
CL	-0.018 8*** (-6.52)	-0.019 7*** (-6.20)	-0.720*** (-5.17)	-0.800*** (-4.87)	-0.022 2*** (-7.60)	-0.023 8*** (-7.65)	-0.816*** (-3.54)	-0.817*** (-3.56)
FPall	-0.000 039 1*** (-4.98)	-0.000 040 7*** (-4.69)	0.000 025 0 (1.21)	0.000 027 9 (1.33)	-0.000 038 9*** (-4.96)	-0.000 040 6*** (-4.66)	0.000 024 9 (0.84)	0.000 016 6 (0.61)
AW	0.000 000 218 (0.01)	-0.000 001 43 (-0.08)	-0.003 01 (-0.62)	-0.004 03 (-0.82)	0.000 000 373 (0.02)	-0.000 001 41 (-0.08)	-0.015 1*** (-4.64)	-0.012 4*** (-4.16)
ATFP	0.046 8*** (45.57)		0.164*** (3.91)		0.048 3*** (40.90)		-0.048 2 (-0.84)	
LTFP		0.037 4*** (50.89)		0.193*** (3.55)		0.038 9*** (45.70)		-0.164* (-2.09)
_cons	-0.162*** (-30.64)	-0.200*** (-37.43)	-0.907*** (-4.02)	-1.444*** (-4.03)	-0.168*** (-26.54)	-0.210*** (-31.15)	-0.179 (-0.38)	0.326 (0.62)
R^2	0.077 6	0.055 1	0.000 8	0.001 0	0.061 3	0.045 0	0.001 2	0.001 3
N	110 488	111 628	90 417	91 152	110 488	111 628	90 714	91 436

注：t statistics in parentheses，$*p<0.05$，$**p<0.01$，$***p<0.001$。

表6　1998 年多重异质性与出口企业绩效回归结果

	(a) ROA	(b) ROA	(c) ROE	(d) ROE
CO	−0.009 21*** (−6.53)	−0.009 89*** (−6.74)	−0.012 2*** (−8.45)	−0.013 5*** (−8.56)
Eyear	−0.000 013 4*** (−5.21)	−0.000 015 3*** (−5.90)	−0.000 013 5*** (−5.78)	−0.000 015 5*** (−6.53)
lnMIC	−0.001 86*** (−4.59)	−0.003 35*** (−5.49)	−0.001 94*** (−4.81)	−0.003 60*** (−5.91)
InP	−0.009 56*** (−3.49)	0.002 70 (0.18)	−0.011 3*** (−4.11)	0.000 789 (0.05)
AdP	−0.021 7 (−1.90)	−0.025 9* (−2.04)	−0.024 9* (−1.98)	−0.029 1* (−2.10)
NF	−0.027 8*** (−24.72)	−0.038 4*** (−32.85)	−0.029 5*** (−25.27)	−0.040 3*** (−32.44)
CL	−0.009 13*** (−3.96)	−0.008 18*** (−3.48)	−0.014 3*** (−6.04)	−0.013 5*** (−5.59)
FPall	−0.000 114** (−2.82)	−0.000 150** (−3.17)	−0.000 110** (−2.70)	−0.000 147** (−3.10)
AW	−0.000 001 90** (−2.87)	−0.000 002 30** (−2.91)	−0.000 001 91** (−2.86)	−0.000 002 33** (−2.92)
ATFP	0.047 8*** (50.08)		0.049 1*** (49.85)	
LTFP		0.039 2*** (42.83)		0.040 5*** (42.77)
_cons	−0.138*** (−32.11)	−0.172*** (−35.93)	−0.141*** (−33.61)	−0.176*** (−37.31)
R^2	0.092 4	0.064 3	0.092 6	0.063 3
N	100 085	101 031	100 085	101 031

注：t statistics in parentheses，*p<0.05，**p<0.01，***p<0.001，1998 年数据第一年，没有成长率指标，故没有 e、f、g、h 四个回归分析结果。

参考文献

[1]ABRAHAM K G,TAYLO S K . Fims' use of outside contractors:theory and evidence. Journal of labor economics,1996,14(3).

[2]AGARWAL S,RAMASWAMI S. Choice of foreign market entry mode: impact of ownership,location and internalization factors. Journal of international business studies,first quarterly,1992,23(1).

[3] ALVAREZ S A, BARNEY J B. Discovery and creation: alternative theories of entrepreneurial action. Strategic entrepreneurship journal,2007(1).

[4]ANDERSON E,GATIGNON H. Modes of foreign entry:a transaction cost analysis and propositions. Journal of international business studies,1986,17(3).

[5]ANDERSON E,VAN W E. Trade costs. Journal of economic literature, 2004,42.

[6]ANDRE V M,RENE C. Productivity effects on Mexican manufacturing employment. North American journal of economics and finance,2009(20).

[7] ANNIKA A, MIKAEL C. Production function residuals, VAR technology shocks,and hours worked:evidence from industry data. Economics letters,2004(8).

[8]ANTRÀS P, HELPMAN E. Contractual frictions and global sourcing. Working paper,2007.

[9]ANTRÀS P, HELPMAN E. Global sourcing. The journal of political economy,2004,6.

[10]ANTRÀS P. Firms,contracts,and trade structure. The quarterly journal of economics,2003,11.

[11]AW B Y,CHUNG S,ROBERTS M J. Productivity and turnover in the export market: micro evidence from Taiwan and South Korea. The world bank economic review,1999.

[12] BALDWIN B, FORSLID R. Trade liberalization with heterogeneous firms. CEPR discussing paper,2004,No. 4635.

[13]BALDWIN R E,NICOUD F R. The impact of trade on intra – industry reallocations and aggregate industry productivity: a comment. Working paper,2004.

[14]BALDWIN R E, NICOUD F R . Trade and growth with heterogeneous firms. Journal of international economics,2008,74(1).

[15]BALDWIN R E,HARRIGAN J. Zeros,quality and space:trade theory and trade evidence. Working paper,2007.

[16]BALDWIN R E,OKUBO T. Agglomeration and the heterogeneous firms trade model. Working paper,2005.

[17]BALDWIN R E,OKUBO T. Agglomeration, offshoring and heterogeneous firms. CEPR discussion paper,2006a,No. 5663.

[18]BALDWIN R E, OKUBO T. Heterogeneous firms, agglomeration and economic geography:spatial selection and sorting. Journal of economic geography, 2006b(6).

[19]BALDWIN R E. Heterogeneous fims and trade:testable and untestable properties of the melitz model. Working paper,2005.

[20] BALDWIN R E, ROBERT NICOUD F. Trade and growth with heterogeneous firms. Journal of international economics,2008,74.

[21]BALLA K,KOLLO J,SIMONOVITS A. Transition with heterogeneous labor. Structural change and economic dynamics,2008,19(3).

[22]BARGA M,ZELIE W. International fragmentation of production and the intrafirm trade of U. S. multinational companies. U. S. department of commerce bureau of economic analysis. Working paper,2004.

[23]BARTELSMAN E,DOMS M. Understanding productivity:lessons from longitudinal microdata. Journal of economic literature,2000,38.

[24]BERNARD A B,JENSEN J B. Entry,expansion and intensity in the US export boom,1987 – 1992. Review of international economics,2004,12(4).

[25]BERNARD A B,JENSEN J B. Why some firms export. Working paper, 2001.

[26]BERNARD A B,WAGNER J. Export entry and exit by Gennan firms. NBER working paper,1998,No. 6538.

[27] BERNARD A B, REDDING S J, SCHOTT P K. Products and productivity. Working paper,2006a.

[28]BERNARD A B,REDDING S J,SCHOTT P K. Multi – product firms and trade liberalization. Working paper,2006b.

[29] BERNARD A B, JENSEN J B. Exceptional exporter performance: cause, effect, or both?. Journal of international economics,1999,47.

[30] BERNARD A B, JENSEN J B. Exporters, jobs and wages in US manufacturing: 1976 – 1987. Brookings papers on economic activity: microeconomics,1995.

[31] BERNARD A B, JENSEN J B. Why some firms export. Review of economics and statistics, 2004, 86.

[32] BERNARD A B, EATON J, KORTUM S S. Plants and productivity in international trade. American economic review, 2003, 93.

[33] BERNARD A B, JENSEN J B, SCHOTT P K. Survival of the best fit: exposure to low wage countries and the (uneven) growth of U. S. manufacturing plants. Journal of international economics, 2006, 68.

[34] BERNARD A B, REDDING S J, SCHOTT P K. Comparative advantage and heterogeneous firms. Review of economic studies, 2007, 74.

[35] BOMBARDINI M. Firm heterogeneity and lobby participation. Manuscript, 2004.

[36] BOWEN H P, LEAMER E E, SVEIKAUSKAS L. Multicountry, multifactor tests of the factor abundance theory. American economic review, 1987, 77.

[37] BROUTHERS K D, Brouthers L E, Werner S. Transaction cost – enhanced entry mode choice and firm performance. Strategic management journal, 2003(24).

[38] BUSTOS P. Rising wage inequality in the argentinean manufacturing sector: the impact of trade and foreign investment on technology and skill upgrading. Working paper, 2005.

[39] CASARES E R. Productivity, structural change in employment and economic growth. Estudios economicos, 2007, 22(2).

[40] CHANEY T. Distorted gravity: the intensive and extensive margins of international trade. American economic review, 2008, 98(4).

[41] CHANG Y, HONG J H. Do technological improvements in the manufacturing sector raise or lower employment?. American economic review, 2006(1).

[42] CHEN N, IMBS J, SCOTT A. The dynamics of trade and competition. Journal of international economics, 2009, 77.

[43] CLERIDES S, LACH S, TYBOUT J. Is learning by exporting important? micro – dynamic evidence from Columbia, Mexico and Morocco. Quarterly journal of economics, 1998, 113.

[44] COELLI T J. A guide to DEAP Version 2. 1: a data envelopment analysis (computer) program. CPEA working paper, 1996.

[45] DAVIS D, WEINSTEIN D. Do factor endowments matter for north –

north trade. New York:Columbia University Press,2004.

[46]DIXIT A,NORMAN V. The theory of international trade. Cambridge: Cambridge University Press,1980.

[47]DUNNE T,ROBERTS M J,SAMUELSON L. The growth and failure of U.S. manufacturing plants. Quarterly journal of economics,1989,104.

[48] EATON J, KORTUM S, KRAMARZ F. An anatomy of international trade:evidence from French firms. Working paper,2008.

[49] EATON J, SAMUEL K, Francis K. Firms, industries and export destinations. American economic review,2004,94.

[50]EDERINGTON J,MCCALMAN P. Endogenous firm heterogeneity and the dynamics of trade liberalization. Journal of international economics,2008,74.

[51] EGGER H, KREICKKEMEIER U. Fairness, trade, and inequality. Journal of international economics,2012,86(2).

[52]EMERSON J,KAO C. Testing for structural change in panel data:GDP growth,consumption growth,and productivity growth. Economics bulletin,2006,3(14).

[53] FAGERBERG J. Technological progress, structural change and productivity growth: a comparative study. Structural change and economic dynamics,2000,11.

[54]FAN S G,ZHANG X B,ROBINSON S. Structural change and economic growth in China. Review of development economics,2003,7(3).

[55]FEENSTRA R C. Integration of trade and disintegration of production in the global economy. The journal of economic perspectives,1998,12(4).

[56]GARRICK B,PAUL J G. Welfare gains from foreign direct investment through technology transfer to local suppliers. Journal of international economics,2008,74.

[57] GEREFF G, MEMEDOVIC O. The global apparel value chain:what prospects for upgrading by developing countries?. http://www. unido. org/,2003.

[58] GHIRONI F, MELITZ M J. Trade flow dynamics with heterogeneous firm. American economic review,2007,97.

[59] GHIRONI F, MELITZ M J. International trade and macroeconomic dynamics with heterogeneous firms. Quarterly journal of economics,2005,120.

[60]GOLDBERG P,PAVCNIK N. Trade,inequality and poverty:what do we

know? evidence from recent trade liberalization episodes in developing countries. Brookings trade forum,2004.

[61] GROSSMAN G M, HELPMAN E, SZEIDLL A. Optimal integration strategies for the multinational firm. Journal of international economics,2006(70).

[62] GROSSMAN G M, HELPMAN E. Outsourcing in a global economy. Review of economic studies,2005(72).

[63] HALL R, JONES C. Why do some countries produce so much more output per worker than others?. Quarterly journal of economics,1999,114(1).

[64] HANSEN J D, NIELSEN U M. Economies of scale and scope, firm heterogeneity and exports. Working paper,2007a.

[65] HANSEN J D, NIELSEN U M. Choice of technology, firm heterogeneity and exports. Working paper,2007b.

[66] HARRIGAN J. Technology, factor supplies and international specialization: estimating the neoclassical model. American economic review,1997(87).

[67] HEAD K, RIES J. Heterogeneity and the FDI versus export decision of japanese manufacturers. Japanese international economies,2003(17).

[68] HEAD K, RIES J, SPENCER B J. Vertical networks and U. S. auto parts exports: is Japan different. Journal of economics and management strategy, 2004,(13).

[69] HELPMAN E, ITSKHOKI O, REDDING S. Inequality and unemployment in a global economy. Econometrica,2010,78(4).

[70] HELPMAN E, KRUGMAN P R. Market structure and foreign trade: increasing returns, imperfect competition and the international economy. Cambridge M. A. :MIT Press,1985.

[71] HELPMAN E, MELITZ M J, YEAPLE S R. Export versus FDI with heterogeneous firms. American economic review,2004,(94).

[72] HELPMAN E. Trade, FDI and the organization of firms. Journal of economic literature,2006(9).

[73] HELPMAN E. Increasing returns, imperfect markets, and trade theory. in JONES R W, KENEN P B (eds.). Handbook of international economics. Amsterdam:North Holland,1984.

[74] HNATKOVSKA V, LOAYZA N. Volatility and growth. in JOSHUA A, BRIAN P (eds). Managing volatility. Cambridge: Cambridge University

Press,2005.

[75] HOLMES T J,STEVENS J J. Exports,borders,distance,and plant size. Journal of international economics,2012,88(1).

[76] HOPENHAYN H. Entry, exit, and firm dynamics in long run equilibrium. Econometrica,1992,60.

[77] HUMMELS D, ISHII J, YI K M. The nature and growth of vertical specialization in world trade. Journal of international economics,2001,54.

[78] IM K, S PESARAN M H, SHIN Y. Testing for unit roots in heterogenous panels. Journal of econometrics,2003,115(1).

[79] JAY B B,SHUJUN Z. Collective goods,free riding and country brands: the Chinese experience. Management and organization review,2008(4).

[80] JOHN H,HUBERT S. Governance in global value chains. IDS bulletin, 2001,32(3).

[81] JOSH E,PHILLIP M. Endogenous firm heterogeneity and the dynamics of trade liberalization. Journal of international economics,2008,74.

[82] KSASHARA H,LAPHAM B. Productivity and the decision to import and export:theory and evidence. Journal of international economics,2013,89(2).

[83] KRUGER J J. Using the manufacturing productivity distribution to evaluate growth theories. Structural change and economic dynamics,2006,17.

[84] KRUGMAN P R. Intra – industry specialization and the gains from trade. Journal of political economy,1981,89.

[85] KRUGMAN, PAUL. Scale economies, product differentiation, and the pattern of trade. American economic review,1980,70.

[86] LABNINI P S. Why the interpretation of the cobb – douglas production function must be radically changed?. Structural change and economic dynamic, 1995,6.

[87] LEAMER E E. Sources of comparative advantage: theories and evidence. Cambridge M. A. :MIT Press,1984.

[88] LEVIN A, LIN C F, CHU J. Unit root tests in panel data:asymptotic and finite – sample properties. Journal of econometrics,2002,108(1).

[89] LU J W,BEAMISH P W. The internationalization and performance of SMEs. Strategic management journal,2001,22.

[90] MALHOTRA N K, AGARWAL J, ULGADO F M. Internationalization

and entry modes: a multi - theoretical framework and research propositions. Journal of international marketing, 2003, 11(4).

[91] MARIN D, VERDIER T. Power inside the firm and the market: a general equilibrium approach. CEPR discussion paper, 2002, No. 4358.

[92] MARIN D, VERDIER T. Globalization and the employment of talent. CEPR discussion paper, 2003, No. 4129.

[93] MARIN D, VERDIER T. Corporate hierarchies and international trade: theory and evidence. Mimeo: University of Munich, 2005.

[94] MARIN D, VERDIER T. Power inside the firm and the market: a general equilibrium approach. Discussion paper, 2006, No. 109.

[95] MARIN D, VERDIER T. Competing in organizations: firm heterogeneity and international trade. Discussion paper, 2007a, No. 207.

[96] MARIN D, VERDIER T. Power in the multinational corporation in industry equilibrium. Discussion paper, 2007b, No. 209.

[97] MARIN D, VERDIER T. Corporate hierarchies and the size of nations: theory and evidence. Discussion paper, 2008, No. 227.

[98] MARJORIE A L, BARBARA B F, MARK T F. All supply chains don't flow through: understanding supply chain issues in product recalls. Management and organization review, 2008, 4.

[99] MARKUSEN J R, VENABLES A J. The theory of endowment, intra - industry and multi - national trade. Journal of international economics, 2000, 52.

[100] MARTIN P, ROGERS C A. Industrial location and public infrastructure. Journal of international economics, 1995, 39.

[101] MELITZ M J, OTTAVIANO G I P. Market size, trade, and productivity. NBER working paper, 2005, No. 11393.

[102] MELITZ M J. The impact of trade on intra - industry reallocations and aggregate industry productivity. Econometrica, 2003, 71.

[103] MELITZ, MARC J, OTTAVIANO, GIANMARCO I P. Market size, trade, and productivity. Review of economic studies, 2008, 75(1).

[104] NAMINI J E, LOPEZ R A. Random versus conscious selection into export markets - theory and empirical evidence. Working paper, 2006.

[105] NOCKE V, YEAPLE S. Cross - border mergers and acquisitions versus greenfield foreign direct investment: the role of firm heterogeneity. Working

paper,2006.

[106]OLDENSKI L. Export versus FDI and the communication of complex information. Journal of international economics,2012,87(2).

[107] OVIATT B M, MCDOUGALL P P. Defining international entrepreneurship and modeling the speed of internationalization. Entrepreneurship theory and practice,2005,29(5).

[108]CONCONI P,SAPIR A,ZANARDI M. The internationalization process of firms:from exports to FDI. Journal of international economics,2016,99(3).

[109] BEAMISH P W, BAPUJI H. Toy recalls and China: emotion vs. evidence. Management and organization review,2008,4(2).

[110]SAMUELSON P A. International factor price equalization once again. Economic journal,1949,59.

[111] SHAVER J M. Accounting for endogeneity when assessing strategy performance:does entry mode choice affect FDI survival?. Management science, 1998,44(4).

[112]SHRADER R C. Collaboration and performance in foreign markets: the case of young high – technology manufacturing firms. Academy of management journal,2001,44(1).

[113] SPENCER B J. International outsourcing and incomplete contracts. Canadian journal of economics,2005,38(4).

[114]SYRQUIN,CHENERY H B. Three decades of industrialization. The world bank economic reviews,1989(3).

[115] LUO Y. A strategic analysis of product recalls: the role of moral degradation and organizational control. Management and organization review, 2008,4(2).

[116] YANG R, HE C. The productivity puzzle of Chinese exporters: perspectives of local protection and spillover effects. Papers in regional science, 2014,93(2).

[117] YEAPLE S R. A simple model of firm heterogeneity, international trade,and wages. Journal of international economics,2005,65.

[118]YEATS A J. Just how big is global production sharing?. World bank working paper,2001,No. 1871.

[119] YOUNG A. Gold into base metals: productivity growth in the people's

republic of China during the reform period. The journal of political economy,2000(111).

［120］ZAHRA S A,IRELAND R D,MICHAEL A H. International expansion by new venture firms:international diversity,mode of market entry,technological learning and performance. Academy of management journal,2000,43(5).

［121］ZHANG W B. Preference,structure and economic growth. Structural change and economic dynamics,1996,7.

［122］白重恩,钱震杰. 国民收入的要素分配:统计数据背后的故事. 经济研究,2009(3).

［123］蔡昉,王德文. 中国经济增长可持续性与劳动贡献. 经济研究,1999(10).

［124］蔡昉. 发展阶段判断与发展战略选择——中国又到了重化工业化阶段吗. 经济学动态,2005(9).

［125］陈丽丽. 国际贸易理论研究的新动向——基于异质企业的研究. 国际贸易问题,2008(3).

［126］陈林,朱卫平. 出口退税和创新补贴政策效应研究. 经济研究,2008(11).

［127］陈勇,唐朱昌. 中国工业的技术选择与技术进步:1985—2003. 经济研究,2006(9).

［128］陈文芝. 贸易自由化与行业生产率——企业异质性视野的机理分析与实证研究. 杭州:浙江大学,2009.

［129］陈小红,李明阳. 国际贸易理论综述. 知识经济,2010(5).

［130］戴觅,余淼杰,MAITRA M. 中国出口企业生产率之谜:加工贸易的作用. 经济学(季刊),2014(2).

［131］范剑勇,冯猛. 中国制造业出口企业生产率悖论之谜:基于出口密度差别上的检验. 管理世界,2013(8).

［132］樊瑛. 新新贸易理论及其进展. 国际经贸探索,2007(12).

［133］樊瑛. 国际贸易中的异质企业:一个文献综述. 财贸经济,2008a(2).

［134］樊瑛. 异质企业贸易模型的理论进展. 国际贸易问题,2008b(3).

［135］干春晖,郑若谷. 改革开放以来产业结构演进与生产率增长研究——对中国1978—2007年"结构红利假说"的检验. 中国工业经济,2009(2).

［136］郭克莎. 三次产业增长因素及其变动特点分析. 经济研究,1992(2).

［137］郭庆旺,贾俊雪. 地方政府行为、投资冲动与宏观经济稳定. 管理世界,2006(5).

[138]海韦尔·琼斯.现代经济增长理论导引:中文版.北京:商务印书馆,1999.

[139]何德旭,姚战琪.中国产业结构调整的效应、优化升级目标和政策措施.中国工业经济,2008(5).

[140]洪联英,罗能生.出口、投资与企业生产率:西方贸易理论的微观新进展.国际贸易问题,2008(7).

[141]胡军,陶锋,陈建林.珠三角OEM企业持续成长的路径选择——基于全球价值链外包体系的视角.中国工业经济,2005(8).

[142]胡军,向吉英.转型中的劳动密集型产业:工业化、结构调整与加入WTO.中国工业经济,2000(6).

[143]胡秋阳.中国的经济发展和产业结构——投入产出分析的视角.北京:经济科学出版社,2007.

[144]胡永泰.中国全要素生产率:来自农业部门劳动力再配置的首要作用.经济研究,1998(3).

[145]黄静波.技术创新、企业生产率与外贸发展方式转变.中山大学学报(社会科学版),2008(3).

[146]季剑军.论企业的异质性.江汉论坛,2010(4).

[147]江小涓,李蕊.FDI对中国工业增长和技术进步的贡献.中国工业经济,2002(7).

[148]江小涓.中国的外资经济对增长、结构升级和竞争力的贡献.中国社会科学,2002(6).

[149]李宾,曾志雄.中国全要素生产率变动的再测算:1978—2007年.数量经济技术经济研究,2009(3).

[150]李春顶,石晓军,邢春冰."出口—生产率悖论":对中国经验的进一步考察.经济学动态,2010(8).

[151]李春顶,唐丁祥.出口与企业生产率:新—新贸易理论下的我国数据检验:1997—2006年.国际贸易问题,2010(9).

[152]李春顶,赵美英.出口贸易是否提高了我国企业的生产率?——基于中国2007年制造业企业数据的检验.财经研究,2010(4).

[153]李春顶,尹翔硕.我国出口企业的"生产率悖论"及其解释.财贸经济,2009(11).

[154]李春顶."后危机时代"我国技术进口战略分析.经济理论与经济管理,2010a(7).

[155]李春顶.出口与增长:中国三十年经验实证:1978—2008.财经科学,2009(5).

[156]李春顶.新一新贸易理论文献综述.世界经济文汇,2010b(1).

[157]李春顶.中国出口企业是否存在"生产率悖论":基于中国制造业企业数据的检验.世界经济,2010c(7).

[158]李春顶.中国企业"出口—生产率悖论"研究综述.世界经济,2015(5).

[159]李建萍,张乃丽.比较优势、异质性企业与出口"生产率悖论"——基于对中国制造业上市企业的分析.国际贸易问题,2014(6).

[160]李军.基于全球价值链的产业国际竞争力研究.武汉:华中科技大学,2006.

[161]李军,杨学儒.全球价值链形态与国际竞争力.经济研究导刊,2008(4).

[162]李军,杨学儒.潮涌式产业升级与多元化寻路:粤省例证.改革,2011(3).

[163]李军,刘海云.生产率异质性还是多重异质性——中国出口企业竞争力来源的实证研究.南方经济,2015(3).

[164]李昭华,蒋冰冰.欧盟玩具业环境规制对我国玩具出口的绿色壁垒效应——基于我国四类玩具出口欧盟十国的面板数据分析:1990—2006.经济学季刊,2009(3).

[165]林季红.跨国公司理论发展趋势探析——新新贸易理论与企业资源基础理论相互融合问题研究.中国经济问题,2008(6).

[166]林毅夫,蔡昉,李周.比较优势与发展战略——对"东亚奇迹"的再解释.中国社会科学,1999(5).

[167]林毅夫,巫和懋,邢亦青."潮涌现象"与产能过剩的形成机制.经济研究,2010(10).

[168]林毅夫.潮涌现象与发展中国家宏观经济理论的重新构建.经济研究,2007a(1).

[169]林毅夫.提高宏观调控的科学性和有效性.人民日报,2007b-06-11.

[170]林毅夫.当前宏观经济条件下的改革和调控思路.人民日报,2007c-08-22.

[171]刘海云,唐玲.国际外包的生产率效应及行业差异.中国工业经济,2009(8).

[172]刘伟,张辉.中国经济增长中的产业结构变迁和技术进步.经济研

究,2008(11).

[173]刘志彪,张杰.全球代工体系下发展中国家俘获型网络的形成、突破与对策——基于 GVC 与 NVC 的比较视角.中国工业经济,2007(5).

[174]刘志彪,张杰.我国本土制造业企业出口决定因素的实证分析.经济研究,2009(8).

[175]卢旺财,胡平波.全球价值网络下中国企业低端锁定的博弈分析.中国工业经济,2008(10).

[176]吕铁,周叔莲.中国的产业结构升级与经济增长方式转变.管理世界,1999(1).

[177]吕政.中国工业结构的调整与产业升级.开发研究,2007(1).

[178]毛蕴诗,汪建成.基于产品升级的自主创新路径研究.管理世界,2006(5).

[179]聂文星,朱丽霞.企业生产率对出口贸易的影响——演化视角下"生产率悖论"分析.国际贸易问题,2013(12).

[180]钱学锋.企业异质性、贸易成本与中国出口增长的二元边际.管理世界,2008(9).

[181]钱学锋,熊平.中国出口增长的二元边际及其因素决定.经济研究,2010(1).

[182]钱学锋,王菊蓉,黄云湖,等.出口与中国工业企业的生产率——自我选择效应还是出口学习效应?.数量经济技术经济研究,2011(2).

[183]邱斌,刘修岩,赵伟.出口学习抑或自选择:基于中国制造业微观企业的倍差匹配检验.世界经济,2012(4).

[184]尚启君.我国能否跨越以劳动密集型工业为主导的工业化阶段.管理世界,1998(3).

[185]谭力文,马海燕,刘林青.服装产业国际竞争力——基于全球价值链的深层透视.中国工业经济,2008(10).

[186]汤二子,刘海洋.中国出口企业的"生产率悖论"与"生产率陷阱"——基于 2008 年中国制造业企业数据实证分析.国际贸易问题,2011(9).

[187]孙少勤,邱斌,唐保庆,等.加工贸易存在"生产率悖论"吗？——一个经验分析与理论解释.世界经济与政治论坛,2014(2).

[188]王红领,李稻葵,冯俊新.FDI 与自主研发:基于行业数据的经验研究.经济研究,2006(2).

[189]王岳平,葛岳静.我国产业结构的投入产出关联特征分析.管理世

界,2007(2).

[190]巫强,刘志彪.进口国质量管制条件下的出口国企业创新与产业升级.管理世界,2007(2).

[191]吴敬琏.中国应当走一条什么样的工业化道路?.管理世界,2006(8).

[192]武力,温锐.1949年以来中国工业化的"轻重"之辩.经济研究,2006(9).

[193]西蒙·库兹涅茨.现代经济增长.戴睿,易诚,译.北京:北京经济学院出版社,1989.

[194]徐长生,王晶晶.宏观经济内外失衡的矫正与政策工具选择.改革,2008(7).

[195]徐朝阳,林毅夫.发展战略与经济发展.中国社会科学,2010(3).

[196]杨帆,徐长生.中国工业行业市场扭曲程度的测定.中国工业经济,2009(9).

[197]杨学儒,檀宏斌,费菲.家族企业的国际化创业.现代管理科学,2008(9).

[198]杨学儒,李新春.家族涉入指数的构建与测量研究.中国工业经济,2009(5).

[199]杨学儒,陈文婷,李新春.家族性、创业导向与家族创业绩效.经济管理,2009(3).

[200]易靖韬.企业异质性、市场进入成本、技术溢出效应与出口参与决定.经济研究,2009(9).

[201]于春海,张胜满.市场进入成本与我国出口企业生产率之谜.中国人民大学学报,2013(2).

[202]余道先,刘海云.技术创新的贸易效应研究:一个文献综述.财贸经济,2007(5).

[203]余淼杰.中国的贸易自由化与制造业企业生产率.经济研究,2010(12).

[204]詹晓宁,葛顺奇.出口竞争力与跨国公司FDI的作用.世界经济,2002(1).

[205]张公嵬,梁琦.出口与企业绩效:主要论题与最新进展.国际商务(对外经济贸易大学学报),2010(1).

[206]张杰,李勇,刘志彪.出口促进中国企业生产率提高吗?——来自中国本土制造业企业的经验证据:1999—2003.管理世界,2009(12).

［207］张军,威廉·哈勒根.转轨经济中的"过度进入"问题——对"重复建设"的经济学分析.复旦学报(社会科学版),1998(1).

［208］张培刚,张建华.发展经济学教程.北京:经济科学出版社,2001.

［209］张培刚,张建华,罗勇,等.新型工业化道路的工业结构优化升级研究.华中科技大学学报(社会科学版),2007(2).

［210］张其仔.比较优势的演化与中国产业升级路径的选择.中国工业经济,2008(9).

［211］章祥荪,贵斌威.中国全要素生产率分析:Malmquist 指数法评述与应用.数量经济技术经济研究,2008(10).

［212］赵君丽,吴建环.新新贸易理论评述.经济学动态,2008(6).

［213］赵美英,李春顶.我国对外直接投资发展状况及影响因素实证分析.亚太经济,2009(4).

［214］赵伟,赵金亮,韩媛媛.异质性、沉没成本与中国企业出口决定:来自中国微观企业的经验证据.世界经济,2011(4).

［215］郑京海,胡鞍钢.中国的经济增长能否持续———一个生产率视角.经济学(季刊),2008(4).

［216］中华人民共和国国家统计局.中华人民共和国 2010 年国民经济与社会发展公告.中华人民共和国国家统计局官方网站.http://www.stats.gov.cn/tjgb/ndtjgb/qgndtjgb/t20110228_402705692.htm.

［217］周黎安.晋升博弈中政府官员的激励与合作——兼论我国地方保护主义和重复建设问题长期存在的原因.经济研究,2004(6).

［218］周黎安.中国地方官员的晋升锦标赛模式研究.经济研究,2007(7).

［219］周其仁."产能过剩"的原因.经济观察报,2005－12－12.

［220］周世民,沈琪.中国出口企业的生产率之谜:理论解释.宏观经济研究,2013(7).

［221］朱廷珺,李宏兵.异质企业假定下的新新贸易理论:研究进展与评论.国际经济合作,2010(4).

［222］卓越,张珉.全球价值链中的收益分配与"悲惨增长"——基于中国纺织服装业的分析.中国工业经济,2008(7).

后 记

　　在本书即将付梓之际，恰逢我走上教师岗位十年，我有太多感触和太多感谢的话要说。

　　感谢我的工作单位广东工业大学，宽松的工作氛围、和谐的同事关系让我能简单快乐地享受自己的工作。感谢广东工业大学的领导和同事们，从我最初走上工作岗位在商学院工作，到学院调整转到经济与贸易学院，各位领导和同事给了我悉心的指导和无微不至的帮助！感谢可爱的学生，从第一次正式踏上讲台的紧张与羞涩，到如今有了十年的教龄，同学们给了我极大的鼓励和支持。

　　要特别感谢我的博士研究生导师谭国富教授和刘海云教授。我在本科课堂就聆听了刘老师的讲课，从硕士阶段开始有幸受业于刘老师门下，刘老师对我而言亦师、亦父、亦友，其严谨的治学态度、敏锐的科研思维、宽厚的待人方式让我受益匪浅，也是我一直学习的榜样。无论是在学习、工作上还是生活上，刘老师对我的关心、照顾，我将铭记终身！

　　感谢我的母校华中科技大学，这里是我学业、事业、感情开始转折的地方。至今依然清楚地记得从 2000 年 9 月父亲带我踏入这个校园，到 2006 年盛夏我哭着离开校园并走上工作岗位，再到 2008 年金秋我笑着重返校园，2011 年顺利博士毕业并取得博士学位。母校的严谨、勤勉让我时刻记得"明德厚学"。美丽喻园的一草一木记录着我的成长，记载着我最宝贵的青春岁月，无论何时何地，我都是一名光荣的"Made in HUST"！

　　感谢华中科技大学经济学院，良好的学习氛围让我愉快地度过了 9 年的学习时光，让我从一个经济学的门外汉到如今尝试关注经济、理解经济、研究经济问题，经济学院教师的教诲引领我一步步迈入神圣的经济学殿堂。感谢我的本科论文指导老师李昭华教授一直以来对我的学习、科研、工作和生活的关心和帮助；感谢徐长生教授、唐齐鸣教授、卫平教授、张卫东教授、方齐云教授、韩民春教授、宋德勇教授、王少平教授、汪小勤教授、彭代彦教授、范红忠教授等在课程学习和学术研究方面给予我的指导。特别感谢参加我的毕业论文评阅和答辩的老师们，你们的评论和建议对于我对新新贸易理论研究的深入具有高屋建瓴的指导作用。

　　感谢我的丈夫杨学儒和我们的宝贝女儿。我与丈夫相识于华中科技大学经济学院，丈夫憨厚善良、积极乐观，十年来的相识、相知和相爱，给予我无微不至的关心和无比的包容，感谢他一直以来的理解、支持和爱护。我的女儿出生于丈夫博士论文答辩期间，从十月怀胎到如今即将进入小学，她的出生给我们的生活带来了很多快乐，也让我更深地理解了为人父母的责任。

感谢我的父母。父母养育了我们四个女儿，又送我们读大学，可谓含辛茹苦。如今女儿们各自走上工作岗位，他们又在为我们各自的小家庭牵挂，父母给了我们最无私的爱。我自认善良、乐观、积极，这一切都来自父母的言传身教。一路走来，虽然贫寒，但极度温馨，父母始终是我们心中最坚实的精神后盾。

感谢暨南大学出版社的潘雅琴、梁嘉韵、黄志波等为本书出版付出的辛勤工作。

李　军

2016 年 3 月